社区（老年）教育系列丛书

老年旅游文化
实用教程

主 编 路新华

郑州大学出版社

图书在版编目（CIP）数据

老年旅游文化实用教程／路新华主编. —郑州：郑州大
学出版社，2022.6
（社区（老年）教育系列丛书）
ISBN 978-7-5645-4292-4

Ⅰ．①老…　Ⅱ．①路…　Ⅲ．①老年人-旅游文化-
中国-教材　Ⅳ．①F592

中国版本图书馆 CIP 数据核字（2022）第 059392 号

老年旅游文化实用教程

LAONIAN LÜYOU WENHUA SHIYONG JIAOCHENG

选题策划	孙保营　宋妍妍	摄　　影	王　锋
责任编辑	胡佩佩	封面设计	耀东设计
责任校对	宋妍妍	版式设计	陈　青
		责任监制	凌　青　李瑞卿

出版发行	郑州大学出版社	地　　址	郑州市大学路 40 号（450052）
出 版 人	孙保营	网　　址	http://www.zzup.cn
经　　销	全国新华书店	发行电话	0371-66966070
印　　制	河南美图印刷有限公司		
开　　本	787 mm×1 092 mm　1/16		
印　　张	21	字　　数	230 千字
版　　次	2022 年 6 月第 1 版	印　　次	2022 年 6 月第 1 次印刷

书　　号	ISBN 978-7-5645-4292-4	定　　价	68.00 元

本书如有印装质量问题，请与本社调换

社区（老年）教育系列丛书

编写委员会

《老年旅游文化实用教程》

作者名单

· ·

主　编　路新华

副主编　郑　洁　任世国　赵琳琳

前 言

．．．．．．．．．．．．．．．．．．．．．．．．．．．．．．．
．．．．．．．．．．．．．．．．．．．．．．．．．．．．．．

　　"民富国强,众安道泰"。当今,我国已经进入大众旅游时代,旅游已经成为人们幸福生活的必需品。而随着我国人口老龄化的日益加快,庞大的老年群体对于旅游的品质和体验感有了更高层次的需求。在这样的背景下,我们编写了《老年旅游文化实用教程》一书,旨在把更多的优秀文化资源转化为优质旅游资源,推动文化和旅游融合发展,使老年朋友享文化、乐旅途。

　　本书以老年群体为主要对象,内容包括旅游文化概论、旅游山水文化、旅游民俗文化、旅游建筑文化、旅游园林文化、旅游饮食文化、旅游艺术文化和老年旅游文化产品开发及旅游线路攻略共八章。在编写中,我们紧紧围绕老年群体,依据老年人认知水平、兴趣和需求特点,将旅游休闲、传统文化等融入其中,使旅游与历史、文化深度融合,兼顾文化性与趣味性、知识性与实用性,以期让老年人学有所得、学有所用。最后,本书对于老年旅游文化产品及旅游线路开发提出了具体的思路和构想,设计了一些老年旅游精品线路。

我们希望,本书能够帮助老年朋友在欣赏山水风光、园林建筑的同时,感受到中华民族五千年历史文化的深厚内涵,将他们从游山玩水、走马观花的单纯旅游,带入体味人生、感悟人生的全新精神体验中,增加其旅游幸福感,同时提升其对中国文化的自信。

本书由路新华主编,郑洁、任世国和赵琳琳任副主编,共同完成了全书的统稿、定稿。具体编写分工为:路新华编写第一、二、八章,赵琳琳编写第三章,郑洁编写第六、七章,任世国编写第五、九章。

在本书编写过程中,我们也参阅了大量的相关文献,在此表示诚挚的感谢!图书的出版是一个探索和不断完善的过程,对本书编写中出现的问题,希望广大老年朋友和社会人士提出宝贵意见,以期提高图书品质,并满足读者需求。

路新华

2022 年 1 月

目　录

第一章　旅游文化概论

第一节　旅游文化概述

　　旅游,从本质上说是一项文化活动,而非经济活动。主张旅游是一项经济活动的说法,实质上混淆了旅游与旅游业的概念。旅游的构成不仅包括旅游业,还有旅游主体和旅游客体,其文化本质可以从这三要素中体现出来。旅游者外出旅游的目的和动机从根本上讲是追求精神享受,是一种高层次的文化需求。旅游客体即旅游资源,不论是自然旅游资源还是人文旅游资源都集中了大自然的精华,渗透着人类历史文化的结晶。而自然旅游资源只有与人文旅游资源相结合,具有本民族、本地区的文化特色,才能具有持久的吸引力和生命力。作为旅游中介的旅游业,为满足旅游者的文化需要,就必须开发旅游产品,提高旅游从业人员的文化素质,增加旅游企业经营管理的文化个性,因此,旅游业也就具备了文化性。

一、文化的概念

　　文化是一个非常广泛的概念,给文化下一个严格和精确的定义是一件非常困难的事情。自20世纪初以来,不少哲学家、社会学家、人类学家、历史学家和语言学家一直不懈努力,试图从各自学科的角度来界定文化的概念。然而,迄今为止仍没有获得一个公认的、令人满意的定义。据统计,有关文化的各种不同的定义至少有两百种。人们对文化一词的理解差异之大,足以说明界定文化概念的难度。

　　"文""化"并联使用,最早见于《易经》:"观乎天文,以察时变;观乎人文,以化成天下。"即按人文来进行教化,显然,我国古籍中的"文化"与现在通用的文化并非完全一致。

　　在这里,我们认为文化有广义与狭义之分,广义的文化是人类创造出来的所有物质财富和精神财富的总和。其中既包括世界观、人生观、价值观等具有意识形态性质的部分,也包括自然科学和技术、语言、文字等非意识形态的部分。文化是人类社会特有的现象。有了人类社会才有文化,文化是人类社会实践的产物。文化是由人所创造,为人所特有的。狭义的文化指意识形态所创造的精神财富,包括宗教、信仰、风俗习惯、道德情操、学术思想、文学艺术、科学技术、各种制度等。

二、旅游文化的概念

旅游文化不是旅游和文化的简单相加,也不是各种文化的大杂烩,它是传统文化和旅游科学相结合而产生的一种全新的文化形态。1977 年,美国学者罗伯特·麦金托什在其《旅游学——要素·实践·基本原理》一书中首次提出"旅游文化"这个词,由于旅游和文化这两个概念本身的复杂性,其概念的科学界定存在相当大的困难。目前世界各国学者对"文化"这一概念的表述有很大的分歧,导致了对"旅游文化"的不同认识和解释。

综合我国学者的表述,旅游文化大致有下面四种类型。

(一) 旅游文化是人类过去和现在创造的与旅游有关的物质财富和精神财富的总和

有的学者还进一步指出:"它包括两方面的内容:一是广义的,举凡旅游路线、旅游途中、旅游景点上一切有助于增长旅游者文化知识的物质财富和精神财富,都属于旅游文化的范畴;二是狭义的,举凡一切能够使旅游者在途中舒适、愉快并能提高旅游文化素质的物质财富和精神财富,也都属于旅游文化的范畴。这两个旅游文化的概念既有联系,也有区别。前者,要求我们弘扬民族优秀文化;后者,要求我们加速旅游事业的现代化。"

（二）旅游文化是旅游主体、旅游客体和旅游介体三要素相互作用的结果，其中的任何一项都不能单独形成旅游文化

旅游文化是旅游主体（旅游者的文化需求和情趣）、旅游客体（旅游资源的文化内涵和价值）、旅游介体（旅游业的文化意识和素质）三者相互作用所产生的物质和精神成果。具体地说，"潜在的旅游者由于受到旅游动机的冲击和旅游客体的吸引，在旅游业的介入下，实现了旅游，在旅游过程中产生欢快愉悦的心理状态和审美情趣，这种心态和情绪是旅游三要素中任何一个要素都没有的，这就是旅游文化最初和最核心的部分"。因此，旅游者处于旅游文化的中心位置，旅游者在旅游活动中所显示出来的特殊的审美取向、审美情趣、心理状态及其对文字、形象的记载，构成了旅游文化的主要内容。

（三）旅游文化是旅游活动过程中的一种文化形态，是旅游这一独特的社会现象所体现出来的文化内涵

有人说，"旅游文化是在旅游活动中，旅游者头脑中原有的思想观念、心理特征、思维方式等文化因素与目的地的异质文化因素的相互碰撞与结合，逐渐形成的一种新的文化形态"。它是由旅游者与旅游从业者在旅游活动中共同创造的，是旅游者或旅游服务者在旅游观赏中或服务过程中所反映出来的观念形态及其外在表现。

（四）旅游文化是以一般文化形态为基础创造出来的新型文化

作为人类生活观念形态的一种反映，旅游文化是贯穿整个旅游活动中的内在因素，它的产生与发展必然要依托于一般文化，对于旅游文化来说，其他各种文化都是"原材料"。旅游文化不是一般社会文化向旅游领域的简单移入或嫁接，而是以一般文化形态为基础创造出来的新型文化。

这四类定义从不同角度揭示了旅游文化的本质属性，在这些代表性定义的基础上我们可以把旅游文化表述如下："所谓旅游文化实际上是以一般文化的内在价值为依据，以食、住、行、游、购、娱六大要素为依托，以旅游主体、旅游客体、旅游介体及它们间的相互关系为基础的，在旅游活动过程中业已形成的观念形态及其外在表现的总和。既涉及历史、地理、民族宗教、饮食服务、园林建筑、民俗娱乐与自然景观等旅游客体文化领域，又涉及旅游者自身文化素质、兴趣爱好、行为方式、思想信仰等文化主体领域，更涉及旅游业的服务文化、商品文化、管理文化、导游文化、政策法规等旅游介体文化。"

三、旅游文化的内容

旅游文化的内容是按照旅游文化的构成来划分的，由于构成的划分角度不同，所以其内容也不尽相同。目前，我国学术界对旅游文化的内容划分主要有以下三种见解。

（一）按照文化的结构划分

按照文化的结构,可将旅游文化划分为三部分,即旅游物质文化,旅游制度、行为文化,旅游精神文化。

1. 旅游物质文化

旅游物质文化指旅游者视觉可以辨识的文化物质实体,如建筑、园林、坛庙、古人类遗址、桥梁、碑刻、雕塑以及旅游纪念品和旅游服务设施等。

2. 旅游制度、行为文化

旅游制度、行为文化指旅游活动中的各种社会规范和约定俗成的习惯性定势等,如蒙古族的那达慕大会,彝族、白族的火把节,傣族的泼水节等。

3. 旅游精神文化

旅游精神文化也叫旅游观念文化或旅游心态文化,是指旅游者在旅游实践中表现出来的价值观、审美情趣以及思维方式等,如儒家"以和为美"的审美观念。

物质文化与制度、行为文化、精神文化很多时候是分不清楚的,往往集某一旅游对象于一身。如西安兵马俑,就其兵马俑本身来说属于物质文化,因为它是用实际的材料建造而成的;从建造特点和形制来看,又属于封建制度下的产物,因此在一定程度上也反映了中央集权封建制度的皇权制度;另外,兵马俑也是现代人对封建王朝怀古的一种精神寄托。由此看来,旅游文化的内容如果按照文化结构来划分,有时候会陷入归类不清的尴尬境地。

（二）按照旅游的基本要素划分

按照旅游的基本要素，可将旅游文化划分为三部分，即旅游主体文化、旅游客体文化、旅游介体文化。

1. 旅游主体文化

旅游者是旅游的主体，旅游主体文化包括旅游者的政治观点、行为模式、思想与信仰、文化素质和职业、心理、生活方式等。

2. 旅游客体文化

旅游客体文化也称旅游景观文化，是作为旅游对象的文化事物与现象，包括旅游历史文化、旅游建筑文化、旅游园林文化、旅游宗教文化、旅游民俗文化、旅游娱乐文化、旅游文学艺术、旅游工艺与美术文化、中医文化等。

3. 旅游介体文化

旅游介体文化，是在旅游活动中联系旅游主体与旅游客体的桥梁，包括旅游餐饮文化、旅游商品文化、旅游服务文化、旅游管理文化、旅游文化教育、旅游导游文化、旅游政策和法规等。

这种划分方法是比较普遍的一种方法，有的学者甚至按照旅游系统的组成要素在旅游主、客、介体基础上加入环境文化。应该说，按照旅游的基本要素划分旅游文化的研究内容避免了旅游文化归类不清的尴尬境地。本书讲述的内容更多地采用此类划分方法，但也有侧重点，因为本书主要面向老年人，所以对于旅游文化内容的讲述主要侧重于旅游客体文化。

（三）按照现代旅游商品交换的特性划分

按照现代旅游商品交换的特性，可将旅游文化划分为两部分，即旅游消费文化和旅游经营文化。

1. 旅游消费文化

旅游消费文化是以旅游者为主体的文化，包括旅游消费行为文化和旅游审美文化。前者主要探讨文化对旅游者旅游态度、旅游动机、旅游决策、旅游消费行为方式等的影响；后者则从审美的角度，探讨旅游审美的文化特征和基本类型。

2. 旅游经营文化

旅游经营文化是旅游经营者所反映和创造的文化，主要包括旅游产品经营文化、旅游企业经营文化和旅游目的地经营文化。旅游产品经营文化是指旅游资源转化为旅游产品的文化过程，包括旅游资源文化特质分析，旅游产品的文化规范、塑造和表现方法等。旅游企业经营文化是指旅游企业围绕企业的经营目标，在显在和潜在层面上的文化。旅游目的地经营文化是指一个城市、一个地区乃至一个国家作为旅游目的地的宏观的经营文化，包括旅游目的地整体形象的确立与宣传、旅游发展文化环境的营造、旅游对旅游目的地以及旅游业的影响等。

这种划分基于旅游是一种商品，而商品价值必须通过消费者和经营者来实现，这种方法更加浅显易懂，但失去了旅游的特性，因为任何一种商品文化的内容都可以按照这种方法进行划分，因此这种方法难以体现旅游的特殊结构性。

第二节　中国历史文化常识

中国是世界上历史最悠久的国家之一,也是世界四大文明古国之一。先后经历了夏、商、周、秦、汉、三国、晋、南北朝、隋、唐、五代、宋、辽、西夏、金、元、明、清等历史时期。其中在夏、商、西周和春秋时代,经历了奴隶社会发展的全部过程。从战国开始,封建社会孕育形成,秦朝则建立了中国历史上第一个中央集权的大一统封建帝国。此后,两汉王朝是封建社会迅速成长的阶段,唐、宋时期经历了封建社会最辉煌的时代,至明、清两代,封建社会盛极而衰,并最终步入多灾多难的近代社会。

一、探索远古文明

发展脉络:原始人→母系氏族公社→父系氏族公社

云南元谋人距今 170 万年。距今 70 万—20 万年的北京人已经学会使用天然火,已有简单的语言。距今 1.8 万年的北京山顶洞人进入了氏族公社阶段,已经能够制造石器和骨器,最重大的发明是他们已经学会人工取火。

距今五六千年,进入母系氏族公社阶段,黄河流域以仰韶文化为代表,长江流域以河姆渡文化为代表。仰韶文化以西安半坡遗址最为典型,尤其以在陶器上绘制彩色图案而异于其他文化遗存,所以,仰韶文化又被称为"彩陶文化"。

小知识

河姆渡遗址

河姆渡遗址位于浙江省余姚市河姆渡镇浪墅村,发现于 1973 年,是距今约 7000 年的新石器文化遗址。遗址通过科学发掘,出土了骨器、陶器、玉器、木器等各类质料组成的生产工具、生活用品、装饰工艺品以及人工栽培的水稻遗物、干栏式建筑构件、动植物遗骸等文物 6700 余件,其中最有价值的是人工栽培水稻,它证明了中国是世界上稻作文化的重要发源地之一。另外,还有大片榫卯结构的干栏式的建筑遗存、迄今最早的木结构水井遗迹和漆器制品。这些发现证明了长江流域与河姆渡流域一样,都是中华文明的发祥地,是孕育中华民族文化的摇篮。

距今四五千年,人类过渡到父系氏族阶段,以山东大汶口文化、山东龙山文化、浙江良渚文化为代表,此时父权确立,手工业已从农业中分离出来,在贫富分化加剧的情况下,阶级对立出现,由此进一步导致原始社会解体,国家开始产生。

在我国古代传说中,有一些堪称时代代表的人物。如盘古开天地,女娲造人,有巢氏构木为巢,燧人氏钻木取火,伏羲画八卦,炎帝(神农氏)教稼穑、尝百草创医药。黄帝(轩辕氏)被誉为中华"文明初祖",中华儿女亦称为炎黄子孙。所谓"中国五千年文明史",通常认为是从黄帝时代开始的。此后,尧、舜、禹的时代,处于我国原始社会向奴隶社会过渡时期,他们都是通过部落联盟民主推选(禅让制)的方式担任首领的。

 小知识

炎黄子孙

炎黄子孙,也称为华夏儿女。

传说中,炎帝与黄帝都被视为华夏民族的始祖。他们出自同一个部落,后来成为两个部落的首领。阪泉之战后,黄帝部落和炎帝部落逐渐融合成华夏族。华夏族在以后称为汉人,唐朝以后又称为唐人。炎帝和黄帝也是中国文化、技术的始祖,传说他们以及他们的臣子、后代创造了上古几乎所有重要的发明。如黄帝做兵器、造舟车弓矢,嫘祖养蚕,仓颉造文字,大挠做干支,伶伦制乐器等。

二、走进历代王朝

(一) 夏商周时期

发展脉络:夏(前 21—前 16 世纪)→商(前 16 世纪—前 1046 年)→周[西周(前 1046—前 771 年)→东周(前 770—前 256 年)]

中国历史上第一个王朝是夏,随后是商和周,周朝分为西周和东周,东周又分为春秋与战国两个阶段。春秋时期,是中国奴隶社会的瓦解时期。先后争当霸主的有:齐桓公、宋襄公、晋文公、秦穆公、楚庄王。历史上把他们称为“春秋五霸”。经过春秋长期激烈的争霸战争,到战国开始,主要的诸侯国有齐、楚、燕、韩、赵、魏、秦七国,历史上称为“战国七雄”。

夏商周三代,青铜冶炼铸造业十分发达,因而被称为"青铜时代"。相传大禹曾用青铜铸造九个大鼎,象征他统治下的九州。商代的后母戊鼎是迄今为止发现的最大的青铜器。商代的文字已经基本定型,因刻在龟甲和兽骨上,故叫甲骨文,它对推动社会交流具有划时代的意义,而且开创了中华民族特有的书法艺术的先河。春秋战国时期,我国很多领域的科学技术达到了当时世界上最先进的水平,如《甘石星经》上记明 120 颗恒星的位置,是世界上最早的星表,《黄帝内经》《扁鹊内经》全面总结了当时的医学成就,都江堰等一系列水利工程的修建,说明中国的工程技术已处于当时世界领先水平。

成书于商周之交的《周易》是中国最古老的哲学著作,是中国古代文化思想的重要源头之一。春秋战国时期思想学术空前活跃,百家争鸣,对中国古代学术思想的繁荣具有重要意义,其中儒家、道家、法家对中国历史进程影响甚大。

春秋时产生了我国古代最早的诗歌总集《诗经》,是我国现实主义文学的源头。战国时期,屈原开创了楚辞,形成了中国文学史上最早的浪漫主义流派。音乐方面,有俞伯牙、钟子期"高山流水"的传说,湖北随州出土的全套编钟,表明当时音乐已达到很高的水平。

小知识

殷墟甲骨文

甲骨文主要指殷墟甲骨文,在商代后期(前14—前11世纪)都城遗址——河南安阳小屯殷墟出土,是王室用于占卜记事而刻(或写)在龟甲和兽骨上的文字。它是中国已发现的古代文字中时代最早、体系较为完整的文字。

目前发现有大约15万片甲骨,4500余个单字。这些甲骨文所记载的内容极为丰富,涉及商代社会生活的诸多方面,不仅包括政治、军事、文化、社会习俗等内容,而且涉及天文、历法、医药等科学技术。

(二)秦汉时期

发展脉络:秦(前221—前206年)→汉[西汉(前206—8年)→东汉(25—220年)]

公元前221年,秦始皇嬴政吞并六国,建立了中国历史上第一个统一的、多民族的中央集权制国家。秦始皇统一了文字、度量衡和货币,建立了郡县制度。由他奠定的封建国家框架在以后的两千多年里一直被沿用。他在十几年的时间里组织30余万人在战国诸国所建长城的基础上修建万里长城。1974年发现的守护秦始皇陵的秦兵马俑震惊了世界,被誉为"世界第八大奇迹"。

秦朝灭亡后,自公元前206年开始,项羽和刘邦为争做皇帝,进行了将近四年的战争,历史上称为"楚汉战争",最后,刘邦战胜项羽,建立汉朝,定都长安,历史上称为西汉。西汉初年实行休养生息的政策,社会经济从恢复走向发展。汉武帝时期是西汉的鼎盛时期,经济繁荣、府库充实。在这基础上,汉武帝采取了积极的对外政策,派大将卫青、霍去病攻击匈奴,保证了河西走廊的安全。又在西北边防屯田,修长城,并派张骞出使西域,打通了汉朝通往中亚的贸易通道。丝绸之路的开辟,大大促进了中西文化交流。汉武帝还采用董仲舒的建议,罢黜百家,独尊儒术,设立太学,教授五经,使儒学获得了独尊地位。

公元 25 年,刘秀建立的政权定都洛阳,史称东汉。东汉中叶以后,外戚与宦官长期把持朝政,社会矛盾激化,豪强地主称雄,最终导致黄巾起义。此后,军阀割据,统一王朝名存实亡。

 小知识

丝绸之路

张骞出使西域后,汉朝的使者、商人接踵西行,西域的使者、商人也纷纷东来。他们把中国的丝织品和纺织品,从长安通过河西走廊,运往西亚,再转运到欧洲,又把西域各国的奇珍异宝输入中国内地。这条沟通中西交通的陆上要道,就是历史上著名的丝绸之路。丝绸之路一般可分为三段,而每一段又可分为北、中、南三条线路。东段:从长安到玉门关、阳关。中段:从玉门关、阳关以西至葱岭。西段:从葱岭往西经过中亚、西亚直到欧洲。

汉武帝以后,西汉的商人还常出海贸易,开辟了海上交通要道,这就是历史上著名的海上丝绸之路。海上丝绸之路,是中国与世界其他地区之间海上交通的路线。

西汉司马迁写就了中国第一部纪传体通史《史记》;东汉的班固写成我国第一部断代史《汉书》;东汉时期思想家王充著有《论衡》;蔡伦改进了造纸术;科学家张衡发明了地动仪,开创了人类探测地震之先河;"医圣"张仲景著有《伤寒杂病论》,奠定了中医治疗学的基础;华佗发明麻醉药——麻沸散,尤擅外科手术,他还创编了"五禽戏",作为养生祛病的功法。

(三) 三国两晋南北朝时期

发展脉络:三国(220—280 年)→两晋[西晋(265—316 年)→东晋(317—420 年)]→南北朝(420—589 年)

220 年,曹操的儿子曹丕,废汉献帝,自称皇帝,国号魏,定都洛阳。221 年,刘备在成都称帝,史称蜀。222 年,孙权也称王,国号吴,定都建业(今南京)。至此,三国鼎立的局面形成。265 年,魏国权臣司马炎废魏自立,建立晋朝,定都洛阳,史称西晋。晋又先后经历了西晋与东晋。西晋维持着全国统一的短暂局面。东晋偏安江南,与北方的"五胡十六国"对峙,北方的十六国后为北魏所统一。北魏后分裂成东魏和西魏,不久又分别被北齐与北周所取代,史称北朝。南方的东晋灭亡后,相继出现了宋、齐、梁、陈四个王朝,称为南朝。这一历史阶段叫"三国两晋南北朝",又称"魏晋南北朝"。

三国两晋南北朝时期,中国处于政权林立、南北分裂的状态,但是,政权割据的背后却是中华各民族的大融合,江南地区也得以进一步开发。此时文化与科技领域也相当活跃,玄学盛极一时,佛教获得进一步传播。陶渊明、谢灵运成为独领风骚的大诗人,东晋"书圣"王羲之、顾恺之等在书法绘画艺术方面的造诣无愧为一代宗师。祖冲之是世界上第一次把圆周率的数值精确到小数点后第七位,贾思勰著有《齐民要术》,是我国现存最早的农书,郦道元的《水经注》记载大小水道一千多条,具有很高的史学、文学、地理学价值,范缜所著《神灭论》以其唯物主义哲学家和无神论者的姿态批判佛教的神不灭理论。

(四)隋唐五代十国时期

发展脉络:隋朝(581—618 年)→唐朝(618—907 年)→五代十国(907—960 年)

隋朝是中国历史上最伟大的朝代之一,也是全世界公认的中国最强盛的时代之一。隋文帝杨坚之父杨忠,曾被北周封为"随国公"。杨坚袭此封爵,夺位后立国号为"随",但其认为随有"走"的意思,恐不祥遂改为"隋"。隋朝虽然短暂,却是承前启后的朝代,隋朝创立的三省六部制和科举制都为以后各朝代所沿袭、改进。隋代李春营建的赵州桥是世界现存最古老的石拱桥,南北大运河更是古代工程史上的伟大创举,它改变了中国水运体系南北不通的历史,对中国南北方经济、交通、南粮北运和人员往来,都有巨大的现实意义。

 小知识

京杭大运河

隋代开凿的南北大运河,是以洛阳为中心向东北和东南伸展的,从地图上看,绕了一个大弧形。元代定都大都(今北京)后,要从江浙一带运粮到大都。为了从杭州直达北京,避免绕道洛阳,于是截弯取直,不再绕道洛阳,由杭州直达北京,史称"京杭大运河"。京杭大运河全长 1794 千米,北起北京(涿郡),南到杭州(余杭),经北京、天津两市及河北、山东、江苏、浙江四省,贯通海河、黄河、淮河、长江、钱塘江五大水系。

618 年唐朝建立后,社会迅速发展。在文化、政治、经济、外交等方面都有辉煌的成就,是当时世界上最强大的国家之一。唐太宗时,出现"贞观之治"。此后政坛风云多变并产生武则天改唐建周的历史。开元时期,唐朝国势登峰造极。安史之乱后,一方面形成藩镇割据的局面,同时又出现宦官专权与官僚势力激烈斗争的现象,使得唐朝很快走向衰落和灭亡。

唐王朝历时 289 年,前期统一,国力强盛,疆域辽阔,是当时世界上最发达的文明,真正达到了儒家所期盼的"内圣外王"的境界,唐朝与日本、朝鲜、印度、波斯、阿拉伯等许多国家建立了广泛的经济和文化联系,科技文化方面也取得了卓越成就。

小知识

"唐人"称呼的来历

唐代,是中国古代非常繁荣强盛的一个朝代。海外人对中国的一切便均以"唐"字加称,如称中国人为"唐人",称中国的字为"唐字",这种情形延续至今。唐朝灭亡后,由于唐对世界经济、文化的影响,外国人将中国人称为"唐人"的习惯一直未变,从宋元直至明清都是如此。至今老一辈的华侨仍喜欢自称为"唐人",至于华侨聚居的地方称为"唐人街",几乎举世皆知。

唐朝灭亡后,中国又出现"五代十国"分裂割据的局面。"五代"是北方的后梁、后唐、后晋、后汉、后周;"十国"是南方的前蜀、吴、吴越、南平、楚、闽、南汉、后蜀、南唐和北方的北汉。

(五)宋元时期

发展脉络:宋[北宋(960—1127年)→南宋(1127—1279年)]→元(1271—1368年)

960年,赵匡胤建立宋朝,史称北宋。但北宋没有完全统一中国,燕云十六州被北方契丹族建立的辽国占据,河西走廊被党项族建立的西夏占据,北宋为了维持边境和平,不得不向辽和西夏交纳岁币。后来,松花江流域女真族建立的金势力逐渐膨胀,1125年,金、北宋联合灭辽。1127年,金灭北宋,俘虏了当时的皇帝宋钦宗和太上皇宋徽宗,史称"靖康之变"。同年,赵构称帝,在江南偏安立国,定都杭州,史称南宋。此后金与南宋多次交战,宗泽、岳飞等都是抗金名将。此时,蒙古族迅速崛起,成吉思汗和他的子孙们发动了扩张战争,先后消灭西夏和金,1271 年忽必烈定国号为"元"。1279 年,元灭南宋。

元朝疆域辽阔,实现了包括新疆、西藏及云南地区在内的全国大统一。元朝设行省制度统治全国,影响深远。元朝实行民族分化政策,但统一的元帝国也使民族融合进入了一个新的阶段。

宋朝时中国经济也非常发达,中国当时的经济总量占世界的一半,造船业水平很高,海上贸易十分兴盛。商业市场打破了旧的格局,大小城镇贸易盛况空前,纸币的出现及广泛使用,具有划时代的意义。宋元时期是中国科技文化的繁荣时期。

 小知识

清明上河图

《清明上河图》是中国十大传世名画之一,为绢本,宽 24.8 厘米,长 528.7 厘米,是北宋画家张择端仅存于世的一幅精品,属一级国宝。《清明上河图》生动地记录了中国 12 世纪城市生活的面貌,这在我国乃至世界绘画史上都是独一无二的。据部分学者意见,这幅画描绘的是汴京清明时节的繁荣景象,是汴京当年繁荣的见证,也是北宋城市经济情况的写照。

《清明上河图》全图可分为三个段落,首段是汴京郊野的风光,中段是繁忙的汴河码头,后段是汴京市区的街景。

(六) 明清时期

发展脉络:明(1368—1644 年)→清(1644—1912 年)

1368 年,朱元璋建立明朝。朱元璋通过废除丞相、由六部分理

中央政务、建立厂卫特务机构、以八股取士和在地方设三司等措施,极大地强化了中央集权的封建君主专制。明朝的全盛是在明成祖永乐时期。1405 年到 1433 年,郑和七次下西洋,密切了中国和亚非许多国家和地区的关系。郑和下西洋是我国也是世界航海史上的壮举,显示了明朝国力的强盛。明朝中期以后,我国东南沿海遭受倭寇的侵扰,戚继光等肃清倭寇,立下赫赫战功。1553 年,葡萄牙殖民者攫取了澳门的居住权,之后长期占据澳门。明清时期的农业生产水平超过了以往各代,明朝的商业和城市建设获得了空前繁荣的发展。在商业经济发达的基础上,到了明朝中后期,在一些手工业生产部门产生了资本主义生产关系的萌芽。由于宦官专权、特务横行、吏治败坏,明朝开始走向衰落。李自成领导的农民起义趁机推翻了明朝。此时东北的女真族入关,建立清朝。

 小知识

戚继光抗倭

戚继光是明代著名抗倭将领、民族英雄、军事家、武术家,山东登州(今山东蓬莱)人。嘉靖三十四年(1555)调浙江,任参将,积极抗御倭寇。他曾用"封侯非我意,但愿海波平"的诗句表达自己消除倭患的决心和志向。他治军有方,严格军事训练,排演自己创制的鸳鸯阵。由于将士英勇善战,屡立战功,被誉为"戚家军"。嘉靖四十年,倭寇焚掠浙东,他率军在龙山大败倭寇。继之在台州地区九战九捷,扫平浙东。嘉靖四十一年夏,戚继光率戚家军南下福建,荡平倭寇在横屿、牛田、林墩的三大巢穴。次年与福建总兵俞

大猷、广东总兵刘显等取得平海卫大捷。嘉靖四十四年又与俞大猷会师,歼灭广东的倭寇,至此东南沿海倭患完全解除。

戚继光在台州抗倭时,修建了桃渚军事古城,修葺了台州府城墙(现均为国家重点文物保护单位)。创造性地发明了空心敌台,并在倭寇剿灭后,调任都督同知,总理蓟州、昌平、保定军务,后被任为总兵,负责镇守蓟州、永平、山海关等处。他整饬防务,加强战备,训练将士,修筑长城,被誉为"振古之名将""塞上长城"。

清朝前期是我国统一多民族国家的重要阶段。郑成功收复台湾,清朝设置台湾府。击败沙俄对我国黑龙江流域的侵略,这些斗争维护了国家的主权和领土完整。平定准噶尔部噶尔丹分裂势力和平定回部大、小和卓的叛乱,加强对西藏的管辖,使多民族国家的统一得到进一步巩固。

清朝也曾强盛一时,但它的发展并未逾越中国传统封建专制主义体制的轨道。经济上,仍然以农立国;文化思想上,提倡封建纲常礼教,屡兴文字狱;对外关系上长期闭关自守,盲目自大。1840 年,英国发动鸦片战争,清政府最后同英国政府签订了丧权辱国的《南京条约》。鸦片战争之后,英、美、法、俄、日等国家不断强迫清政府签订各种不平等条约。自此,中国逐渐沦为半殖民地半封建社会。

明清时期出现了一种具有反封建、反专制的民主意识的早期启蒙思潮,代表人物有明朝的王守仁(阳明)、李贽等,明清之际的黄宗羲、顾炎武、王夫之等。

明清商品经济的发展,推动着市民文学的日趋成熟和繁荣,小说取代诗词散文成为文学的主流。明清时期,科学技术方面出现了几部总结性的著作。

1911 年孙中山领导的辛亥革命,推翻了清王朝的统治,同时也结束了延续两千多年的封建君主制,建立了"中华民国",中国历史进入了一个崭新的篇章。经历了艰苦卓绝的土地革命战争、抗日战争和解放战争,1949 年,中华人民共和国成立,中国历史开始了崭新阶段。

 小知识

郑燮与扬州八怪

"扬州八怪"究竟指哪些画家,说法不尽一致。据各种著述记载,计有 15 人之多。因清末李玉棻《瓯钵罗室书画过目考》是记载"八怪"较早而又最全的,所以一般人还是以其所提出的八人为准,即:汪士慎、郑燮、高翔、金农、李鱓、黄慎、李方膺、罗聘。

郑燮,清代著名画家,号板桥,是"扬州八怪"的主要代表。郑板桥画竹有"胸无成竹"的理论,他画竹并无师承,多得于纸窗粉壁日光月影,直接取法自然。针对苏东坡"胸有成竹"的说法,郑板桥强调的是胸中"莫知其然而然"的竹,要"胸中无竹"。这两个理论看似矛盾,实质却相通,同时强调构思与熟练技巧的高度结合。

第二章　旅游山水文化

第一节　山岳景观文化

中国名山众多,数不胜数,雄、奇、灵、秀,各具特色。中国的名山首推五岳,泰山之雄伟、华山之险峻、衡山之烟云、恒山之奇崛、嵩山之翠秀,千姿百态,各怀绝景。中国的名山历来就是佛家、道家崇敬之地,因而也成就了以佛、道名扬天下的多座名山,如佛教的"金五台""银普陀""铜峨眉""铁九华",道教的武当山、青城山、龙虎山、齐云山等。

名山是神话传说最多的地方,从三皇五帝、君王大臣到民间的凡夫俗子,都留下了或喜或悲或怒或怨的美丽传说,名山也因此而充满了灵性,而历代名人留下的诗词歌赋则更增加了这些名山的文化底蕴。

一、五岳

国人论风光,必言三山五岳。"三山"者,"神仙"居住的地方。《史记·秦始皇本纪》载"齐人徐市等上书,言海中有三神山,名曰蓬莱、方丈、瀛洲",是苏东坡所谓"东方云海空复空,群仙出没空明中"的"仙迹"。而"五岳"则是我国五大名山的总称。五岳劈地摩天,气冠群伦。虽然五岳不是我国最高峻的山,但都高耸在平原或盆地之上,就显得格外险峻了。《诗经》中有"泰山岩岩,鲁邦所瞻""崧高维岳,骏极于天"等诗句,由此也可以看出五岳在古人心目中的地位。

小知识

"五岳"的得名

"岳"在春秋以前原是掌管大山的官吏职称,尧时分掌四方外事的部落首领就叫"岳"。后来把主管方岳的官吏与官吏驻地的大山名称统一起来了,便出现了代表四方大山的"四岳"。五岳的得名,较早的记载见于《尔雅·释山》:"泰山为东岳,华山为西岳,霍山(即天柱山)为南岳,恒山为北岳,嵩山为中岳。"到了隋代,改南岳为湖南衡山,沿袭至今。

五岳是远古山神崇拜、五行观念和帝王巡猎封禅相结合的产物,后为道教所继承,被视为道教名山,因此在中国名山中,五岳占有显著的位置。古代封建帝王把五岳看成是神的象征。东岳泰山之雄,西岳华山之险,北岳恒山之幽,中岳嵩山之峻,南岳衡山之秀,早已闻名于世界。也有"恒山如行,泰山如坐,华山如立,嵩山如卧,唯有南岳独如飞"的说法。

(一) 东岳泰山

泰山又名岱山、岱宗,为五岳之首,位于山东省泰安市,主峰玉皇顶,海拔 1532.7 米,气势磅礴,以雄伟著称,被誉为"五岳独尊"。

泰山在中国的政治、文化、历史上占有很高的地位。古代帝王在登基之初、太平之岁都要到泰山举行封禅大典,祭告天地,并在山上建庙塑神、刻石题字。泰山不但为历代的封建帝王所尊重,也为历代的文人墨客所敬仰。春秋的孔子、汉时的司马迁、魏时的曹植、晋朝的陆机等都在这里留下了赞颂泰山的诗文。历代文人称赞泰山的诗词歌赋有一千余篇,题字刻石,到处可见。唐代诗人杜甫在《望岳》中赞美泰山"岱宗夫如何,齐鲁青未了。造化钟神秀,阴阳割昏晓。荡胸生曾云,决眦入归鸟。会当凌绝顶,一览众山小"。山上有古寺庙 22 处、古遗址 97 处、历代碑碣 819 块、摩崖石刻 1018 处。因此,泰山也是中国文化史的一个局部缩影。

 小知识

封禅泰山的由来

中国古代祭祀天地的仪式很多,但以封禅最为隆重。为什么要到泰山去封禅呢?古人认为,中国大山,五岳为最,五岳之中,泰山独尊,离天最近,可以直接与天对话;同时泰山为东岳,东方主生,是万物起始、阴阳交替的地方。天子受命于天,只有登泰山祭告天地,才算完成了天子就位的礼制。史书记载的第一位封禅的

帝王是秦始皇,第二位是汉武帝。汉武帝曾规定封禅泰山的三个条件,一是扫平宇内,一统天下;二是天下太平,国泰民安;三是不断有吉祥的天象出现。到了宋朝,宋真宗赵恒不惜贿赂大臣,伪造天书,从而达到封禅泰山的目的,他也成为中国历史上最后一位封禅泰山的皇帝。

岱庙,又名东岳庙、泰岳庙,岱岳庙,俗称泰庙,为道教神府,是历代帝王举行封禅大典和祭祀泰山神的地方,是泰山最大、最完整的古建筑群,同时也是采用帝王宫城式建筑的祠庙中规格最高的建筑。

泰山主要风景名胜有天门云梯、万仙楼、中天门、云步桥、仙人洞等。主要文物古迹有山麓的殿庙寺院及玉皇顶、红门、斗母宫、五松亭、南天门等。泰山是中国文化的发源地之一,大汶口文化和龙山文化遗址,均离泰山很近。泰山景色雄伟壮丽,主峰傲然拔起,共分为六个景区,景观各异,形成了泰山著名的幽、旷、奥、秀、妙、丽的六大旅游区。登上泰山顶峰,时常可以观赏到泰山四大奇观:旭日东升、晚霞夕照、黄河金带、云海玉盘。泰山逐渐成为中国古老文化中"天地人合一"高度和谐的统一体,它的一切无不按照人的意志与情趣,被赋予了艺术的想象与塑造。1987年泰山被列入《世界文化与自然双重遗产名录》。

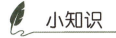 小知识

泰山观日出的时间

"泰山日出"是最吸引人的景致之一。泰山观日出,观的是海上日出,而泰山顶离最近的莱州湾或日照市东南的黄海海面的距离为230千米。所以,在泰山观日出要靠大气折光,必须具备两个条件:一是只有在夏至(即6月22日左右)前后各约47天内,方有可能在上述两处海面见到日出;二是观日出的那天必须是整夜特别晴朗,而且是无风或微风,这有利于形成下层气温低而上层气温高的逆温现象,使空气密度下密上疏,从而为大气产生折射提供充分的条件。看泰山日出,一般是头天登上泰山顶,次日凌晨4时左右提前登上玉皇顶或日观峰,选好位置,等待日出。

(二) 西岳华山

华山位于陕西省华阴市,最高峰海拔2154.9米,华山五峰为落雁峰(南峰)、朝阳峰(东峰)、莲花峰(西峰)、玉女峰(中峰)、云台峰(北峰),五峰环抱,犹如一朵盛开的莲花。北魏地理学家郦道元在《水经注》中描述华山"远而望之若花状"。古代"华"与"花"二字相同,故名华山。

东峰是华山的奇峰之一,因峰顶有朝台可以观看日出美景,故又名朝阳峰。北峰也叫云台峰,山势峥嵘,三面绝壁,只有一条山道通往南面山岭,电影《智取华山》即取景于此。西峰叫莲花峰,峰顶有一块"斧劈石",相传神话传说故事《宝莲灯》中的沉香劈山救母就发生在这里。南峰即落雁峰,是华山主峰,也是华山最险峰。

华山以险峻著称,素有"奇险天下第一山"之誉。山上回心石、千尺幢、百尺峡、擦耳崖、苍龙岭均为名闻天下的极险之道。华山有丰富的历史文化积淀,名胜古迹众多。山下西岳庙是历代帝王祭祀的神庙,创建于西汉,至今仍保存着明、清以来的古建筑群。因其形制与北京故宫相似,有"陕西故宫"之称。

(三)南岳衡山

衡山位于湖南省衡阳市,山势雄伟,绵延数十千米,号称有72峰,其中以祝融、天柱、美蓉、紫盖、石廪五座最有名。南岳衡山在五岳中是最美的,一年四季景色非常秀丽,因而有"南岳独秀"的美誉。南岳四绝是:祝融峰之高、方广寺之深、藏经楼之秀、水帘洞之奇。

衡山是一座天然的植物园和动物园。这里有世界稀有的原始次生林,有600多种树木和800多种草本植物。南岳庙位于山麓的南岳镇,是我国五岳庙中规模最大、总体布局最完整的古建筑群之一,与泰安岱庙、登封中岳庙并称于世。庙前书有"天下南岳"的花岗石大牌坊。南岳庙规模宏伟,集宋元以来古建筑之大成,庙由南至北共分九进,中间是祭祀祝融神殿堂,东西两厢分别是道教八观和佛教八寺,以示南岳佛、道并存。

衡山这座神奇的名山,为历代帝王、名人所仰慕,远古时代的尧帝、舜帝、禹帝均到过南岳祭祀,乾隆、康熙皇帝曾为南岳题词。李白、杜甫、柳宗元、朱熹、魏源、王船山、谭嗣同等历史名人以及当代名人周恩来、叶剑英、胡耀邦、陶铸、郭沫若等均到过衡山,并留下了 3700 多首诗词歌赋和 375 处摩崖石刻。

衡山还是我国唯一佛、道并存的名山，宗教文化源远流长，有形似故宫的岳庙，有"六朝古刹、七祖道场"的福严寺，还有日本曹洞宗视为"祖庭"的南台寺，以及道家称为"二十二福地"的光天观。

（四）北岳恒山

恒山又名常山，位于山西省浑源县，海拔 2016.1 米。主庙北岳庙，供奉北岳大帝（恒山神）。相传 4000 多年前舜帝巡游至此，见山势雄伟，遂封为北岳。之后汉武帝首封恒山为神，唐玄宗、宋真宗封北岳为王、为帝，明太祖又尊北岳为神。恒山分东西两峰，东为天峰岭，西为翠屏山，两峰对峙，浑水东流。山上怪石争奇，古树参天，苍松翠柏之间散布着楼台殿宇，以幽静著称。恒山古有十八胜景，现尚存悬空寺、朝殿、会仙府、九天宫等十多处。其中悬空寺为恒山十八景之首，坐落在峭壁上，始建于北魏后期，至今已有 1400 多年的历史。

（五）中岳嵩山

嵩山位于河南省登封市，由少室山和太室山组成，主峰峻极峰海拔 1491.7 米。嵩山名胜古迹众多：中岳庙始建于秦，是我国最早的道教庙宇；汉三阙是现存最古老的石阙；嵩岳寺塔始建于北魏，为我国现存最古老的砖砌佛塔；嵩阳书院是我国宋代四大书院之一；告城镇元代观星台，是我国现存最古老的天文台；少林寺，是我国佛教禅宗发源地，也是少林拳的发源地。

少室山以峰奇、路险、石怪、景秀而著称天下。从山南北望，一组山峰,互相叠压,状如千叶舒莲,从唐代起就有"少室若莲"之说,因名其为"九顶莲花山"。

太室山共有三十六峰,主峰峻极峰位于太室山,以《诗经·崧高》"峻极于天"为名,后因清高宗乾隆游嵩山时,曾在此赋诗立碑,所以又称"御碑峰"。

二、四大佛教名山

我国的佛教名山达二百多处,佛教寺院更是不计其数,它们通常修建在景色秀丽、幽深静谧的环境中,这又为自然山水增添了几分佛国气氛和文化内涵。僧众往往选择风景优美、环境清幽,远离尘世的山林修建寺庙,以修身养性,潜心修行,于是便有了四大佛教名山。佛教认为"四大"是指构成色(物质现象)的四种要素,即"地、水、火、风",分别以四座山来象征,也成为佛祖释迦牟尼的四大弟子即文殊、普贤、观音、地藏四位菩萨的道场。

(一)五台山

五台山位于山西省忻州地区东北部,风景区绝大部分坐落在以台怀镇为中心的五台县境内,五台山这一名称是对五座山峰的共同特点的形象概括。五台山是文殊菩萨的道场,历来香火旺盛,寺庙遍布全山。五台山寺庙历史悠久,规模宏大,居于佛教的四大名山之首。五台山历史悠久、文化灿烂、古建成群、文物荟萃、珍品云集,是中国古建筑、雕塑、绘画的艺术宝库,也是中外闻名的旅游胜地。

五台山的佛寺,唐、宋、辽、金、元、明、清各代以及民国时期均有遗存,建筑宏伟,式样繁多,精细严整,手法典型,连续性强,其本身就是一部唐代以来的中国建筑史,是研究和欣赏中国古建筑的难得场所。另外,寺内佛教造像手法多样,技艺高超,泥塑、木雕、铜铸、玉雕应有尽有,同样是欣赏我国佛教造像艺术发展演变的最佳场所。

（二）普陀山

普陀山是浙江省舟山群岛中的一个岛屿,有"海天佛国"之称。普陀山是观音菩萨的道场,香火旺盛,在海内外佛教界有深远的影响。岛上寺庙众多,普济寺、法雨寺、慧济寺是著名的三大寺庙。

普陀山作为中国古代海上丝绸之路始发港的重要组成部分,早在唐代就成为日本、韩国及东南亚国家交往的必经通道和泊地。历朝名人雅士、文人墨客,或吟唱,或赋诗,留下了大量珍贵的诗文碑刻,使普陀山文物古迹极为丰厚。

前人对普陀山做了这样高的评价:"以山而兼湖之胜,则推西湖;以山而兼海之胜,当推普陀。"

（三）峨眉山

峨眉山位于四川省峨眉山市,最高峰万佛顶海拔 3099 米。山势雄伟险峻,飞瀑流泉,古树参天,奇花异兽,为峨眉山增添秀色,自古就有"峨眉天下秀"之誉。登上金顶,可观赏到四大奇观:日出、云海、佛光、圣灯。峨眉山佛教历史悠久,是普贤菩萨的道场,主要的寺庙有报国寺、伏虎寺、万年寺、雷音寺,多数隐没在绿树丛中,一派"深山藏古寺"的境界。

峨眉山以优美的自然风光、悠久的佛教文化、丰富的动植物资源、独特的地质地貌而著称于世,1996年被列入《世界文化与自然双重遗产名录》。

（四）九华山

九华山位于安徽省青阳县,距长江南岸池州市约60千米。方圆120平方千米,奇峰叠起,怪石嶙峋,涌泉飞瀑,溪水潺潺。主峰十王峰海拔1344.4米,是国家级风景名胜区。

九华山于唐朝开辟为地藏菩萨道场,古刹林立,香烟缭绕,是善男信女朝拜的圣地;九华山风光旖旎,气候宜人,是旅游避暑的胜地。九华山现有寺庙80余座,僧尼300余人,已逐渐成为具有佛教特色的风景旅游区。在中国佛教四大名山中,九华山独领风骚,以"香火甲天下""东南第一山"的双重桂冠而闻名于海内外。

唐代大诗人李白三次游历九华山。见此山秀异,九蜂如莲花,写下了"昔在九江上,遥望九华峰,天河挂绿水,秀出九芙蓉"的美妙诗句。后人便削其旧号,易"九子山"为"九华山"。

三、四大道教名山

道教发祥于江西省贵溪市西南的龙虎山。当时道教的十大洞天、七十二福地,均为道教名山,其中湖北武当山、江西龙虎山、安徽齐云山、四川青城山被称为道教四大胜地。

（一）武当山

武当山,古名太和山,相传为上古玄武得道飞升之地,有"非真武不足当之"之谓,故而得名。武当山是著名的道教圣地,亦是国家重点风景名胜区,位于湖北省十堰市丹江口市境内,秦汉以后置郡县,以武当为名。东汉末期道教诞生以后,武当山更被尊为道教仙山。

武当山以宏伟的建筑规模著称于世。其古建筑始建于唐,宋、元、明、清均有修建,在明代达到鼎盛。共建有33个建筑群,占地100余万平方米,历经数百年沧桑,现仍存有近5万平方米。其整个建筑按照"真武修仙"的道教故事,采取皇家建筑法式,统一设计布局。其规模的大小、间距的疏密都恰到好处,因山就势,错落有致,前呼后应,巧妙布局。其古建筑或建于高山险峰之巅,或隐于悬崖绝壁之内,或建于深山丛林之中,体现了建筑与自然的高度和谐,达到了"仙山琼阁"的意境,被誉为"我国古建筑成就的展览"。

（二）龙虎山

龙虎山位于江西省鹰潭市的贵溪市龙虎山镇,由酷似龙虎的二山组成,是我国典型的丹霞地貌区,原名云绵山。相传因第一代天师张道陵在此炼丹,丹成而龙虎现,故改名龙虎山。张道陵第四代传人张盛,由鹤鸣山转到这里,至民国末年已承袭63代,历1900余年,为道教"第三十二福地"和张天师子孙世居之地。贵溪市上清镇东面的上清宫,相传是历代天师祀奉太上老君和朝会之处,也是我国最古老、最大的道宫之一。上清宫附近的天师府,占地3万多平方米,是历代天师的住处,也是我国规模最大的道教建筑之一,是现今保存较完好的封建时代大府第之一。

龙虎山风景名胜区的主要风景点除龙虎山之外,还有象鼻山、张家山、尘湖山、马祖岩、仙岩、排衙石、上清河等。源远流长的道教文化、独具特色的碧水丹山和千古未解的崖墓群,构成了龙虎山风景旅游区自然景观和人文景观的"三绝"。《水浒传》中就以"千峰竞秀,万壑争流。瀑布斜飞,藤萝倒挂"这样生动的文字描写这里的景色。

(三)齐云山

齐云山位于安徽省休宁县城西 15 千米,距屯溪 33 千米。齐云山古称白岳,因其"一石插天,与天并齐",明嘉靖年间改名为齐云山。

齐云山方圆 110.4 平方千米,境内峰峦四起,峭壁耸立,飞云、流泉、云海、佛光,四时变幻,绮丽多姿。清代乾隆皇帝赞誉齐云山为"天下无双胜境,江南第一名山"。它由齐云、白岳、岐山、万寿等 9 座山峰组成。齐云山又是道家的"桃源洞天",为著名道教名山之一。

齐云山风光绮丽动人,有各种奇峰、怪岩、幽洞,以及诸多湖潭泉瀑。其中形似山峰的香炉峰、巧夺天工的石桥岩、幽幻莫测的仙洞、清秀静逸的云岩湖、抛金洒玉的珠帘泉最令人心旷神怡。

（四）青城山

蜀中名山青城山位于四川省都江堰市西南 20 千米处。连峰起伏,蔚然深秀。全山以幽取胜,与剑门之险、峨眉之秀、夔门之雄齐名。其著名景区天师洞一带,周围青山四合,俨然如城,故名青城。青城山背靠岷山雪岭,面向川西平原,群峰环绕,状若城郭;林深树密,四季常绿;丹梯千级,曲径通幽,自古就有"青城天下幽"的美誉。

四、风景名山

（一）黄山

黄山位于安徽省黄山市,古称黟山,传说古代轩辕黄帝在此修身炼丹而改名为黄山。景区内千峰竞秀,层峦叠嶂,有 72 峰。莲花峰、光明顶、天都峰三大主峰,海拔都在 1800 米以上。

黄山巍峨挺拔,雄奇瑰丽,集天下美景于一山,其兼有泰山之雄伟、华山之险峻、衡山之烟云、庐山之飞瀑、峨眉之清秀、雁荡之怪石,被称为"天下第一奇山"。可以说无峰不石,无石不松,无松不奇。明代旅游学家徐霞客曾赞叹道:"五岳归来不看山,黄山归来不看岳。"1990 年黄山被列入《世界文化与自然双重遗产名录》,是我国十大风景名胜之一。

小知识

黄山松的精神

顶风傲雪的自强精神,坚韧不拔的拼搏精神,众木成林的团结精神,百折不挠的进取精神,广迎四海的开放精神,全心全意的奉献精神。

(二)庐山

庐山地处江西省北部的鄱阳湖盆地,在九江市以南,濒临鄱阳湖畔,雄峙长江南岸。庐山山体呈椭圆形,长约 25 千米,宽约 10 千米。绵延的 90 余座山峰,犹如九叠屏风,屏蔽着江西的北大门。庐山以雄、奇、险、秀闻名于世,素有"匡庐奇秀甲天下"之美誉。巍峨挺拔的青峰秀峦、喷雪鸣雷的银泉飞瀑、瞬息万变的云海奇观、俊奇巧秀的园林建筑,展示了庐山的无穷魅力。

美丽的庐山是世界级名山。风景区总面积 302 平方千米,最高峰汉阳峰海拔 1473.4 米,东偎鄱阳湖,南靠南昌滕王阁,西邻京九大通脉,北枕滔滔长江。大江、大湖、大山浑然一体,雄奇险秀,刚柔并济,形成了世所罕见的壮丽景观。"春如梦,夏如滴,秋如醉,冬如玉",更构成一幅充满魅力的立体天然山水画。

中国山水诗、山水画是中国山水文化的奇迹,山水诗在庐山大放光彩,山水画亦在庐山一展风流,闪烁出耀人的光辉。东晋画家顾恺之创作的《庐山图》,成为中国绘画史上第一幅独立存在的山水画,从此历代丹青大师以庐山为载体,以这一艺术形式对庐山赋予美感境界的表述。庐山风景,是以山水景观为依托,渗透着人文景观的综合体。庐山,通过诗人、书画家、文学家、哲学家们的心灵审视,创造出众多散发着浓郁人文氛围的历史遗迹。正如一位新加坡学者所评论的那样:"如果说泰山的历史景观是帝王创造的,庐山的历史景观则是文人创造的。"

此外,中国的风景名山还有以风光旖旎著称的,如浙江雁荡山、辽宁千山、福建武夷山、山东崂山、陕西骊山、河南鸡公山、新疆天山、江西井冈山、云南玉龙雪山、吉林长白山,都已成为旅游者休闲度假的好去处。我国西部许多海拔5000米以上的极高山适合勇于挑战自我的极限运动者进行探险攀登,阿尔泰山、天山、昆仑山、喜马拉雅山有待于进一步的开发规划,以期成为个性突出的山地旅游胜地。

第二节　水体景观文化

风景多在山与水之间。水者,地之血气,如筋脉之通流者。山的厚重与水的灵动构成最佳的风景组合。"河源出昆仑之墟""日月经天,江河行地"。中国的江河可谓源远流长。从老子说"上善若水",到"子在川上曰",再到庄子吟秋水,水除了赋予中国人人生之悟、天地之念、宇宙之思外,更有一种诗意情怀和浪漫气质。

雪山由于地势高,拥有永不枯竭的雪水,成为世界上众多大江大河之母。我国的大河几乎都是源于雪山。在横断山脉这一特殊的地理环境下,怒江、澜沧江、金沙江在云南省境内自北向南并行奔流170多千米,形成世界闻名的"三江并流"奇观。它的滔滔江水和冲积平原养育了人类,由于河流自身的地理特征以及与人类的密切关系,大江大河造就了很多风景名胜。

奇秀壮丽的长江三峡、咆哮奔腾的黄河峡谷、饱含诗意的富春江、古老的京杭运河、美丽的漓江山水、山水田园风光的楠溪江,都是别具情趣以江河为主体的旅游资源。瀑布往往从陡壁悬崖之上飞泻而下,构成自然界中独具一格的壮观景象,我国知名的大瀑布有贵州黄果树大瀑布、黄河壶口瀑布、庐山三叠泉瀑布、浙江雁荡山大龙湫瀑布等。江河沿岸,从高山之巅到浩瀚大海,无处不风景。

一、江河文化

(一)长江

长江是我国第一大河、世界第三大河,是中华民族的骄傲。长江源远流长,沿岸自然景观奇特,文化内涵极为丰富,是华夏文明的重要发祥地之一。峡谷、险滩、奇峰、流泉、溶洞构成了长江两岸的自然风光。

长江三峡位于重庆市东部和湖北省西部,是以长江峡谷水道为主的河川风景名胜区。长江三峡以其奇山秀水,展现出自然界鬼斧神工的魔力。长江流经四川盆地东缘时冲开崇山峻岭,夺路奔流形成了壮丽雄奇、举世无双的大峡谷长江三峡:雄伟险峻的瞿塘峡、幽深秀丽的巫峡和滩多水急的西陵峡。奉节的白帝城是三峡西部的咽喉,宜昌的南津关为其东部的门户。长江三峡两岸群山矗立,崔嵬摩天,幽邃峻峭,飞泉吐珠,云雾缭绕,激流翻腾,惊涛拍岸。自古以瞿塘雄、巫峡秀、西陵险驰名。

沿江的名胜古迹有:集儒、道、佛教文化为一体的民俗文化艺术的宝库,堪称"中国神曲之乡"的"鬼城"丰都名山,以其悠久的历史、独特的文化内涵、神奇的传说、秀美的风光,展示出神秘的东方神韵,吸引着无数中外游客。被誉为我国南方民间奇异建筑艺术的一朵奇葩,长江边上的一颗明珠,集山、水、古建筑景观于一体的忠县石宝寨。被誉为"巴蜀胜景、文藻胜地"的云阳张飞庙,观"夔门天下雄"的最佳地点奉节白帝城。

长江流域,人杰地灵。这里是中国古文化的发源地之一,著名的三星堆文化、大溪文化,在历史的长河中闪耀着奇光异彩。这里曾孕育了中国伟大的爱国诗人屈原和千古名女王昭君。青山碧水,曾留下李白、白居易、刘禹锡、范成大、欧阳修、苏轼、陆游等诗圣文豪的足迹,留下了许多千古传颂的诗章。三峡深谷,乌林赤壁,曾是三国古战场,是无数英雄豪杰驰骋用武之地。这里还有许多著名的名胜古迹,都江堰、白帝城、黄陵庙、南津关等,它们同这里的山水风光交相辉映,名扬四海。

小知识

爱国诗人——屈原

屈原名平,战国时楚国人,约生于公元前 340 年,是著名的诗人、政治家,曾任楚国要职左司徒、三闾大夫。他热爱楚国,主张改革朝弊,明法治国。但他振兴楚国的梦想和主张触犯了楚国旧贵族的利益,遭到那些人的反对和残害,最后被楚襄王放逐,漂泊于沅、湘流域。公元前278年,秦军破楚都郢,屈原悲愤交加,所有的希望都破灭了,遂于该年抱石自沉汨罗江而死。一代忠魂飘然逸去,为我们留下《离骚》《九歌》《招魂》等伟大诗作20多篇,把诗人对祖国和人民的热爱、对国家的忧虑、对美好境界的向往留在了这片热土上。1953年,屈原被世界和平理事会公推为世界四大文化名人之一,成为我们伟大民族永远的自豪与骄傲,亦成为一盏照耀历史的明灯。

(二)黄河

黄河是我国第二长河,发源于青海巴颜喀拉山,干流贯穿九个省、自治区,流经青海、四川、甘肃、宁夏、内蒙古、陕西、山西、河南、山东,全长5464千米,流域面积75.2万平方千米,年径流量574亿立方米,平均径流深度79米。

黄河是中华民族的发源地。黄河流域是中华民族古文化的摇篮,自古以来我们的祖先就生活在这块土地上,黄河两岸遍布着华夏民族活动的踪迹。从中石器时代起,黄河流域就成了我国远古文化的发展中心,我国的古代文明起源于黄河。

这里有蓝田猿人化石、半坡村仰韶文化遗址;有群峰竞秀、山水交融的黄河三峡;河水跌宕冲撞,奔腾而来,咆哮而去,具有大河气度;小浪底黄河三峡景区峰峦雄奇,危崖耸立,似鬼斧神工;林海浩瀚,烟笼雾锁,如缥缈仙境。

 小知识

黄河壶口国际旅游月

每年 9 月 19 日至 10 月 18 日,壶口举办"黄河壶口国际旅游月"。在此期间,会举行山西威风锣鼓、陕北花鼓、秧歌、旱船等具有黄土高原特色的民间文艺表演,壶口瀑布向世人昭示着中华民族精神的黄河魂。

（三）钱塘江

钱塘江是中国东南沿海地区主要河流之一,是浙江省的最大河流。由于河道在杭州附近曲折呈"之"形,故又名之江、曲江、浙江。钱塘江全长 589 千米(北源),522 千米(南源),流域面积 5.56 万平方千米,流经杭州市闸口以下注入杭州湾。江口呈喇叭状,海潮倒灌,形成著名的"钱塘潮"。远眺钱塘江出海的喇叭口,潮汐形成汹涌的浪涛,犹如万马奔腾,受附近河床沙坎所阻,潮浪掀起 3～5 米高,潮差达 9～10 米,确有滔天浊浪排空来、翻江倒海山可摧之势。汹涌壮观的钱塘潮,历来被誉为"天下奇观"。

钱塘江干支流开发历史悠久,沿江两岸有许多名山、秀水、奇洞、古迹,特产富饶,人杰地灵,风土民情,丰富有趣,被称为"黄金旅游带"。

（四）漓江

漓江是中国锦绣河山的一颗明珠,是桂林山水风光的精华。它发源于桂林北部兴安县的猫儿山,流经桂林、阳朔、平乐至梧州,汇入西江,全长 164 千米。"桂林山水甲天下,阳朔堪称甲桂林",

从阳朔到桂林河段,宛如一条青罗带,蜿蜒于奇峰之间。韩愈曾赞叹"江作青罗带,山如碧玉簪"。沿江风光旖旎,奇峰倒影,深潭、涌泉、瀑布,构成一幅绚丽多姿的画卷,被称为"百里漓江,百里画廊",是我国十大风景名胜之一。

(五) 京杭大运河

京杭大运河北起北京通州区,南达杭州,流经北京、天津、河北、山东、江苏、浙江六省市,沟通了海河、黄河、淮河、长江和钱塘江五大水系,全长 1794 千米,相当于苏伊士运河的 10 倍多、巴拿马运河的 22 倍,是世界上最长的人工河流,也是最古老的运河之一。它和万里长城并称为中国古代的两项伟大工程,闻名全世界。

京杭大运河是我国古代劳动人民创造的一项伟大工程,是祖先留给我们的珍贵物质财富和精神财富,是活着的、流动的重要人类遗产。大运河始建于春秋时期,形成于隋代,发展于唐宋,最终在元代成为沟通海河、黄河、淮河、长江、钱塘江五大水系,纵贯南北的水上交通要道。在两千多年的历史进程中,京杭大运河为我国经济发展、国家统一、社会进步和文化繁荣做出了重要贡献,至今仍在发挥着巨大作用。

京杭大运河显示了我国古代水利航运工程技术领先于世界的卓越成就,留下了丰富的历史文化遗产,孕育了一座座璀璨明珠般的名城古镇,积淀了深厚悠久的文化底蕴,凝聚了我国政治、经济、文化、社会诸多领域的庞大信息。

人们常把黄河比喻为中华民族的母亲河,把京杭大运河比作中华民族的生命之河、智能之河。那是因为京杭大运河是世界上开凿时间最早、规模最大、里程最长的运河。它经历了上千年的沧桑风雨，养育了一代又一代的中华儿女，积淀了内容丰富、底蕴深厚的运河文化，记录了中国古代政治、经济、文化、科技、军事等方方面面的丰富信息。它是中国悠久历史的缩影，是中国人民智慧和勤劳的结晶，是中华文明传承发展的纽带。

二、湖海文化

（一）湖泊

我国境内湖泊众多，天然湖泊遍布全国各地。有的地区湖泊星罗棋布，有的地区却串联如珠，有的湖泊身居层峦叠嶂之中，有的安居于平原之上。湖泊的美不同于跌宕起伏的江河，它更加清新秀丽、娇柔妩媚、静谧幽深。西湖苏堤柳树如烟，晴天娇媚，雨天幻奇；新疆天池湖水清澈、深邃，光洁如镜；洞庭湖港汊纵横，渚清沙白，芳草如茵，风景宜人。

1. 洞庭湖

"楼观岳阳尽，川迥洞庭开"，这是唐代大诗人李白登岳阳楼后写下的千古名句。烟波浩渺的洞庭湖为我国第二大淡水湖，位于湖南省北部。湖中心有座葱翠常绿的小山，名叫洞庭山，洞庭湖便因此而得名。湖区总面积约 18000 平方千米。洞庭湖碧水共天，沧溟空阔，古往今来，历朝历代对它的记载和描绘不计其数。

战国时代，伟大的诗人屈原在他的诗歌中，反复吟咏过美丽的洞庭湖。在《湘君》《湘夫人》诗篇中,屈原根据民间传说,把洞庭湖描绘成神仙出没之所。湘君和湘夫人是一对美貌的恋爱之神,湘君为了与湘夫人的一次约会,以洞庭一带特产的荷花、香芷、杜衡、紫贝、桂树、木兰、辛夷,建造了一幢芳香四溢的水中宫室,以迎接湘夫人的到来。后来他们乘着轻快如飞的桂舟,吹着娓娓动听的排箫,游弋在秋风袅袅的洞庭碧波上。

位于洞庭湖畔的岳阳楼,耸立于岳阳古城西隅的崇台之上,北枕万里长江,南望三湖四水,气势非常雄伟,是我国著名的江南三大楼之一,人称"洞庭天下水,岳阳天下楼",大文学家范仲淹在此写下了名传千古的《岳阳楼记》。虽然只有寥寥369字,但其内容之博大,哲理之精深,气势之磅礴,语言之铿锵,真可谓匠心独运,堪称绝笔。其中"先天下之忧而忧,后天下之乐而乐"一句成为千古名言,自此,岳阳楼更是名扬中外。以后历朝历代的诗人、作家在此留下了大量优美的诗文,如虞集、杨维桢、李东阳、何景明、袁枚等都曾把酒临风,登楼吟咏。

洞庭水、岳阳楼完美结合,其浩荡的气势与悠久的历史内涵,使之成为唐以后诗人墨客的登临胜地,并逐渐形成一种以抒发忧国济世为主要传统的特殊的风气。

2. 西湖

西湖位于杭州市中心,旧称武林水、钱塘湖、西子湖,宋代始称西湖。西湖是一个历史悠久、世界著名的风景游览胜地,其古迹遍布、山水秀丽、景色宜人。湖中有小瀛洲、湖心亭和阮公墩三个小岛以及苏堤、白堤两条长堤。西湖碧水连天,面积达5.6平方千米,像一面巨大的明镜。西湖是一首诗、一幅天然图画、一个美丽动人的故事。文人笔下的西湖,"阳春三月,草长莺飞""苏白两堤,桃柳夹岸""湖中水波潋滟,游船点点,湖岸山色空蒙,青黛含翠"。西湖的周遭长堤如画、杨柳含情、青山带笑、美不胜收,绘集了历朝历代的名胜古迹和人文景观。

千百年来,西湖以其迷人的景致吸引人们前来游览,英雄豪杰、文人墨客以及无数不知名的作者,在这里留下了许多脍炙人口的诗篇。西湖从唐代大诗人白居易的诗句中走来,从宋代散文家、词人苏东坡的诗句中走来,从元、明、清历代诗人墨客的笔下走来,在历史的迷离烟雨中,格外飘逸美丽。一首"水光潋滟晴方好,山色空蒙雨亦奇。欲把西湖比西子,淡妆浓抹总相宜"的神妙诗篇,把苏东坡和西湖紧紧地维系在一起,湖与诗人皆千古流芳。

从古到今,游湖的文人墨客无不折服于西湖的美貌和内涵,仅仅"西湖竹枝词"这一体例的诗篇就有数千首之多,关于西湖的游记、小说、传说故事等也不计其数。可以说,诗人墨客们的诗词文章因沾了西湖的灵气而格外芳香四溢,而西湖也因为有诗人墨客们的梳妆打扮,在山水的自然美之外,又增添了一种文化的魅力。南宋以来,先后形成了西湖十景:苏堤春晓、平湖秋月、断桥残雪、曲院风荷、花港观鱼、柳浪闻莺、三潭印月、双峰插云、雷峰夕照、南屏晚钟。

小知识

西湖苏堤

1080 年,苏东坡到杭州任知州,正碰上杭州闹旱灾,次年又闹水灾。经过两次严重的水旱灾害,他认识到水利建设的重要性,于是动用了 20 多万民众,把已经淤塞了一半的西湖,进行全面整治,用挖出的淤泥在湖中筑起了一条长堤。杭州人民为纪念苏东坡治理西湖的功绩,把它命名为"苏堤"。长堤卧波,连接了南山北山,给西湖增添了一道妩媚的风景线。南宋以来,苏堤春晓一直居"西湖十景"之首,元代又称其为"六桥烟柳"而列入钱塘十景。

3. 太湖

太湖是我国第三大淡水湖,面积 2445 平方千米,跨江浙两省,烟波浩渺,气势磅礴。太湖以优美的湖光山色和灿烂的人文景观闻名中外,是我国著名的风景名胜区。无锡山水、苏州园林、洞庭东山和西山、宜兴洞天世界都是太湖地区的著名旅游胜地。

无锡濒临太湖北半圈,占有太湖最美一角。这里山清水秀,极富江南水乡风味。浩瀚如海的太湖,散布着 48 个岛屿,这些岛屿连同沿途的山峰和半岛,号称 72 峰,它们均由浙江天目山绵延而来,或止于湖畔,或纷纷入湖,形成了山水环抱之势,组成一幅山外有山、湖外有湖的天然图画。位于湖南部的洞庭西山面积为 62.5 平方千米,是太湖最大也是最美的岛,和洞庭东山隔水遥对。太湖 72 峰,西山占 41 座。西山上怪石嶙峋,洞穴颇多,玲珑剔透的太湖石,将全岛点缀得颇为别致。太湖东面的洞庭东山,其主峰的大尖顶是 72 峰之一,山中主要古迹有紫金庵的宋代泥塑像、元代轩辕宫、明代砖刻门楼,以及近代的雕花大楼等。太湖的名胜古迹精华集中在太湖北岸。耸立于岛中央的主峰缥缈峰,海拔 336 米,山中除寺宇和避暑建筑外,主要以自然美取胜,秋月、梅雪之类的景物最具特色。

太湖之滨的鼋头渚公园、蠡园、梅园、锡惠公园景色如画,古运河、东林书院、泰伯墓、徐霞客故居、黄山炮台、徐悲鸿纪念馆、吴文化公园等人文景观驰名中外,令人驻足寄情,流连忘返。

4. 滇池

在苍崖万丈、云横绝顶的群山之间,有一湖碧绿如玉、烟波浩渺的池水荡漾,这就是素有“高原明珠”之称的昆明滇池。它既有湖泊的秀逸和韵味,又有大海般的气势和情调。滇池四周游览内容十分丰富,散布着许多美丽的风景名胜和历史悠久的文物古迹。可环湖探访石器时代的遗址、探索云南文化摇篮的奥秘、追寻古滇王墓的踪迹、拜谒著名航海家郑和的故里;又可登上西山,游遍气势恢宏的华亭寺、苍深雄峻的太华寺和鬼斧神工的龙门;可以到沿湖的大观公园、白鱼口公园、郑和公园、西华园去欣赏稻菽飘香、群鸥翔集、归帆远影、花木掩映的景色;还可以泛舟湖上,去领略那水天一色、空蒙澄碧、山光波影、浑然天成的超然境界。

（二）海滨

海滨是海水与大陆交相作用的历史印迹。波浪、潮汐、海流涌向海岸,惊涛拍岸,撼人心魄。海浪对海岸经久不衰的冲击和磨蚀形成了人力难为的美丽风景,包括海蚀穴、海蚀崖、海蚀拱桥、海蚀柱、海滩及岛礁等观赏性极高的海蚀与堆积地貌。

从北向南,中国著名的海滨有位于秦皇岛的北戴河海滨,位于辽东半岛的大连南部海滨,位于山东半岛胶州湾东南岸的青岛海滨,位于舟山群岛的普陀山岛的普陀山海滨,位于海南岛的三亚海滨等。大连海滨气候清新,景色宜人,山水相连,礁石林立,海蚀洞、海蚀崖、海蚀柱、海蚀拱桥等景观极为丰富。三亚海滨石美、海美、沙更美。海边巨石光滑湿润,石块或成群簇立,或孤石突兀,充满诗情画意,极具生命的韵律感。这里的海水湾阔、沙白、水清、波平。海水轻吻着细沙,絮语低沉,波光粼粼,清风徐徐,海天一色。海岸沙滩细腻、宽阔、平坦,在沙滩上行走、奔跑,好似踩在柔软的地毯上那般舒适,那一刻仿佛沐浴在金色的天堂,令人无比陶醉。

1. 北戴河海滨

北戴河海滨环境优美,风光秀丽。这里沙软潮平,滩宽水清,潮汐稳静,风爽无尘;岸边林带苍翠,绿树成荫。北戴河海滨具备当今世界海岸旅游的五大要素:海洋、沙滩、空气、阳光和绿色,是游人进行海浴、日光浴、沙浴、空气浴的理想天然场所。风景区西面是婀娜俊美的联峰山,山色青翠,植被繁茂。每逢夏秋季节,山上草木葱茏,花团锦簇,各种松柏四季常青。山中文物古迹众多,举世闻名的山海关是中国名胜古迹荟萃、风光旖旎、气候宜人的历史文化古城和旅游避暑胜地。奇岩怪洞密布,各种风格的亭台别墅掩映其中,如诗如画。

2. 大连海滨

大连海滨景区海岸线长达 30 余千米,水面浩瀚,碧海蓝天。白云山庄莲花状地质构造地貌和由岩溶礁石构成的黑石礁如同"海上石林",为世上所罕见。旅顺口是中国的海上门户,地形雄险壮阔,有众多古迹,景区内有中国近代史上记载中日甲午战争和日俄战争以及日本侵华战争的各种工事、堡垒等战争遗迹多处。旅顺口外礁岛棋布,口内峰峦叠翠,自然风光绮丽多彩。

金石滩风景名胜区位于辽宁省大连市金普新区,由山、海、滩、礁组成,有完整多样的沉积岩、典型发育的沉积构造、丰富多彩的生物化石。金石滩绵延 20 余千米的海岸线,浓缩了古生代距今 7 亿~5 亿年的地质历史,是一个天然地质博物馆,受到国内外地质学界的高度评价。区内有多种奇特海蚀造型地貌,蚀崖、溶沟、石牙、溶洞等形成一个天然的海滨雕塑公园,可供观赏游览,进行地质科研活动。金石滩有大型海水浴场和垂钓场,为风景区增添了度假休闲的丰富内容。

3. 青岛海滨

青岛海滨风景区西起团岛,东至大麦岛,全长 25 千米,陆地面积 8.5 平方千米,海域面积 5 平方千米,环抱团岛湾、青岛湾、汇泉湾、太平湾、浮山湾 5 个海湾;陆地包括青岛山、信号山、观象山、太平山、八关山、小鱼山及南侧区域。

海滨风景区旅游资源有天然岬角、海滨、沙滩、礁岩等自然景观,又有栈桥回澜阁、小青岛灯塔、八大关建筑群等省、市级文物保护单位;同时景区内还有品种繁多的古树名木、珍稀物种等。

4. 普陀山海滨

普陀山素有"海天佛国""南海圣境"之称,同时也是著名的海岛风景旅游胜地。普陀山风景名胜区奇岩怪石很多。著名的有磐陀石、二龟听法石、海天佛国石等 20 余处。在山海相接之处有许多石洞胜景,最著名的是潮音洞和梵音洞。岛的四周有许多沙滩,但主要的是百步沙和千步沙。千步沙是一个弧形沙滩,长约 1.5 千米,沙细坡缓,沙面宽坦柔软,是一个优良的海水浴场。

5. 三亚海滨

三亚热带海滨风景区位于海南省三亚市,总面积约 212 平方千米。

三亚海岸线长约 180 千米,分布着 19 个港湾、11 个岛屿,风光旖旎,令人神往。阳光、海水、沙滩、河流、森林、动物、温泉、岩洞等独具特色的热带植物景观,以及曲折多变的海岸线构成了典型的热带海滨风光。明媚的阳光、洁白的沙滩、碧蓝的海水是人们日光浴、海水浴、沙浴的理想之地,也是冬泳避寒的绝佳场地。

著名的"天涯海角"风景区依山傍海,碧海、青山、白沙、礁盘浑然一体;椰林、波涛、渔帆、鸥燕、云层辉映点衬,形成南国特有的"椰风海韵"。"天涯海角"因古人在此两处巨石上刻着"天涯"和"海角"四字而得名,寓意为天之边缘,海之尽头。这里记载了历史上谪臣贬官的悲剧人生,经历代文人墨客的题咏描绘,成为我国具有神奇色彩的著名游览胜地。

三亚海滨集各种风景资源和丰富的历史文化资源于一体。三亚著名的旅游景点有天涯海角、亚龙湾、大东海、鹿回头、落笔洞、南田温泉、椰子洲岛等海景乐园,此外还有崖州古城鉴真和尚东渡日本时避风登陆遗址等人文景观。

第三节　生物景观文化

我国幅员辽阔,有丰富的动植物资源。

植物有美化环境、装点山水、分割空间、营造意境的功能。可以说树木花草是山水的肌肤、风景区的容貌。"山无林则不秀、不生、不幽"。植物吸引旅游者,是因为植物决定了自然风景空间上的差异,如东北的林海,内蒙古的草原;同时也决定了时间上的差异,如春赏梅花,秋观红叶。有的植物则突出了地方色彩,增强了旅游价值,如奇松之于黄山等。

我国动物种类多,数量大。它们有不同的形态外貌、生活习性、活动特点、鸣叫声音,可供观赏娱乐,同时还可开发狩猎、垂钓等活动。我国不少旅游区都有其特有的动物,如峨眉山的猴群、长白山的梅花鹿等。某些地区还形成了独特的"动物天堂",如青海湖的鸟岛、云南大理的蝴蝶会等。

一、植物景观

（一）春赏梅花

梅是蔷薇科杏属的落叶乔木,有时也指其果(梅子)或花(梅花)。"万花敢向雪中出,一树独先天下春"被誉为花魁。梅花培植起于中国商代,距今已有近4000年历史。后来引种到朝鲜与日本,又从日本传播到西方国家。梅花"遥知不是雪,为有暗香来"的崇高品格和坚贞气节,象征不屈不挠、奋勇当先、自强不息的精神品质。松、竹、梅又被称为"岁寒三友"。梅花是广东省梅州市的市花,同时也是武汉、南京的市花。

超山风景区位于浙江省杭州市东北29千米处,海拔306米,以观赏"古、广、奇"三绝的梅花而著名。故有"十里梅花香雪海""超山梅花天下奇"之美誉,为江南三大赏梅胜地之一。

超山梅花至今已有1200多年历史,尤为珍贵的是现在尚存唐梅、宋梅各1株。每当初春二月,登山四望,运河似带,梅林似雪,方圆十里如飞雪漫空,甚是壮观。

近代著名金石、书画大师,西泠印社首任社长吴昌硕一生钟爱梅花,尤以超山梅花为其最爱,留下了"十年不到香雪海,梅花忆我我忆梅,何时买棹冒雪去,便向花前倾一杯"的绝唱。

 小知识

江南三大赏梅胜地、婺源的油菜花

江南三大赏梅胜地包括浙江超山风景区、苏州邓尉和无锡梅园。苏州邓尉，位于江苏苏州光福镇，梅开时节，香飘十里，疑似积雪，故有"十里香雪"之称。邓尉梅林在方圆近5000米的景区内植梅数十万株，有"邓尉梅花甲天下"之誉。

无锡梅园，位于江苏无锡市西郊浒山南坡，距市区7000米，现有面积54.13万平方米，其中梅林占3.73万平方米。梅树5000多株，梅树品种达三四十种，著名的有墨梅、龙游梅等。

婺源的油菜花虽不如梅花香飘万里，但以其绝佳的对比色彩为特色，成为人们早春旅游的黄金线路。婺源县位于江西省东北部，它以田园牧歌式的优美风光和保存完好的古文化、古建筑、古树、古洞被外界誉为"中国最美的乡村"。春天是婺源旅游最好的季节，尤其是三、四月，漫山的红杜鹃、满坡的绿茶、金黄的油菜花，加上白墙黛瓦，五种颜色，和谐搭配，胜过世上一切的图画。

（二）夏看草原

内蒙古草原位于我国北部并与俄罗斯和蒙古相邻。由六大草原组成，自东向西顺次是：世界上著名的呼伦贝尔草原、科尔沁草原、植被保护最好的锡林郭勒草原、宽广的乌兰察布草原以及鄂尔多斯半荒漠草原和阿拉善的荒漠草原。

呼伦贝尔大草原位于内蒙古自治区东部呼伦贝尔市，广袤无垠，未受污染，被称为"绿色净土"，也被誉为"北国碧玉"。锡林郭

勒草原位于内蒙古自治区锡林浩特市,1987年被联合国教科文组织接纳为"国际生物圈保护区"网络成员,是目前我国最大的草原与草甸生态系统类型的自然保护区,在草原生物多样性的保护方面占有重要的空间位置和明显的国际影响。鄂尔多斯草原最吸引人的是其独特的自然风光,同时并存有大面积的草原和沙漠,以及上千个大小湖泊。

(三)秋观红叶

一般植物的叶片中除了叶绿素外,还有许多其他的成分如黄色的叶黄素、胡萝卜素,红色的花青素等,但因为叶绿素的含量较大而遮盖了其他颜色,使叶片呈绿色。随着季节更替,气温、日照相应增减,叶片中的主要色素成分也发生变化。到了秋天,枫树等红叶树种的叶片便呈现红色。

黄栌、枫树、乌桕、槭树、鹅掌楸、火炬树、柿子树、紫叶李等都是知名的红叶树种。

香山位于北京海淀区西郊,距市区20千米,因山中有巨石形如香炉而得名。香山红叶驰名中外,是我国四大赏枫胜地之一。

香山红叶最负盛名的是黄栌树叶,其叶形如卵,每到秋天,漫山遍野的黄栌树叶红得像火焰一般,霜后呈深紫红色。陈毅诗"西山红叶好,霜重色愈浓",即指黄栌之美。霜降时节,香山方圆数万亩坡地上枫树、黄栌红艳似火,又有松柏点缀其间,红绿相间,瑰奇绚丽。

 小知识

我国四大赏枫胜地

中国境内枫树分布广泛,几乎各地都能觅得其踪影,而最有名的就是四大赏枫胜地:苏州天平山、北京香山、南京栖霞山和湖南长沙岳麓山。杜牧的诗句"霜叶红于二月花"指的是岳麓山枫叶。

(四)冬访奇松

松一般为常绿乔木,树皮多为鳞片状,叶子针形。中国人视松为吉祥物,称其为"百木之长",称作"木公""大夫"。松的特点是凌霜不凋、冬夏常青,苍松劲挺,饱含风霜而生机勃勃!

奇松是"黄山四绝"之首,黄山"无处不石,无石不松,无松不奇"。黄山松,以石为母,以云为乳,七十二峰,处处都有青松点染,如一支支神奇的画笔,把五百里黄山抹上了生命的色彩。难怪古人说:"黄山之美始于松。"

冬季飘雪,山景经大雪覆盖后,数以万计的黄山松,也变成了"雪松",如诗如画,益发使人倾倒。

 小知识

林海雪原

海林市位于黑龙江省东南部,素有"林海雪原""中国雪乡"之美誉,是著名侦察英雄杨子荣战斗和牺牲的地方。到了冬季,茫茫林海,白雪皑皑,银装素裹,分外妖娆。游客在这里滑雪、赏雪,耳边松涛阵阵,森林与雪原浑然一体,交相辉映。

二、动物景观

（一）峨眉山猴群

峨眉山生态猴区位于峨眉山清音阁、一线天至洪椿坪之间，为一段狭长的幽谷，占地 25 万平方米，是目前我国最大的自然生态猴保护区。生态猴区内现有三支家族式野生猴，达三百多只。常聚集路旁，与游人戏耍、讨食，在佛堂内随香客叩头拜佛，被称为"猴居士"。

峨眉山灵猴是峨眉山的精灵，嬉闹顽皮，憨态可掬又极通人性，见人不惊、与人相亲、与人同乐，给游人带来无比欢乐，成为峨眉山的一道活景观。

（二）卧龙大熊猫

大熊猫是一种有着独特黑白相间毛色的活泼动物。大熊猫属熊科、大熊猫亚科。成年熊猫长 120~190 厘米，体重 85~125 千克。

四川卧龙为国家级自然保护区，位于阿坝州汶川县境内，素有"熊猫之乡"的美称，是我国目前面积最大，以保护大熊猫及高山森林生态为主的综合性自然保护区。2006 年 7 月 12 日世界遗产大会批准"卧龙·四姑娘山·夹金山脉"列入世界自然遗产名录。进入卧龙自然保护区，憨态可掬的大熊猫，或旁若无人地玩耍，或专心致志地进食，十分惹人喜爱。国宝大熊猫已成为中外交流的和平使者。

小知识

大熊猫的名称如何而来?

大猫熊是学名,而平时人们口头上说的"熊猫"则是错误的叫法,事实上根本不存在"熊猫"这种动物。据说,在民国期间一次猫熊展出时,因为当时规定采取了国际通用准则,使用中英文按照从左向右的顺序列出每一件展品的名字,但由于国内的阅读顺序还是从右至左,另外当时的大熊猫还不像现在这样作为国宝世人皆知,只有极少人知道它。所以大家都认为它的名字是"熊猫"。于是以谬传谬,约定俗成,最终它在华人世界的名字就被永久地改变了。

(三)安徽扬子鳄

安徽扬子鳄国家级自然保护区位于安徽省宣城地区,面积51.88平方千米,主要保护对象为扬子鳄及其生态环境。

保护区海拔300米以下的池塘、山洼和水库中,分布着我国特有的,也是现存最古老的爬行动物,有"活化石"之称的扬子鳄。扬子鳄别名中华鼍,主要分布在长江中下游地区,因外貌非常像"龙",所以俗称"土龙"或"猪婆龙"。扬子鳄头部相对较大,鳞片上具有更多颗粒状和带状纹路。它的鼻孔有瓣膜可开可闭,眼为全黑色,且有眼睑和膜。我国已经把扬子鳄列为国家一级保护动物,严禁捕杀。

小知识

鳄鱼的眼泪

人们常常用"鳄鱼的眼泪"来比喻那些假惺惺的人。因为人们看到扬子鳄在进食的时候常常是流着泪在吃一些小动物，好像是它不忍心把这些小动物吃掉似的。那么扬子鳄流眼泪是怎么回事呢？它的眼泪并不是出于怜悯，而是由于它体内多余的盐分主要是通过一个特殊的腺体来排泄的，而这个腺体恰好位于它的眼睛旁边，使人们误认为这个腺体分泌的带有盐分的液体就是它的眼泪，当它进食的时候，腺体恰好在分泌带盐分的液体，所以人们常常认为它是在假惺惺怜悯这些小动物了。

（四）青海湖鸟岛

青海湖鸟岛自然保护区位于青海省的刚察、共和及海晏三县交汇处，总面积4300平方千米。

岛上鸟类数量多，有八九万只。这里是斑头雁、鱼鸥、棕颈鸥的世袭领地。每年春天，斑头雁、鱼鸥、棕颈鸥等一起来到这里，在岛上各占一方，筑巢垒窝，全岛布满鸟巢。到了产卵季节，岛上的鸟蛋一窝连一窝，密密麻麻数也数不清。

美丽的青海湖鸟岛，是鸟儿的乐园、鸟儿的天堂。近年来，幽美壮丽的鸟岛风光，吸引了许多游人前来观光。

小知识

气候和天气景观

我国气候的重要特点是复杂多样,地域分异明显;冬季南北温差大,夏季南北温差小。因为地域的分异,又形成气候特点各具特色的城市:

山城——重庆　　冰城——哈尔滨　　江城——武汉

水城——苏州　　羊城——广州　　温泉城——福州

泉城——济南　　春城——昆明　　椰城——海口

极光城——漠河　　沙城——敦煌　　林城——伊春

瓜果城——吐鲁番

另外,日、月、天体和雪、雨、雾、露、虹、霞等气象因素观赏物相结合,会构成特有的天气景观。如杭州西湖的"断桥残雪",云南大理的"上关花,下关风,苍山雪,洱海月",泰山的"岱顶观日",四川峨眉山的"峨眉宝光"等。其中,"峨眉宝光"又名"佛光",是太阳光投射到云层上所形成的一个五颜六色的封闭式光环,由于在佛教圣地峨眉山较为常见,因此而得名。当人站在峨眉山金顶背向太阳而立,而前下方又弥漫着云雾时,会在前下方的天幕上,看到一个外红内紫的彩色光环,中间显现出观者的身影,且人动影随,人去环空。即使两人拥抱在一起,每个人也只能看到各自的身影。

第三章　旅游民俗文化

第一节　汉族民俗风情

中国是一个多民族国家,有汉族、蒙古族、满族、朝鲜族等56个民族,汉族是中国人口最多、地域分布最广的民族。据2021年第七次全国人口普查统计,汉族人口128631万余人,占全国总人口的91.11%。汉族广泛分布在全国各地,其中主要集中在东北、华北、华东、中南、甘陕以及云贵川渝等地区。少数民族人口超过500万的主要有壮、回、满、维吾尔、苗、彝、土家、藏、蒙古等民族。56个民族和睦相处,形成了以汉族为主体的大杂居、小聚居的局面。

一、认识汉族

汉族是中国的主体民族,也是世界上人口最多的民族。汉族因汉王朝而得名,此前称为"华夏族"。汉族主要源于炎黄、东夷等部落联盟,同时吸收了周围部分苗蛮、百越、戎狄等部落联盟的成分而逐渐形成。

汉族的语言为汉语,使用汉字书写。汉语属汉藏语系,有七大方言。现代汉语以北方方言为基础,以北京语音为标准音。汉字是世界上最古老的文字之一,从考古挖掘出的文物推测,中国汉字的雏形距今已有6000年左右的历史,是由甲骨文、金文逐渐演变而成。由孔子、孟子思想体系形成的儒家学说对汉族产生着深刻影响,以仁为中心,重视伦理教育,乐天知命和尊敬祖先是汉族主要的传统观念。部分汉族人信仰佛教、道教、耶稣教和天主教。

汉族由于分布地区广泛,其传统住房因地区不同而有不同的样式。居住在华北平原的汉族,其传统住房多为砖木结构的平房,院落多为四合院式;居住在晋陕黄土高原的汉族,则根据黄土土层厚实、地下水位低的特点挖窑洞为住房;居住在南方的汉族,其传统住房以木建房为主,讲究飞檐重阁和榫卯结构。无论南方还是北方的汉族,其传统民居的共同特点都是坐北朝南,注重室内采光,以木梁承重,以砖、石、土砌护墙;以堂屋为中心,以雕梁画栋和装饰屋顶、檐口见长。

 小知识

四合院

四合院是以正房、东西厢房围绕中间庭院形成平面布局的传统住宅的统称,其典型特征是外观规矩,中线对称。四合院的规模与讲究程度,随住宅主人的权势高低和经济实力大小而不同,扩大了就是皇宫、王府,缩小了则是平民百姓的住宅。在北京,辉煌的紫禁城与郊外的普通农家都是四合院。

汉服是汉族的民族服饰。自炎黄时代黄帝"垂衣裳而天下治",汉服已具基本形式,到了汉朝已全面完善并普及。汉服的主要特点是交领、右衽、系带、宽袖,有裙装、袍服、襦裤服等类型,材质和式样丰富多彩,给人洒脱飘逸的印象,对日本、朝鲜、越南等周边国家的服饰产生了很大影响。到了近现代,汉族服饰开始改变,古代服装几乎被完全淘汰,代之而起的是长衫和马褂、西式礼服、中山装和改良旗袍等;现在则与世界服装时尚合流,几乎看不到传统的汉族服装样式。

 小知识

中山装

中山装是我国民主革命先驱孙中山亲自设计、倡导的中式礼服,是中国服装史上的一大创举,更是一项影响深远的服饰改革。造型上,中山装为立翻领,对襟,前襟五粒纽扣,四个口袋,袖口三粒纽扣,后片不破缝,这些形制蕴含着深刻的寓意:前襟四个口袋标志礼、义、廉、耻四大美德;袋盖为笔架山,意为以文治国;五粒纽扣代表国家行使的五权——行政、司法、立法、考试、监察;袖口三粒纽扣表示三民主义——民族、民权、民生;后片不破缝表示国家和平统一。

二、汉族的传统节日

汉族的传统节日很多,主要有春节、元宵节、清明节、端午节、七夕节、中秋节、重阳节等,这些节日所形成的节令风俗至今影响着汉族人民生活的各个方面。2007 年 12 月 7 日,国务院调整法定节假日制度,将清明节、端午节、中秋节等传统节日纳入国家法定假日,对保持和进一步扩大传统节假日的影响起到了积极作用。

(一) 春节

春节是中国最富有特色的传统节日,原名"元旦"。传统意义上的春节是指从腊月初八的腊祭或腊月二十三的灶祭,一直到正月十五,其中以除夕和正月初一为高潮。春节期间,汉族和部分少数民族要举行丰富多彩的活动以示庆祝,如北方民间就流传着一首《过年谣》:"二十三,灶王老爷上了天;二十四,刷下对子写大字;二十五,家家户户糊窗户;二十六,上街去割过年肉;二十七,全家老小都洗脚;二十八,糕儿馍馍两筐箩;二十九,提上壶壶灌烧酒;年三十,供上祖宗摆上肉。"

"祝福"习俗是绍兴城乡春节风俗中最具特色的仪式,绍兴人称"请祝福菩萨",相传起源于元代。通常在年终,家家户户都要选择一个祝福的吉日举行祭祀活动。

(二) 元宵节

每年正月十五是中国民间的元宵节。正月是农历的元月,古人称夜为"宵",所以正月十五晚上的这个节日叫作"元宵节"。元宵是一年中第一个月圆之夜,也是一元复始、大地回春的夜晚,所以人们对此加以庆祝,庆贺新春的延续。元宵节期间,中国人有赏灯、猜灯谜和吃汤圆的习俗。

(三) 清明节

清明,是农历二十四节气之一,清明时节正是春耕春种的大好时节,故有"清明前后,种瓜点豆"的农谚。清明前一天(一说两天)为寒食节。古人从这一天起,三天不生火做饭,禁烟火,吃冷食。后人因寒食节与清明节时间相近,遂将寒食习俗并于清明习俗之中。清明节的主要习俗是扫墓和踏青。

轩辕氏祭典是仙都清明时节的独特文化。相传浙江仙都鼎湖峰是黄帝炼丹升天之地,因此历来有清明节祭祀黄帝的传统。"轧蚕花"是杭嘉湖地区的蚕农们每年清明到蚕神庙祭蚕神,祈求风调雨顺、蚕桑丰收的风俗活动。蚕花是一种用彩纸或绸绢剪扎成的花朵,寓意吉祥如意,更是桑农蚕娘祈求桑满园、蚕满仓、蚕宝宝饲养顺利的一种寄托和愿望。

 小知识

寒食节起源的传说

传说,春秋时晋国君主晋献公,为了把君位传给宠爱的小儿子奚齐,便把太子申生杀了,二儿子重耳为此逃到国外,流亡了19年才回国做了君主,即晋文公。重耳落难期间,跟随他的人吃不了苦都各自逃生了,只有介子推等五六个忠心的人跟着他。有一次,介子推为了救饿晕的重耳,偷偷在自己腿上割下一块肉,烤熟了给重

耳吃。重耳即位后,随他流亡的官吏一一受封赏,"独子推无所得"而隐居绵山。晋文公想放火烧山逼他出山,介子推还是不肯,以致"抱木烧死"。晋文公非常哀伤,下令规定这一天禁止烟火,吃寒食纪念介子推,这一天为寒食节。山西绵山改名为介山,县名也叫介休县(今介休市)。

(四) 端午节

农历五月初五是端午节,又叫"端阳节""重午节""午日节""重五节""女儿节"等,它是全民健身、防疫祛病、避瘟驱毒、祈求健康的民俗节日。关于端午节的起源,史籍资料中有多种说法,其中,在民间影响最大、范围最广的看法,认为端午节是为了纪念投汨罗江而死的忠臣屈原。虽然叫法不同,但各地过节的习俗基本相同,主要有女儿回娘家、挂钟馗像、悬挂菖蒲和艾草、佩香囊、喝雄黄酒、赛龙舟、吃粽子等。

杭州西湖区蒋村龙舟胜会是江南水乡独具风采的端午节习俗。每到端午节,各乡村的大小龙船都汇集到蒋村乡的深潭口村(现为西溪湿地公园深潭口景区)举行龙船比赛。乾隆皇帝南巡时,看到蒋村龙舟的盛况,写下"龙舟胜会"四字,从此,"龙舟胜会"之称谓一直沿用至今。该节俗在当地深入人心,凡外出人员在这一日都不远千里赶着回乡,寻根问祖,追思认远。

小知识

雄黄酒与白娘子

雄黄酒是用研磨成粉末的雄黄炮制的白酒或黄酒,一般在端午节饮用。作为一种中药药材,雄黄可以用作解毒剂、杀虫药。于是古人认为雄黄可以克制蛇、蝎等百虫。中国神话传说《白蛇传》中流传着白娘子喝雄黄酒的故事。金山寺的法师法海认为修成人形的白娘子是妖精,会祸害民间。他悄悄地告诉白娘子的丈夫许仙,白娘子是白蛇化身而成,还教许仙怎样识别白蛇。到了端午节,许仙按照法海教的办法,让白娘子喝下雄黄酒。白娘子喝了酒后,马上现出蛇的原形,许仙立刻被吓死了。白娘子为了救活许仙,不顾自己怀孕,千里迢迢来到昆仑山偷盗起死回生的灵芝草。白娘子与守护灵芝草的护卫拼命恶战,护卫被白娘子感动了,将灵芝赠给她。许仙被救活以后,知道白娘子真心爱自己,夫妻更加恩爱。

(五)七夕节

农历七月初七是中国的传统节日"七夕节"。相传,每年这个夜晚,是天上织女与牛郎在鹊桥相会之时。织女是一个美丽聪明、心灵手巧的仙女,凡间的妇女便在这一天晚上向她乞求智慧和巧艺,也向她求赐美满姻缘,所以七月初七亦被称为"乞巧节"。这是中国传统节日中最具浪漫色彩的节日,也被誉为中国的"情人节"。

（六）中秋节

农历八月十五日，是我国传统的中秋节，也是仅次于春节的第二大传统节日。我国古代历法把处在秋季中间的八月，称为"仲秋"，所以中秋节又叫"仲秋节"。祭月赏月是中秋节的重要习俗。古代帝王有春天祭日、秋天祭月的传统，民间也有中秋祭月的风俗，到了后来，赏月重于祭月，严肃的祭祀变成了轻松的欢娱。吃月饼是中秋节的另一习俗。月饼本是祭月时供品的一种，以后成了人们互相馈赠的礼品，象征着团圆。

中秋西湖赏月是杭州的传统项目，主要有祭月、赏月、吃月饼、摸月、观潮赏月等形式。传统节日风俗与湖光山色、人文景观相得益彰，让人流连忘返。苏庄中秋舞草龙是衢州开化苏庄及周边地区的民间传统，每年中秋节，以新收割的稻草为材料，家家户户自扎草龙，插满香枝，晚上以火把点燃香火，参加舞龙活动，庆贺当年收成并祈求来年风调雨顺、五谷丰登。

 小知识

三潭印月 32 个月亮之说

三潭印月是西湖三岛之一，是自古以来的赏月胜地。岛中建有三座石塔，塔身呈球状，有五孔，饰有浮雕图案，塔顶呈葫芦状，相传为苏东坡疏浚西湖时所创设。每到中秋之夜，皓月当空，人们在塔内点燃灯烛，孔口蒙上白色薄纸，烛光从石塔的圆孔中透出，倒映于湖，又成为水中之月，与天上倒映湖中的月亮交相辉映，出现了"一湖有月三十二"的奇丽景色，这也是"三潭印月"得名的由来。

（七）重阳节

农历九月初九,两阳相重,故叫"重阳",又名"双九节""登高节""老人节"等。重阳节的起源最早可以追溯到汉初。据说,每年九月初九,皇宫里的人都要佩茱萸,食蓬饵,饮菊花酒,以求长寿。汉高祖刘邦的爱妃戚夫人被吕后残害后,宫女贾某也被逐出宫,遂将这一习俗传入民间。现在人们在重阳节主要进行出游赏景、登高远眺、观赏菊花、饮菊花酒、吃重阳糕、插茱萸等活动。

第二节　壮族民俗风情

壮族是我国少数民族中人口最多的民族,也是好客的民族。壮族人民90%以上在广西壮族自治区,过去到壮族村寨任何一家做客的客人都被认为是全寨的客人,在几家轮流请吃饭,饭桌上必定有酒,敬酒的习俗为喝交杯酒,其实不是用杯,而是用白汤匙,用餐时须等最年长的老人入席后才能开饭,长辈未动菜,晚辈不得先吃。给长辈和客人端茶、盛饭必须双手捧给,而且不能从客人面前递,也不能从背后递给长辈。客人在宴席上狂喝滥饮,醉醺醺的,胡言乱语都是很失礼的,要被人传为笑柄。路上遇到老人,男的要尊称公公,女的则尊称奶奶或老太太。遇到客人或负重者,要主动让路。

一、节日

壮族以春节、社日和壮年最为隆重,此外还有歌圩节等。歌圩节是群众性的唱歌节日,日期各地不一,一般是正月初二、十五,二月初九,三月十七,四月初八,五月初七,七月初七,八月十五。节日里除了唱歌等文化娱乐活动,还有体育比赛和物资交流等活动。

二、婚姻民俗

壮族的婚姻目前基本上实行自由恋爱和父母包办的双轨制。男女青年可以通过"坐姑娘"(陪姑娘做伴)、"吃乡会"(春节期间村寨相距遥远的男女老幼互相交往)、"讨棉花"(去探老家)、"谈唱"等活动订婚,但是基本上需要经过父母的同意方能结婚,同家族不得通婚,而且十分讲究门当户对、生辰八字相合。五代以内禁止近亲结婚,与汉族及其他少数民族通婚则不受限制。婚姻程序须经过媒人撮合、合八字、订婚、过礼和迎娶等环节,各地婚礼仪式不尽相同。

三、服饰

壮族男子一般着黑色唐装,以当地土布制作。上衣短领对襟,胸前缝小兜一对,腹部有两个大兜,下摆往里折成宽边,并于下沿左右两侧开对称裂口。穿宽大裤,短及膝下。有的缠绑腿,扎头巾。劳动时穿草鞋,节日穿宽口布鞋。女戴黑头巾,着藏青或深蓝色短领右衽偏襟上衣（有的在颈口、袖口、襟底均绣有彩色花边）。有一暗兜藏于腹前襟内，随襟边缝制数对布结纽扣，下穿宽肥黑裤（也有的于裤脚沿口镶两道异色彩条），腰扎围裙。劳动时穿草鞋，并戴垫肩，在赶圩、歌场或节日穿绣花鞋。

四、居住

壮族是我国少数民族中人口最多的民族，90%以上聚居于广西壮族自治区。"干栏式"（又称"麻栏式"）建筑是壮族的特色居住形式，分上下两层，楼上住人，楼下堆放杂物。

五、饮食

壮族人喜欢吃腌制的酸食，以生鱼片为佳肴。壮族妇女有嚼槟榔的习俗。壮族人家中凡来客必吃粽子，壮家的粽子是较高贵的食物，有种叫"风莫"的特大粽子，重达一二十斤。

六、禁忌

壮族人不称"猪肝"称"猪湿"，不称"猪舌"称"猪利"，因为当地汉语"肝"与"舌"即"折本"之意；壮族人忌食牛肉和蛙肉；家有产妇时，壮族人会在门上悬挂一顶草帽，暗示外人不得入内等。

第三节　蒙古族、藏族民俗风情

蒙古族主要聚居在内蒙古自治区，是一个富有传奇色彩的民族，对亚欧历史发展产生过巨大影响。藏族自称"博巴"，意为农业人群，主要聚居在西藏自治区以及青海、甘肃、四川、云南等省。蒙古族和藏族普遍信仰藏传佛教。蒙古族的《江格尔》、藏族的《格萨尔王传》和柯尔克孜族的《玛纳斯》并称为中国少数民族的三大史诗。

一　马背上的民族——蒙古族

"蒙古"最初只是蒙古诸部落中一个部落的名称，意为"永恒之火"。13世纪初，蒙古部首领铁木真经过多次征战统一了蒙古地区诸部落，建立了大蒙古国，号称成吉思汗。1279年，成吉思汗之孙忽必烈灭南宋，统一中国，建立元朝，基本上确定了现代中国的版图，打通了亚欧陆路交通线，促进了东西方文化交流。《蒙古秘史》是中国最早用蒙古文写成的历史文献和文学巨著，现已被联合国教科文组织定为世界文化遗产。

（一）丰富的节庆习俗

蒙古族的传统节日主要有"白节"、祭敖包、那达慕、马奶节等。

"白节"是一年中最大的节日，相当于汉族的春节，正月亦称"白月"，这是因为蒙古族崇尚白色，含有祝福吉祥如意的意思。节日的时间和春节大致相符。除夕这天,家家都要包饺子、做烙饼、吃手抓羊肉;初一早晨,晚辈要向长辈敬"辞岁酒"。

祭敖包是蒙古族最隆重的祭祀。敖包亦作"鄂博",是土堆子的意思,即用人工堆积起来的石堆、土堆,原是道路和境界的标志,后来逐渐被视为神灵的居所加以祭祀和供奉。人们通过祭敖包祈求神灵庇佑,吉祥多福,国泰民安。祭敖包的时间不固定,一般在农历五月或七月举行。

 小知识

蒙古人崇尚白色的由来

传说,蒙古族最早的祖先叫"苍白的狼",先母叫"苍白的鹿",都和白色有关。蒙古族最喜爱的乐器——马头琴,据说也是由一匹被害的小白马转化而成。人人敬爱的铁木真出生的那天,下了一场洁白的乳雨,雨后的天空还出现了一道洁白的虹。在铁木真年轻时被追杀的危急时刻,是洁白的羊毛堆掩护了他。后来,铁木真被封为成吉思汗时,他的王旗就是有九个飘带的白色旗帜,坐骑也是雪白的马。所以蒙古人历来崇尚白色,称春节为"白月"。每逢节日,都要穿上白色的衣服。如果家里来了客人,要献上洁白的哈达,还要用洁白的牛奶或奶豆腐招待宾客。

那达慕大会是蒙古族最具民族特色的传统盛会,"那达慕"是蒙古语的音译,其意可解为"娱乐"或"游戏",已有700多年历史。相传当年铁木真在西域打了胜仗后,曾举行过盛会,隆重庆祝,被称作"那达慕",一直流传至今。那达慕大会一年一次,每次一至数

日,多在夏秋举行。"摔"跤、赛马和射箭是那达慕的传统节目,俗称"男子三项那达慕"。随着时代的发展,活动内容相继增加了文艺演出、田径比赛、各类经济文化展览、物资交流等。

(二) 绚丽多姿的服饰

蒙古族服饰有着浓郁的草原文化特征,适合游牧经济生产和生活的特点,首饰、长袍、腰带和靴子是蒙古族服饰的四个主要组成部分。蒙古袍是蒙古族最具代表性的服饰,两袖宽大,领子较高,大襟右钉扣,衣领、衣襟、袖口常有彩色镶边。腰带是蒙古长袍的必配之物,既能防风抗寒,又能在骑马时支撑腰背、保护腹腔,还是一种漂亮的装束。男子的腰带上还挂有"三不离身"的蒙古刀、火镰和烟荷包。靴子做工精细考究,靴帮、靴靿上多绣制或剪贴有精美的花纹图案,是蒙古族人民在长期的劳动生产和日常生活中创造出来的,骑马时能护踝壮胆,勾踏马镫;行路时能防沙防寒,减少阻力。

 小知识

蒙古族女子的头饰

首饰是蒙古族妇女逢年过节、访亲探友、举办喜庆宴会时的装饰,多以玛瑙、珍珠、宝石、金银等材料构成。其中,头饰是蒙古族首饰中最绚丽的部分,如蒙古的"顾古冠"是元代蒙古族已婚女子流行的高冠,冠高约1尺,顶部为四边形,上面包裹着五颜六色的绸缎,缀有各种宝石、琥珀、串珠、玉片及孔雀羽毛、野鸡尾毛等装饰物,制作精美,绚丽多姿。

（三）古朴的民族歌舞

蒙古族素有"音乐民族"之称。蒙古民歌分为长调和短调。长调腔长字少,悠扬嘹亮,流传于牧区,已被列为世界口头与非物质文化遗产;短调节奏规则,节拍固定,多流传于半农半牧区。

蒙古舞蹈节奏欢快,动作刚劲有力,以抖肩、揉肩和马步最具特色,表现了蒙古族人民热情奔放的豪爽气质,传统舞蹈有"安代舞""盅碗舞""筷子舞"等。"好来宝"是蒙古族一种自拉自唱、边唱边演的表演艺术,节奏轻快活泼,语言形象动人,深受蒙古族人喜爱。

马头琴是蒙古族最具特色的传统乐器,因琴杆上端雕有马头为饰而得名。

（四）浑然天成的建筑

蒙古族牧区的传统建筑是蒙古包,农区为砖瓦房。"蒙古包"是满族对蒙古族牧民住房的称呼。"包"的满语是"家""屋"之意。古时候称蒙古包为"穹庐""毡帐"或"毡房"等。蒙古包呈圆形,由圆柱"墙体"和圆锥"房顶"组成,房顶有天窗,里边使用面积大,空气流通顺畅,采光好,冬暖夏凉,而且易于装拆搬运,很适合草原生活。

（五）独具风味的美食

蒙古族牧民的每日三餐都离不开奶与肉。以奶为原料制成的食品,蒙古语称"查干伊得",意为圣洁、纯净的食品,即"白食",除食用最常见的牛奶外,还食用羊奶、马奶、鹿奶和骆驼奶;以肉类为原料制成的食品,蒙古语称"乌兰伊得",意为"红食"。肉类主要是绵羊肉和牛肉,羊肉传统食用方法有70多种,最具特色的是蒙古族烤全羊,最常见的是手抓羊肉。蒙古族农区的饮食与汉族大致相同。

蒙古族酷爱饮茶,尤其是用砖茶煮的奶茶,奶茶营养丰富,具有提神、开胃、助消化、解渴等作用。蒙古族人都有豪饮的习惯,马奶酒是牧区用马奶酿制的一种饮料,味道醇香,清凉解渴,是牧民款待贵客的最佳冷饮。醍醐、酥酪和马奶酒被誉为"塞北三珍"。

二、离太阳最近的民族——藏族

藏族最早起源于雅鲁藏布江流域的一个农业部落,两汉时属于西羌人的一支。7世纪中叶,赞普松赞干布建立王朝,唐宋称其为"吐蕃",直到康熙年间才称"西藏",藏族称谓亦由此而来。始建于公元7世纪的布达拉宫是世界上海拔最高的宫堡建筑群。

(一) 丰富的节庆习俗

藏族的节日很多,主要有藏历年、雪顿节、望果节、酥油花灯节、沐浴节等。

藏历年是藏族人民一年中最为隆重的传统节日,与汉族的农历新年大致相同。藏历年从藏历元月一日开始,到十五结束,持续15天。节日期间人们互赠哈达,互道"扎西德勒"(吉祥如意),进行各项娱乐体育活动。

小知识

哈　达

藏族人民特别喜爱"哈达"，把它看作是最珍贵的礼物。"哈达"是雪白的织品，一般宽二三十厘米、长一至两米，用纱或丝绸织成，无论逢年过节、拜会尊长，朝圣拜佛、婚丧嫁娶、迎送往来、互致谢意，还是新房竣工、认错请罪等，都有献哈达的习俗。

藏历七月初一至初五是藏族的雪顿节，"雪"意为"酸奶"，"顿"意为"奉献"，雪顿节就是奉献酸奶的日子。这个节日的诞生要追溯到11世纪中期。当年有位藏传佛教的祖师阿底峡住在拉萨市郊。每年夏季，按照佛教习俗，僧人们都要留守寺院，关门静修一个多月。阿底峡祖师德高望重，非常受人尊敬，由于他平时喜欢吃酸奶，当地的信徒就在这一个多月，天天给他送酸奶。阿底峡祖师也感谢信徒的盛情，就在每次接受酸奶时祝福他们人畜兴旺，渐渐成了习俗。每逢雪顿节，拉萨都会有隆重的藏戏演出，因此雪顿节又被称为"藏戏节"。

"望果节"在藏历八月举行，是藏民庆贺青稞丰收的节日。"望果"是"绕地头转圈"的意思。在望果节，人们穿着节日的盛装，抬着插满麦穗的丰收塔，欢庆欢跳，举行赛马、射箭、唱藏戏等活动。

（二）绚丽多姿的服饰

藏族服饰多姿多彩，男装雄健豪放；女装典雅潇洒，以金玉珠宝为佩饰，形成高原妇女服饰特有的风格。藏袍是藏族的主要服装款式，身形较长，一般都比身高还长，穿时要把下部上提，下摆离脚面有三四十厘米高，扎上腰带。

小知识

藏民在穿藏袍时,为何常只穿一只袖子?

藏民居住在青藏高原,海拔高,气温低,年温差小,昼夜温差大。即使在同一天,也经常有风雨雪晴的变化。藏民常用"一山有四季,十里不同天"来形容气候变化。藏袍的衣料好,有很强的防寒作用,且袍袖宽敞,气温上升时,可以方便地褪去一只袖子,调节体温,这也有利于起居、生产和旅行。正因为如此,在正常气温下,藏民穿藏袍一般只穿一只袖子。

(三)独具匠心的工艺

藏族的唐卡、雕塑和建筑工艺十分发达。唐卡为藏语音译,指画在布、缎或纸上,用彩色绸缎装裱后悬挂供奉的宗教卷轴画,是一种富有藏传佛教特色的绘画艺术。藏族唐卡和包括唐卡在内的青海热贡艺术于 2009 年被列入世界非物质文化遗产名录。明朝永乐年间制作的"刺绣红夜魔唐卡",是现存世界最大的一幅西藏刺绣佛像唐卡。

(四)古朴的民族歌舞

藏戏是广泛流行于藏族地区的表演艺术,藏语为"阿吉拉姆",意为"仙女姐妹"。据传最早由七姐妹演出,内容多为佛经中的神话故事,故而得名。藏戏起源于 8 世纪藏族的宗教艺术,17 世纪时从寺院宗教仪式中分离出来,逐渐形成以唱为主,唱、诵、舞、表、白和技等形式相结合的生活化的表演。演员主要戴面具进行表演,只有一鼓一钹伴奏。《文成公主》《诺桑法王》《卓娃桑姆》等是藏戏的传统剧目。2009 年 9 月藏戏被列入世界非物质文化遗产名录。

（五）浑然天成的建筑

藏族最具代表性的民居是碉房。碉房多为石木结构,窗户很小,外形端庄稳固,风格古朴粗犷;外墙向上收缩,依山而建者,内坡仍为垂直。碉房一般分两层,底层为牧畜圈和贮藏室,层高较低;二层为居住层,大间做堂屋、卧室、厨房,小间为储藏室或楼梯间。若有第三层,则多做经堂和晒台之用。因外观形似碉堡,故称为碉房。

（六）独具风味的美食

农区藏民以糌粑为主食,即把青稞炒熟磨成细粉,用酥油或茶水拌食;牧民主要以乳类和肉类为主,如奶酪、酸奶、肉干等食品。酥油茶是藏民必备饮料,是在煮开的茶水中加入少许酥油和盐,再放到酥油茶桶中搅拌到水油交融后,倒入锅内加热后饮用。此外,藏民嗜饮青稞酒,并有弹酒的礼俗。冬虫夏草炖雪鸡、人参果拌酥油大米饭和蘑菇炖羊肉被誉为"藏北三珍"。

第四节　回族、维吾尔族民俗风情

回族是我国分布最广的少数民族,宁夏回族自治区是回族最集中的地区,有"中华回乡""中国穆斯林省"的称谓。维吾尔族主要分布在新疆维吾尔自治区,尤以喀什、和田和阿克苏地区最为集中。"维吾尔"是维吾尔族自称"Uyghur"的音译,具有"团结""联合"的意思。回族和维吾尔族信仰伊斯兰教。

一、分布最广的少数民族——回族

7世纪中叶,一批阿拉伯和波斯的穆斯林商人经过丝绸之路,来到中国东南沿海城市和内地定居,当时被称为"蕃客",成为回族的先民。13世纪初期,蒙古军队西征期间,中亚移民、波斯人、阿拉伯人大批迁入中国,后又融入汉、蒙古、维吾尔等民族成分,逐渐形成一个统一的民族。回族主要从事农业,兼营畜牧业,善于经营商业、手工业和餐饮业。

(一)丰富的节庆习俗

回族的节日与伊斯兰教信仰有关,有开斋节、宰牲节和圣纪节。

开斋节,亦称肉孜节,是信仰伊斯兰教的各民族的重大节日。每年伊斯兰教历九月,回族等民族的穆斯林封斋一个月,封斋期间每日两餐,在日出前和日落后进餐,白天禁止吃喝,这个月的第一天和最后一天均以见新月为准。斋月结束的第二天为开斋节。这天，男性穆斯林要沐浴净身，前往清真寺做礼拜，结束后参加节日的庆祝活动。

伊斯兰教历 12 月 10 日是穆斯林的宰牲节，亦称古尔邦节。回族过宰牲节时，首先由阿訇带领全体回民向西（圣城麦加的方向）鞠躬、叩拜，接着阿訇宣讲伊斯兰教教义和教徒需要遵守的事宜等，最后大家互道"色俩目"问好，节日的饮食除油香、馓子、会礼外，还要宰牛、羊、骆驼。宰牲有许多讲究，不允许宰杀不满两岁的小羊羔和不满三岁的小牛犊、骆驼，不宰眼瞎、腿瘸、缺耳、少尾的牲畜。

小知识

色俩目

回族同胞不论男女老少，见面互相问候时，通用一种见面礼，也叫祝安词。一般致辞时先说者道："安色俩目阿来库木（音译）。"意为求主赐你平安。宁夏、甘肃、青海等地的回族人民把祝安词简称为"色俩目"。致者说："色俩目（你好）。"回答者则说："安色俩目（你也好）。"

圣纪节是伊斯兰教的三大节日之一。相传伊斯兰教的创始人穆罕默德的诞辰和逝世都在伊斯兰教历的 3 月 12 日，于是穆斯林在这天举行集会仪式纪念。届时，穆斯林要穿戴整齐，到清真寺沐浴、更衣、礼拜，听阿訇念经、讲述穆罕默德生平事迹和创建伊斯兰教的功绩。

（二）绚丽多姿的服饰

回族服装大体与汉族相近,但在头饰上仍保留着古老的传统。男子普遍戴白色或黑色无檐小圆帽,也称"礼拜帽",最初是做礼拜时佩戴,现在已成为民族标志,平时随处可见。回族妇女习惯戴披肩盖头,盖头从头上套下,披在肩上,遮住两耳,颔下有扣,只露面孔在外。颜色根据年龄而定,少女和已婚少妇常用绿色,中年妇女用黑色,老年妇女用白色。随着时代的发展,回族青年女性的盖头也有了一些样式、色彩上的变化,显得更加活泼和大方。

（三）浑然天成的建筑

宁夏回族民居大致可分为两类:一类是窑洞式,另一类是砖石土木结构住房。南部山区的回民,依据当地山大沟深、丘陵纵横、林木稀少、交通不便等自然条件和地形特征,选择窑洞这一居住形式,结构简单,坚固耐用,冬暖夏凉,经济方便;居住在村镇的回民,多选择平房或低层小楼房。

回族住宅讲究工艺和装潢,在房子的檐头、檩榫、砖墙、门窗、家具等处多有木雕或砖雕,刻牡丹、葡萄等花卉图案,抽象多变的几何图形以及卷草式的植物纹样和吉祥如意的图案,古朴典雅,颇具民族特色。

（四）独具风味的美食

俗话说:"宁夏回族三件宝,接人待客不用酒,油香馓子盖碗茶,有吃有喝味道好。"油香、馓子、盖碗茶是回族日常生活和各类重大节日的必备食物。油香被视为真主赐予穆斯林的圣洁的食品。油香制作过程简单,只需把发酵好的面粉做成圆饼,下锅用油炸熟即成。馓子股细条匀,焦酥香脆,做工考究。回族人喜爱喝茶,有红糖砖茶、白糖清茶、冰糖锅锅茶等;但不论何种茶,都讲究盛在盖碗里喝,因而被统称为"盖碗茶"。回族人不吃猪肉,但吃骆驼、牛、羊肉,清真万盛马糕点、金凤扒鸡、牛羊肉泡馍、翁子汤圆、绿豆皮等是其风味美食。

 小知识

喝盖碗茶的学问

喝盖碗茶有一定的讲究,喝时不能取下茶碗上面的盖子,也不能用嘴吹漂在上面的茶叶,而是用碗盖刮几下,一刮甜,二刮香,三刮茶卤变清汤。如果客人当着主人面揭开茶碗盖,捞出茶中的红枣放入口中,表示他已经喝好茶即将告辞的意思。

二、能歌善舞的民族——维吾尔族

维吾尔族主要分布在新疆维吾尔自治区,尤以喀什、和田和阿克苏地区最为集中。维吾尔族主要从事农业,以种植棉花和瓜果闻名。维吾尔族的先民开垦了绿洲,修渠引水,发明了"坎儿井"这一独特的地下引水系统。吐鲁番盆地是中国面积最大的葡萄生产基地。古典民间音乐《十二木卡姆》是维吾尔族的大型音乐套曲,被誉为东方音乐的瑰宝,已被列为人类口头与非物质文化遗产。

（一）丰富的节庆习俗

维吾尔族古代曾信仰过萨满教、摩尼教、景教、祆教和佛教，从10世纪初开始改信伊斯兰教。维吾尔族的传统节日基本上都源于伊斯兰教，有肉孜节（开斋节）、古尔邦节（宰牲节）、初雪节、圣纪节等。

（二）绚丽多姿的服饰

维吾尔族人十分讲究衣着打扮，男子喜欢穿被称为"袷袢"的长袍，右衽斜领，不用纽扣，用腰带扎腰，黑长裤，脚穿套鞋；女子喜欢穿色彩绚丽、图案别致的宽袖连衣裙，外罩黑色金丝绒对襟坎肩，襟边缀有金银片，镶有花边装饰。维吾尔族人喜戴小花帽，维吾尔语音译"朵帕"。花帽选料精良，工艺精湛，有用黑白两色或彩色丝线绣成的民族风格图案，具有明显的地方特色。

 小知识

维吾尔族女子的发式

维吾尔族女子以长发为美，婚前梳数条至数十条细发辫，婚后一般改梳两条长辫，辫梢散开，头上戴新月形梳子做装饰，也有将双辫盘成发髻的。

（三）古朴的民族歌舞

维吾尔族素有"歌舞民族"之称，传统舞蹈有顶碗舞、大鼓舞、铁环舞等。赛乃姆是维吾尔族民间最普遍的一种歌舞形式，主要发源于从事农业生产的南疆绿洲，一般在喜庆佳节、婚礼和亲友欢

聚时举行。它有"舞者不歌,歌者不舞"的讲究,没有固定的程式,可一人独舞、两人对舞或三五人同舞。舞者即兴表演,观众则围坐成圆圈,在乐队伴奏下拍手唱和。赛乃姆舞蹈自由活泼,舞者动作粗犷,唱者曲调热烈,烘托出浓郁的游牧生活气息。

(四)浑然天成的建筑

维吾尔族的传统建筑具有明显的干旱地区建筑特点。房屋一般为平顶,墙壁较厚,拱形门窗,窗户少而且小,天窗较大,用来采光。屋内砌土坑供起居坐卧,并有火墙、炉灶以取暖、做饭。住房多成方形院落。大门忌向西开,房前屋后种植果树、花木。有些住房还有较宽的前廊。

(五)独具风味的美食

维吾尔族喜食面食,如馕、拉面、炒面等。馕和抓饭是维吾尔人平时的主食,馕含水分少,久储不坏,便于携带;加之馕制作精细,用料讲究,吃起来香酥可口,富有营养,因此在维吾尔人的生活中占有重要地位,流传着"宁可一日无菜,不可一日无馕"的说法。维吾尔人喜欢吃牛肉、羊肉,严禁吃猪肉、驴肉、狗肉和骡肉;喜欢喝奶茶、吃水果,是全国人均吃水果最多的民族。羊肉串是维吾尔族的民族风味食品,如今已经走出新疆,深入内地城镇,成为风靡全国的民族风味小吃。

 小知识

维吾尔人用餐礼仪

如果在维吾尔人家中做客，要遵循相关礼仪：吃馕时，须先由主人把整个馕掰开，客人方可动手；如果几个人一起吃一盘食物，要吃面对自己的一部分；不可随便拨弄盘中食物，一般不把食物剩在碗中，同时注意不让饭屑落地；忌对长者直呼其名，不能在其面前吸烟、饮酒；饭毕，如有长者领作"都瓦"（即做祷告，是赞美真主之意），不能东张西望或起立；饭前饭后必须洗手，洗后只能用手帕或布擦干，忌讳顺手甩水。

第五节　苗族、纳西族民俗风情

苗族主要聚居于贵州、湖南、云南等省份，是我国一个古老的民族。苗族人口数量在少数民族中仅次于壮、满、回，居第四位。纳西族主要聚居于云南省丽江纳西族自治县，其余分布在中甸、宁蒗、维西、德钦和四川盐边、盐源、木里及西藏的芝康等地。

一、浓墨重彩的民族——苗族

苗族先民最先居住于黄河中下游地区，后迁徙至长江中下游，由于苗族地域分布广泛，服饰和习俗差异较大，故被世人称为"红苗""白苗""花苗""长裙苗"等。

(一) 丰富的节庆习俗

苗族的传统节日有苗年、龙舟节、芦笙节、吃新节、四月八、赶秋节等,其中以过苗年最为隆重。

苗年是苗族人民庆祝丰收的节日,一般在秋后举行。早晨,人们将美味佳肴摆在火塘边的灶上祭祖,在牛鼻子上抹酒以示对其辛苦劳作一年的犒劳。男女老幼穿上节日盛装,走亲访友,庆贺节日,并举行踩鼓、斗牛、跳芦笙舞等活动。入夜,村寨中响起铜鼓声,外村的男青年手提马灯,吹着芦笙、笛子来到村寨附近"游方"(即男女青年的社交恋爱活动),村村寨寨歌声不断。

农历五月二十四至二十七日是苗族的龙舟节,万人盛装,云集江边,参加龙舟出发前的献祭活动。比赛开始,几十条龙舟破浪前进,两岸锣鼓、礼炮齐鸣,观众呐喊惊天动地。岸上还举行对歌、跳芦笙舞等活动。入夜,青年男女相聚对歌,倾诉真情。

每年农历正月十八至二十日,苗族人民都要欢聚在广场跳芦笙舞,故名芦节。这是苗族人民祈祷和预祝丰收的重要节日。

(二) 绚丽多姿的服饰

苗族服饰种类繁多,色彩艳丽。苗族女装有 100 多种样式,堪称中国民族服装之最。妇女上身一般穿窄袖、大领、对襟短衣,下身着长短不一的百褶裙。便装时多在头上包头帕,上着大襟短衣,下着宽腿长裤,镶绣花边,系一幅绣花围腰。苗族女性喜戴银饰,素有"花衣银装赛天仙"的美称。苗家有"以钱为饰"的习俗,银饰被视为财富的象征,以大、重、多为美,有头饰、胸饰、背饰三大类型。

（三）独具匠心的工艺

苗族民间工艺丰富,有蜡染、刺绣、银饰、织锦、挑花等多种类型。苗族的蜡染历史可以追溯到上古时代,是用蜡把花纹点绘在麻、丝、棉、毛等织物上,然后放入染料缸中浸染,有蜡的地方染不上颜色,除去蜡即现美丽花纹。

（四）古朴的民族歌舞

苗族人民能歌善舞。苗族的"飞歌"高亢嘹亮,极富感染力;舞蹈有芦笙舞、板凳舞、铜鼓舞等,以芦笙舞最为普遍。芦笙舞在正月十五、三月三、重阳节等节日及建房、丰收、迎亲等日子里跳,舞姿多重下肢变化。民间群众性芦笙舞一般由二至五名男子吹芦笙领舞,其他人围一圆圈踏乐而舞,场面壮观、气氛热烈;竞赛性的芦笙舞一般在节日或集会上由少数技术较高的男女表演,一般二至四人,动作有大蹲、屈身乃至仰卧、倒立等高难动作,很受群众欢迎。

二、"披星戴月"的民族——纳西族

纳西族也是中国的一个古老民族。一千多年前,纳西族创造了古老的原始象形文字东巴文、音节文字哥巴文。东巴文是目前世界上唯一仍然存在的象形文字,用这种文字写成的典籍称为《东巴经》。纳西族的灿烂民族文化遗存还有丽江古城、《创世纪》等史诗、丽江古乐和丽江壁画等。

（一）丰富的节庆习俗

纳西族的许多节日与汉族相同，如春节、清明、端午、中秋等，但是节日活动内容与汉族有所差异，带有鲜明的民族特色；此外，纳西族也有一些自己的传统节日，如三朵节、三月龙王庙会、棒棒节、七月骡马会等。

三朵节是纳西族祭祀本民族的最大保护神"三朵神"的盛大节日，也是纳西族法定的民族节日。每逢农历二月初八，各地纳西族都到丽江白沙三朵阁（俗称北岳庙）和各地三朵阁举行隆重的祭拜仪式，并进行各种文娱活动。

正月十五棒棒会和三月龙王庙会，都是盛大的物资交流会。棒棒会以交流竹木农具为主要内容，纳西族农民每年要更换一些带把柄的农具的木把，因此把这类农具交流会称为"棒棒会"。七月骡马会是盛大的牛、羊、马等牲畜和土特产交流会，为期一周，期间还举行赛马、演戏等活动。

（二）浪漫的婚俗

纳西人因居住地区不同，婚姻习俗也各不相同，丽江等地已经有一夫一妻制父系家庭，部分地区仍有多种古代婚姻家庭形态的残余。居住在丽江宁蒗水宁地区（即泸沽湖畔）纳西族的一个支系——摩梭人至今仍保留"男不娶、女不嫁"的"阿注"走婚习俗，是母系氏族社会的产物。男子夜间到女子家走访、住宿，白天回到母家，与母家成员一起生产与生活。男女双方不组织共同的家庭，所生子女归女方，由女方负责教养。这种婚姻以感情为基础，结合自愿,解除自由,在经济上没有必然的联系。由于男女双方互称为"阿注",这种婚姻关系也称为"阿注婚"。

部分纳西族地区还存在着"抢婚"遗俗。妻方要坚持旧传统住在娘家,丈夫就用抢婚来实现把妻子留在夫家居住的愿望。现代社会中的"抢婚"仅是一种形式,并非真的强抢,而是男女双方的一种默契,为了以"生米已成熟饭"来搪塞对婚姻持有异议的女方父母。

(三) 绚丽多姿的服饰

纳西族妇女上穿宽腰大袖上衣和坎肩,下着长裤,腰系黑、白、蓝棉布缝制的百褶裙,劳动或外出时还要披上羊皮披肩。纳西族的披肩制作精致,绣着日、月和七星,象征纳西族妇女"肩担日月、背负繁星",整日起早贪黑辛勤劳动的美德。因此,这种披肩被称为"披星戴月"或"七星披肩"。

(四) 浑然天成的建筑

纳西族房屋多为土木结构,形式有"三坊一照壁""四合五天井""两坊房"和"一坊房"等。其中,最常见的形式是"三坊一照壁"。这种形式的房屋由一坊比较高的正房、两边各为一坊稍低的厢房与次低的围墙(照壁)组成院落,其平面为长方形或正方形。

丽江古城,又名大研镇,是融合纳西民族传统建筑及外来建筑特色的唯一城镇,始建于南宋末年。城中道路网不规则,没有森严的城墙。丽江古城是世界文化遗产,有"东方威尼斯"的美誉。

（五）独具风味的美食

纳西族以玉米、大米和小麦为主食,宁蒗地区纳西人喜食青稞,喜喝浓茶,吃酸、辣、甜味食品。丽江的火腿粑粑、宁蒗的琵琶猪和泸沽湖的酸鱼、鱼干,是纳西族的特色食品。

 小知识

琵琶猪

琵琶猪是用整只猪腌制的,其腌制过程是:选用膘壮肥猪,用削尖的小竹从腋下刺入心脏将猪宰杀,以保持猪的完整;然后剖腹,除去猪毛、内脏、脊背、瘦肉和四肢,肚内渍上盐,再用麻线或牛皮线缝合,压扁后晾干储藏,可以保存数年至十余年。因其形似琵琶,故名琵琶猪。旧时,琵琶猪不仅是纳西族别有风味的特产,还是财富的象征,不少人家用它兑换现金,换取粮食,甚至放高利贷,起到了等价物的作用。

第四章 旅游建筑文化

第一节 中国建筑文化总论

建筑是人类的发明创造，从远古至今，人们为了生存和更好的生活需要，有了自己的建筑，有了不同民族的建筑风貌和特色。德国著名诗人歌德说："建筑是一种凝固的音乐。"俄罗斯著名作家果戈里说："建筑是世界的年鉴，当歌曲和传说已经缄默，她依旧诉说。"所以，建筑被誉为"人类历史文化"的纪念碑。中国古代的建筑传承着历史，是人类文明和文化的主要载体之一，蕴含着丰富的民族精神和文化内涵。正如我国著名建筑家梁思成所说："中国建筑既是延续了两千余年的一种工程技术，本身也造成一个艺术系统，许多建筑物便是我们文化的表现艺术的大宗遗产。"

"建筑"一词是从日语引入汉语的。汉语的建筑既表示营造活动，又表示这种活动的成果——建筑物，它是某个时期、某种风格建筑物及其所体现的技术和艺术的总称。中国建筑与欧洲建筑、伊斯兰建筑并称世界三大建筑体系,为世界文明的发展做出了卓越贡献。

一、中国古代建筑的材料

(一)木材

中国建筑千百年来一直以木结构为主,对木材情有独钟,给予木材以整个建筑突出的位置,发展成自己特有而庞大的木结构建筑体系。古代中国的建筑一直以来都是以木结构为主,是当之无愧的"木建筑王国"。我们不排除中国古代建筑中用砖石来建造台基、栏杆或其他,但主干,尤其是用来支撑房屋和巨大屋顶的一直都是木材。这种理念传到国外,东亚的日本、朝鲜等国家都深受中国建筑体系的影响,木建筑居多。

🖋 **小知识**

古代中国建筑为什么以木制为主?

商、周、秦、汉历朝都定都在黄土高原,而这些地区森林资源并不丰富,为什么不以砖石为主? 木材的寿命不如砖石恒久,木材更怕火。而西方恰恰走上了与中国相反的道路。原因:首先,受中国"天人合一"思想的影响,我们的祖先更希望建筑与自然相融合,在布局方面更侧重向平面发展。其次,以单层建筑为主。木材本身性能灵活,更容易改造,以便满足新的使用要求,因此不要求建筑物千年不朽。最后,木结构建筑省工、省力、省时,更具实用性。

（二）土

古代建材用土大致分两种：自然状态的土称为"生土"；经过加固处理的土称为"夯土"，夯土的密度比生土大。

旧石器时代的黄河流域有广阔而丰厚的黄土层，其土质均匀，且含有石灰质，所以有壁立不易倒塌之特点。于是人们挖土为穴，有了穴居的生活。我们汉字"室""堂"等的部首下面，都有一个"土"字，似乎意味着早期的房屋建在土台之上。《孟子·告子下》有云："舜发于畎亩之中，傅说举于版筑之间……"这里的"版筑"就是指夯土技术。

和木材一样，夯土在中国古代建筑中占重要地位。古代的都城和宫城可以在一两年之内建成，就地取材的夯土作业居功至伟。所以，古代大规模的建筑活动往往被称为"大兴土木"就是这个道理。

（三）石、砖、瓦

1.石

中国古代有意识地使用石材始于封建时代初期，主要用于陵墓的修建，后来被广泛应用于佛塔等高层建筑。石材的主要作用，一是作为建筑的重要组成部分——台基，二是成为垫在建筑下边的石墩——础，成为美化建筑装饰的突出部位。

2.砖

在中国传统建筑中，砖起先用于建造墓室，后来主要用于砌筑墙壁。在很多木结构建筑中，有不少是砖、木混用。中国古代砖的应用开始于战国时期,到了秦代,砖的制作技术已相当成熟,汉代又有极大提高,空心砖的外形尺寸更大,其外形规整,壁厚均匀,且敲击有金属声。直到元代房屋才开始全部用砖砌墙,明代砖开始普遍用于各种建筑,明代还以砖石为主要材料重修了万里长城。

3. 瓦

中国古典建筑艺术非常重视屋顶,所居地位特别重大,素有"大屋顶"之称,被誉为"建筑之上的美丽冠冕"。重重错落的屋顶构成了古代中国城市优美的天际线,成为塑造中国建筑形象的主要语言。瓦恰恰是屋顶施工中不可或缺的材料,它的出现给屋顶带来了深刻的变革。先是普通陶瓦,因为重量增加,不利于房屋承重的稳定性,而且雨水也容易从粗糙的瓦面渗入,因此逐渐被琉璃瓦取代。琉璃瓦采用浇釉的手法上釉,有釉的一面光滑不吸水,具有良好的防水性能,起到保护屋顶木结构的作用。随着发展,宫殿的屋顶又开始使用各种彩色的琉璃瓦,增加了色彩的变化,显得美丽壮观。瓦和瓦饰的规格、品种也开始标准化。到了明清时期,宫殿建筑的屋脊上还出现了多种多样的装饰瓦件,主要包括正吻(正脊两端的瓦件)、垂兽(垂脊下端的瓦件)、走兽(脊端的小瓦兽)。这些瓦件只限用于宫殿、坛庙、王府、寺庙等建筑。

📝 小知识

中国古代建筑的脊兽

吻兽是中国古代建筑屋面上的一种特殊饰件,它既是建筑构件,又是珍贵的艺术品,使屋顶不仅造型优美,而且妙趣横生。屋脊两端的固定件被雕成动物形状，明清以前称"鸱尾"，是传说中海里的一种大鱼，尾巴能掀起千层浪，古人以此祈求神兽抗击灾祸。明清以后造型改为张嘴的龙头，名称改为"鸱吻"。除正脊之外，垂脊的端头也有垂兽，最精彩的是位于尾角的戗脊之上，往往列有一串雕刻，按照建筑的规格等级而设，雕刻的数量越多，表明等级越高。我们古代人对自然界的认识是万物皆分阴阳，男为阳，女为阴，单数为阳，双数为阴，皇宫上面用的都是阳性最高数9，比如故宫太和殿、保和殿屋脊上都是9个小兽，前面一个仙人带队，仙人骑个鸡，后面依次是龙、凤、狮子、天马、海马、狻猊、狎鱼、獬豸、斗牛，一共9个，而太和殿是重要大殿，它是举行国家大典的地方，都是9个，怎么突出呢？工匠想了个非常聪明的办法，就是在九个末尾加一个行十。一个猴押队，前面仙人领队。这就是故宫里最特殊的太和殿上为什么会有十个小兽的来意。

（四）金属

在中国古代建筑的发展过程中，金属材料包括铁、铜等，也发挥着一定的作用。一般情况下，这些金属只作为加固构件和附属构件，不能用来代替木构架中的主要构件（特例：宋代的玉泉铁塔全部由生铁建成，在中国古代只是凤毛麟角），它们与木构件交相辉映，达到实用与艺术的完美结合。秦汉时期，重要建筑大都有所谓的"玉阶金柱"，实际上就是用铜片包裹，并镂刻花纹，嵌以珠玉为装饰的一种柱子；后来南北朝时期，佛教兴盛，佛塔上开始使用铜制的塔刹；隋代不仅在木结构建筑中使用金属构件作为加固或装饰构件,而且在石结构的桥梁(如著名的赵州桥)中也大量使用一种称为"腰铁"的铁锭,以加强券石的链接;唐代又在位于高山的建筑中创造了铜瓦来抵御狂风对建筑瓦顶的破坏;宋代李诫编著的《营造法式》一书中,详细列举了木作、瓦作、石作等方面使用金属构件的部位、名称、尺寸、重量等;明清两代,凡是铜质构件多用于容易表现装饰的部位,如铜兽面铺兽、铜瓦兽件和铜宝顶等,那些显示豪华富丽的镏金铜构件达到了极高的艺术境界。

二、中国古代建筑的结构

(一)台基

台基又称基座,是高出地面的建筑物底座,是我国古代建筑不可缺少的部分。它主要用以承托建筑物,有着通风、防潮、防腐、稳定立柱等功能,同时也映衬着单体建筑物更显得高大雄伟。《老子》云"九层之台,起于累土",是指台基象征着崇高道德的第一步。住在里面的人德行越高,台基就越高,即所谓君子不重则不威。德高,台基自然厚重。

台基一般是用素土、灰土、碎砖三合土夯筑而成,高大的台基用砖或石砌成,上面有凹凸线脚和纹饰。台基同时也昭示着身份和权力,有着严格的等级。中国古代建筑物的台基一般分为四类:普通台基、较高级台基、更高级台基(也称须弥座)、最高级台基。只有更高级别的建筑物,才能使用三层的须弥座,即更高级的台基。

台基还包括两种必要的附属元素——台阶和栏杆。它们不仅具有实用功能,而且在美化台基外形上也起着不可或缺的作用。栏杆多为汉白玉结构,线条复杂多变,上边雕刻着精致的吉祥图案,使其形状千变万化,俨然成了精美的艺术品。台阶角度不同,方向各异,更以纵线条冲破横线条的垄断,从而使台基以上的部分与整个大地浑然贯通,形成一个不可分割的整体。

 小知识

须弥座

更高级台基称须弥座,又叫金刚座。"须弥"是古印度神话中的山名,相传位于世界中心,系宇宙最高的山,日月星辰出没其间,三界诸天也依傍它层层建立。须弥座原是用作佛像或神龛的台基,用以显示佛的崇高伟大。

北京故宫三大殿(太和殿、中和殿、保和殿)同建在一个台基上,台基分为三层,总高8米,约2900件石栏杆安放在台基四周,这座由2.5万平方米石栏杆构成的多层栏杆是中国最大的组合式汉白玉台基。

(二)屋身

屋身部分是中国古代建筑的主体。中国的房屋建筑主要采用以木结构为主的骨架结构体系。中国历史上的木结构方式,大致可分为抬梁式、穿斗式、井干式和干栏式四种类型。一些重要木建筑基本上都是抬梁式,它使用范围最广。一些民间的木构建筑用的是穿斗式,另外一些特殊地区,木材很多,但没有其他材料,那就用的是井干式。

（三）屋顶

中国木构造体系形成优美的屋顶造型,巨大的体量和柔和的曲线使大屋顶成为中国建筑中最突出的形象。看似简单的直线和曲线经过巧妙的组合形成向上微翘的飞檐,构成了稳重协调的大屋顶,这是有意追求"万尖飞动"的意境。房屋的面积越大,它们的屋顶也越高大,这种屋顶不但体形硕大,而且是曲面形,屋顶回面的屋檐也是两头高于中间,整个屋檐形成一条曲线,不仅受力比直坡面均匀,而且易于屋顶合理地排送雨雪,这是中国建筑所特有的。《诗经·小雅》描写当时建筑的屋顶为"如鸟斯革,如翚斯飞"。革,形容鸟展翅之态;翚,言鸟鼓翅疾飞之势。这是从美学观点把屋顶檐角的轮廓比作鸟在空中展翅飞翔。硕大的屋顶变得如此轻盈,这是古代匠人的一种创造。蓝天映衬下轻快舒展的屋角,犹如一顶美丽的冠冕覆在建筑之上,这是一幅多么美妙的画面!

实际上曲线的功效是排水方便。《周礼·考工记》中对屋顶的描述:"轮人为盖……上欲尊而宇欲卑,上尊而宇卑,则吐水疾而霤远。""盖"就是指屋顶,"上尊而宇卑"就是将屋顶做成带曲线的坡面,"吐水疾而霤远"则说明这种坡面最初是为了使屋顶排水既快又远,以免雨水对房屋造成损害。

除了大量采用曲线之外,工匠们还非常重视屋顶色彩明度的搭配。清代正式规定,黄色琉璃瓦只限于帝王的宫殿、门、庑、陵墓和宗庙,其余王宫府第只能用绿色琉璃。黄色琉璃瓦除了显示出皇家的威严,还巧妙地解决了屋顶对屋身的视觉压迫,使得整座宫殿变得庄重稳健。

中国古代建筑的屋顶有的做成单檐,有的做成重檐,组合形式变化多端,归纳起来,主要有以下几种基本样式:庑殿顶、歇山顶、悬山顶、硬山顶、攒尖顶、卷棚顶。明清时期,屋顶发展成为一套专门的制度,政治上的需要超过了形式上的追求,成为古代等级制度的一种反映。游客在游览时,只要看看屋顶的规格,就可以估量出这座建筑的地位。

1. 庑殿顶

在所有的单檐屋顶形式中,庑殿顶出现得最早,它后来成为古建筑单檐屋顶中最为珍贵的一种形式。单檐庑殿顶多用于礼仪盛典及宗教建筑的偏殿或者门堂等处,表示庄严肃穆,比如北京天坛中的祈年殿就是采用这类屋顶。庑殿顶的特点是前后左右成四个坡面,五个接缝。为了避免渗水,在接缝处建成脊,整个屋顶共有五条脊,所以庑殿顶又称五脊式屋顶。五脊中,正中的称为正脊,四个角称为垂脊,正脊与垂脊的交接处往往装饰成龙形,而龙口含正脊,因此称为正吻,也叫作鸱尾。

2. 歇山顶

歇山顶实际上是庑殿顶的一种变形,它的主要特征是在左右屋顶的坡面上加了一部分山墙。这样就比庑殿顶多出四条戗脊(戗脊又称岔脊,是歇山顶垂脊的下端至屋檐部分的屋脊,一般和垂脊成 45°,对垂脊起到了支戗的作用),算上原有的五条屋脊,一共是 9 条屋脊。因此歇山顶又称作九脊式屋顶。单檐歇山顶和单檐庑殿顶一样,多用于高级别的建筑,但是它又比庑殿顶更加广泛,比如祠庙坛社、寺观衙署等官家或公众殿堂都袭用歇山顶。

小知识

"曹殿"和"吴殿"

我们知道庑殿顶和歇山顶是我国古代建筑中常用的屋顶,在北宋的建筑巨著《营造法式》的作者李诫却别出心裁,把使用庑殿顶和歇山顶的殿宇都赋予别名,使用庑殿顶的被叫作"吴殿",使用歇山顶的被叫作"曹殿"。这是为什么呢?原来吴是唐代大画家吴道子的姓氏,曹则是北齐大画家曹仲达的姓氏。因为他们二人画艺卓绝,在绘画史中流传有"曹衣出水,吴带当风"的美誉,他们也擅长画宫殿寺庙,其中吴道子尤为擅长画"五脊殿",曹仲达则工于"九脊殿",所以后世便将这两种殿称作吴殿和曹殿。

3. 悬山顶

悬山顶,又称"悬山""挑山""出山",是两面坡顶的一种。它的特点是屋檐悬伸在山墙以外,用来支托悬挑于外的屋面部分。它有 1 条正脊,4 条垂脊。悬山建筑不仅有前后檐,而且两端还有与前后檐尺寸相同的檐,于是,其两山部分就处于悬空状态,由此得名。悬山顶只用于民间建筑,凡是较重要的建筑,一般都不用悬山顶。

4. 硬山顶

硬山顶也是中国传统建筑双坡屋顶的形式之一,它外观呈"人"字形,两侧山墙平于或略高于屋顶,屋顶双坡交界处多砖砌瓦垒,山墙两际或砌以方砖博风板,近屋角处迭砌墀头花饰。

悬山顶和硬山顶相比,悬山顶有利于防雨,而硬山顶有利于防风火,因此,南方居民多用悬山,北方则多用硬山;悬山顶的屋檐悬伸于山墙之外,而硬山顶的屋檐并不悬于山墙之外。

庑殿顶、歇山顶、悬山顶和硬山顶的屋顶形式都具有一个共同的特点,就是都有一条正脊。而下边的攒尖顶和卷棚顶都没有正脊。

5. 攒尖顶

攒尖顶的屋面呈现为一个锥体,屋面交汇的地方只有一个点,这个点就是顶。根据建筑物平面形状,攒尖顶可以分为圆攒尖、三角攒尖、四角攒尖、八角攒尖。攒尖顶多见于亭阁式建筑、园林建筑。

6. 卷棚顶

这是一种圆脊的屋顶,它是将硬山、悬山或者歇山顶的正脊做成圆弧形曲线,分别称为卷棚硬山、卷棚悬山或者卷棚歇山。也就是说这种屋顶前后两坡的筒瓦在相交的时候做成了圆形。它多用于北方民居、园林等建筑。

以上的单檐屋顶逐渐发展,形成了重檐。重檐是由檐廊部分自成一个屋顶构造而成。不管是哪种形式的屋顶,一旦加上重檐,都会变得更加华丽壮观,更加富有尊严。这些屋顶有等级之分,按照位次高低分别是庑殿顶、歇山顶、悬山顶、硬山顶、攒尖顶、卷棚顶。封建时代的统治者以重檐庑殿顶为"古制",永世不变的至尊式样,始终作为皇宫主体殿堂的定制,直到封建社会结束。

除了在屋顶的样式上有着规格等级外,皇家的建筑往往还用豪华的屋顶装修以表明崇高的身份。其中镏金是最常用的一种,镏金铜瓦足以显得富贵至尊。

三、中国古代宫殿建筑的特征

宫殿建筑又称宫廷建筑,是帝王为了巩固自己的统治,满足其奢侈生活而建造的规模巨大、金碧辉煌、气势雄伟的建筑物。宫殿在秦代以前是建筑的通用名,之后,宫成了皇帝及后妃们生活居住的地方,殿则成了皇帝处理朝政、举行大典的地方。宫殿则成了帝王的专属。在中国历代的封建王朝中,皇权至高无上,宫殿建筑也就成为帝王权力和地位的象征,宫殿建筑自然集中了全国最先进的技术和最大财力,代表了最高的建筑水平,形成了完整的宫殿建筑体系。

古代建筑是中国传统文化的重要组成部分,而宫殿建筑则是其中最瑰丽的奇葩。不论在结构上,还是在形式上,它们都显示了皇家的尊严和富丽堂皇的气派,从而区别于其他类型的建筑。中国封建宫殿建筑规模宏大,格局严谨,给人强烈的精神感染和震撼。它的布局特征有以下几个方面:

（一）中轴对称

中国古代都城早在西周就采用严格的中轴线,王宫居中,左右对称,寓意"天子",位居天下中心的权威,以后历代得以延续。宫殿建筑大多采用了这种布局,房屋列于四周,中心留出庭院,组合均按中轴线来扩展。扩展的方式不外乎三种,分别是横向、纵向以及纵横双向扩展。整体上构成了整饬严谨、气势磅礴的建筑序列,产生极强的对比效果。

中轴对称体现了君权受命于天和以皇权为核心的等级观念,中轴线上的建筑高大华丽,轴线两侧低小简单。这种明显的反差充分体现了皇权的至高无上。中轴线纵长深远,更显示了帝王宫殿的尊严华贵。

（二）左祖右社

即在皇城中轴线的东西两侧建太庙和社稷坛。太庙是帝王祭祀祖先的地方,列在东侧;社稷坛是帝王祭祀土地神和五谷神的地方,列在西侧。古人以左为上,故左列于前,右列于后。这充分反映了中国传统的礼制:崇敬祖先、提倡孝道和等级的观念。

（三）前朝后寝

宫殿的布局大体上有前后两部分。前朝是帝王上朝理政、举行大典的地方,因为位于建筑群的前部,故称"前朝";后寝是帝王、妃子及其子女生活起居的地方,位于宫殿群的后部,称"后寝"。"前朝后寝"仅一墙之隔。

（四）三朝五门

从战国时代开始,历代帝王宫殿的前朝,一般都要排列三座大殿,三大殿都是横向排列,正殿居中,另外两殿设于正殿的东西两厢。隋朝之后,开始沿轴线纵向布置三殿,称为"三朝",清代继续沿用,仍是三殿前后纵列,即将太和、中和、保和三殿作为"三朝"。为了进一步渲染帝王气象,三朝之前一般还会有一层层的门阙,即如现在北京故宫的大明门、天安门、端门、午门、承天门五重门,形成典型的"三朝五门"格局。

小知识

九五之数

九五之数在中国帝王宫殿建筑中得到最大的体现。关于九五之数,说法不一。

一种观点认为中国古代把数字分为阳数和阴数,奇数为阳,偶数为阴。阳数中九为最高,五居中。因而以"九五"象征帝王的权威,称为"九五之尊"。九为"阳数之极"而象征"天",圣人作九之数,目的在于以合天道而天下化之。

另一种说法认为"九五"一词源于《易经》。周文王撰《周易》,其六十四卦中的首卦为乾卦(乾象征天),就成了帝王的卦象。乾卦由六条阳爻组成,代表极阳、极盛之相。从下向上数,第五爻称为九五,九代表此爻为阳爻,五为第五爻的意思。九五乃乾卦中最好的爻,乾卦是六十四卦的第一卦,所以九五就成了六十四卦三百八十四爻的第一爻了,成了帝王之相。这里的"九"和"五"不是具体的数字,而是判别数字阴阳属性的符号。后来人们把它们作为具体的数字,一是为了契合代表帝王的"九五"之爻,再者,"九"和"五"在建筑上的使用也是非常符合美学原则的,就沿用下来了。

故宫房间总数为 9999 间,九龙壁的图案是用九五的倍数 270 个雕塑平和而成,天坛三层的坛面、台阶、栏板等所有的石板、石块都是 9 和 9 的倍数。

四、中国建筑的其他组成部分

(一) 大门

大门是中国古代建筑中一个不可缺少的部分。它是建筑的出入口,所处的位置特别明显,也非常讲究。和屋顶一样,大门是主人身份的一种象征。

古代的大门一般由门框、门头、门扇三部分组成。

1. 门框

门框是由左右两根框柱加上面一根平枋组成一个框架,固定在房屋的柱子之间或者墙洞之间,主要做安置门扇之用。门扇能够自由闭合,固定上门轴的是一条称为"连楹"的横木,下轴因为固定门轴之外,还要承受门扇的重量,所以都用石料制作。根据它的位置和作用,命名为"门枕石"。宫殿、寺庙、王府大门门枕石的外部都做成狮子头,而普通人家的门枕石只做出抱鼓石或者一些更为简单的雕刻装饰。

2. 门头

门头最初是门框上边的简单屋顶,用来遮阳挡雨。除此之外,门头兼有装饰作用,它使大门显得更为气派。后来,门头的实用功能日已消退,逐渐演变为一种罩在大门上的单纯装饰部分。

3. 门扇

门扇是大门最重要的部分。古代最常见的是两扇,也有一扇或超过两扇的。雄厚的实拼板门,按上一排排硕大的金色门钉,使大门更加威武、坚固,给人一种美的享受。到了清代,小小门钉的行数和枚数也成了其政治地位和权力的标志。

在门扇中央,一般还有兽面形的门环,叫作"铺首"。古代俗语说"兽面衔环辟不祥",可见,铺首是含有驱邪意义的传统门饰。与门钉一样,门环也成为封建等级制度的一种直观反映。到明代,官方正式规定公主府第正门用"绿油钢环",公侯用"金漆锡环",一、二品官用"绿油锡环",三至五品官用"黑油锡环",六至九品官用"黑油铁环"。

门的种类非常多,根据建筑物的不同,有城门、宫门、殿门、庙门、院门、宅门之分。

🖋 小知识

故宫午门

午门是紫禁城的正门,因其正处于子午线上而得名。午门由两大部分组成,一部分是砖砌的巨大城墩,另一部分是建在城墩上的木构门楼。午门平面呈"凹"形,城台正中为一最高等级庑殿顶,东西两侧前端各建重檐方亭一座,正中楼座与两端方亭之间连以庑廊,全部建筑高低错落,仿佛朱雀展翅,居高临下,威慑人心。城门正中开了三个券洞,中央正门等级最高,供皇帝出入,此外,皇后成婚入宫时经过一次,殿试后的前三名状元、榜眼、探花在放榜后可由此门入宫,被认为是极大的荣耀。

(二)影壁

中国建筑的一大特征就是墙多,为了实用,墙上要开门,而且向南的正门要开得又大又宽,以表示不凡的气派。但是对于注重封闭和内向的古建筑群来说,就显得过于暴露了,于是古人就在大门前造一堵墙作为屏蔽,使大道上的行人不能窥探里边的情况。这种墙就叫作影壁,也叫照壁,古称萧蔷。影壁可位于大门内,也可位于大门外,前者称为内影壁,后者称为外影壁。形状有一字形、八字形等,通常是由砖砌成,由座、身、顶三部分组成。座有须弥座,墙身的中心区域称为影壁心。

🍃 小知识

北京故宫九龙壁

照壁中最精美的是中国著名的三大彩色琉璃九龙壁。其中最大的一座保存在山西大同市内,原为明太祖朱元璋的第十三子朱桂代王府前的一座照壁,长 45.5 米,高 8 米,厚 2.02 米。壁上雕有九条七彩云龙,腾云欲飞,栩栩如生。

其中最华丽的一座是北京北海的九龙壁。原属明代离宫的一座照壁。照壁长 25.86 米,高 6.65 米,厚 1.42 米,两面各有蟠龙九条,照壁的正脊、垂脊、筒瓦等处还雕有小龙,大小龙共计635条,飞龙姿态矫健,形象生动,实属罕见,蔚为壮观,已经成为北海公园名景之一。

第三座九龙壁位于北京紫禁城里黄极门前,始建于乾隆三十八年,长20.4米,高3.5米,九龙壁的正面共由270块烧制的琉璃块拼接而成。照壁饰有九条巨龙,各戏一颗宝珠;背景是山石、云气和海水。

以上这三座九龙壁都是中国明清时期的珍贵建筑,都建在院落的前面,既是整个建筑物的一个组成部分,又显示了皇家建筑富丽堂皇。

(三)彩画

彩画是古代建筑最重要的装饰手段。一般绘制在建筑的梁、柱、门、窗及其他构件上,起着装饰和保护木构件的双重作用。对古代彩画的形制规格、用料、做法记载最详细的是宋代编写的《营造法式》和清工部《工程做法》的"画作"。据此,彩画可分为宋式彩画和清式彩画。这些画式都有严格规定,不允许僭越,如果超过身份使用某一种彩画,就会招来杀身之祸。宫殿建筑彩画按照等级分为三种:和玺彩画、旋子彩画和苏式彩画。

1. 和玺彩画

是清式彩画的一种重要形式。其特征是大量采用象征皇权的龙纹图案,表现所装饰建筑的等级、地位。可以说,在寓意皇权方面,和玺彩画是其他任何形式的彩画所无法比拟的,是等级最高的一种。多绘龙、凤等图案,且大面积使用沥粉贴金,显得亮丽辉煌。

2. 旋子彩画

等级次于和玺彩画,多用于较次要的宫殿、配殿、门及厢房等建筑。

3. 苏式彩画

多绘于宫廷花园中的亭台楼阁。苏式彩画布局更加灵活,画面选材更加广泛,更适于居住生活区域的建筑。它在紫禁城园林建筑中广泛采用。

(四) 藻井

在宫殿宝座或寺庙佛坛的上方等重要部位,用来遮蔽它们顶部,这样的构件即天花,而建筑内呈穹隆状(向上隆起)的天花,这种天花的每一方格为一井,又饰以花纹、雕刻、彩画,所以叫"藻井"。清代藻井较多以龙为顶心装饰,所以藻井又称为"龙井"。藻井大多是特意加建的。在传统的观念上,藻井是一种具有神圣意义的象征,只能在宗教建筑或皇家建筑中应用,常位于其宝座上方,常见的有"双龙戏珠"的雕刻或彩画。

藻井的形状有方格形、六角形、八角形、圆形,含有五行,以水克火,预防火灾之意。到了后来,这种含义逐渐淡化,藻井的装饰作用凸显,成了殿内视线的中心。一般的藻井就像一只倒扣的斗或平底碗,在交错重叠的长短梁椽之上构成凹面,并在它的平面和边框上,或精雕,或细镂,或彩绘各式图案花纹,其中又多系藻类的形象,藻井之名由此而来。在最尊贵的建筑中,还会再用斗拱、天宫楼阁、龙凤等装饰,并满贴金箔,华丽精美。

第二节 中国建筑文化类型

一、中国古代宫殿建筑文化

（一）北京故宫

故宫是我国古代宫廷建筑保留最完整的一处，也是世界建筑史上规模最大的宫殿群，被人们称作"殿宇的海洋"，被誉为世界五大宫（北京故宫、法国凡尔赛宫、英国白金汉宫、美国白宫、俄罗斯克里姆林宫）之首。故宫是皇权的象征，也是我国传统文化的标志，更是古代无数能工巧匠智慧和汗水的结晶。

故宫是明、清两朝皇帝的宫廷，明朝曾先后有 14 个皇帝、清朝有 10 个皇帝在这里居住。明清时的北京城包括内城和外城两部分，内城又包括皇城和宫城，故宫就处于宫城的中心。故宫占地 72 万多平方米，总建筑面积 16.3 万平方米，南北长 961 米，东西宽 753 米，相传共有殿宇 9999 间半。故宫四周有高 10 多米的长方形宫墙，周长 3400 多米，城四角均有精巧玲珑的角楼（用来瞭望和报警），所谓"九梁十八柱"，城外环绕着宽 62 米的护城河。

故宫博物院于 1925 年成立，珍藏有大量文物 100 多万件，占全国文物总数的 1/6，是我国最大的文化艺术宝库。故宫以丰富的宫廷史迹和灿烂的文化艺术享誉海内外，1961 年，被列为首批"全国重点文物保护单位"，1987 年被列入世界文化与自然双重遗产名录。

故宫建筑属于"前水后山"型的布局。"前水"指的是天安门前的外金水河及太和殿前的金水河;"后山"指的是人工筑成的土山万岁山(清代改称景山)。

故宫建筑的结构完全按中轴对称。其主体建筑皆坐北朝南,沿中轴线排列,两侧建筑依次向左右展开。明清时期的中轴线长达8千米左右(北京城),向南延伸至天安门、前门以及外城的南门永定门,向北经景山、钟楼,北至鼓楼结束。南北纵向扩展构成整饬严谨、气势磅礴的建筑序列。中轴线的两旁,即东西向布局,分别建造了天坛、先农坛、太庙和社稷庙等建筑群,体量宏伟,色彩鲜明,与一般市民的住房形成强烈对比。故宫的中轴线长961米,在其两侧对称分布着90余座建筑群落,共有980座单体建筑。

故宫建筑完全遵照"前朝后寝"的古制建造,分为外朝和内朝。外朝以太和殿(俗称"金銮殿")、中和殿、保和殿三大殿为核心,两侧有文华殿和武英殿,是皇帝举行大典,召见群臣的场所;"外朝"后面部分是"内廷",内廷后三宫指乾清宫、交泰殿、坤宁宫,后面还有御花园。内廷的东西两侧是东六宫和西六宫,是皇帝居住并处理日常政务以及后妃皇子居住、游玩和祭神的地方。内廷与外朝之间被广场分开。以宁寿宫为主,俗称"外东路",是乾隆所建的太上皇宫,慈宁宫、寿安宫是皇太后、皇太妃的住处。宫城所有的建筑从规模到屋顶样式一律保持严格的等级差别。

故宫是我国古代宫殿建筑的最高成就和杰出的典范。故宫建筑布局充分体现了设计者按礼制和五行相配置的建筑思想与理念。

小知识

紫禁城的由来

北京故宫又名紫禁城,紫禁城的名称是借喻紫微星垣(星座名)而来,天帝住的地方叫紫宫。天帝当然是至高无上的,而人间的皇帝也是至尊的。帝居在秦汉时又称为"禁中",意思是门户有禁,不可随便入内。这就是紫禁城的缘由。

明朝永乐四年(1406 年),明成祖朱棣开始建造新北京城宫殿,永乐十八年(1420 年)宫殿基本建成,第二年迁都北京。以后多次重修。正如联合国教科文组织对建筑群下的定义,"从历史、艺术或科学角度看,在建筑式样、分布均匀或与环境景色结合方面具有突出的普遍价值的单立或连接的建筑群",紫禁城符合上述诸条件,而且又极具特色。

(二) 沈阳故宫

沈阳故宫历史上称作"盛京宫殿""陪都宫殿",记录了清王朝的崛起。它始建于后金努尔哈赤天命元年(1625 年),建成于清皇太极崇德元年(1636 年)。清世祖顺治帝福临曾在此即位称帝。入关之后,沈阳成为陪都,也成为康熙、乾隆、嘉庆、道光等东巡时的"驻跸"之地和理政之所。

沈阳故宫经过多次大规模的修缮,现已辟为沈阳故宫博物院,它与北京故宫博物院构成了中国仅存的两座完整的明清皇宫建筑群。沈阳老城内的大街呈"井"字形,故宫就设在"井"字形大街的中心,占地 6 万平方米,各式建筑 90 余座,由 20 多个院落组成,共有 300 多间房屋。它继承了汉族传统的建筑形式,也保留了浓厚的地方和民族风格,成为满汉文化交融的实证。

沈阳故宫模仿明制,在布局上仿北京故宫。它分为三大部分:东路为大政殿和十王殿(努尔哈赤时期建造);中路为大内宫阙,包括大清门、崇政殿、凤凰楼、清宁宫、关雎宫、衍庆宫和启福宫(建于皇太极时期);西路从南向北包括戏台、嘉荫堂、仰熙斋和文溯阁(乾隆年间建造)。这些建筑都以大政殿的中轴线为中心排列,极富满族的"宫高殿低"的建筑风格。沈阳故宫的魅力在于它将各民族文化和建筑艺术有机地结合在了一起,体现了民族团结和民族大融合。

(三)布达拉宫

布达拉宫位于西藏拉萨古城西边的玛布日山上,就像雪域高原上的奇峰,也像阳光下灿烂的金灯,闪烁着永恒不灭的奇光异彩,成为几千年藏族文化的缩影。布达拉又译成普陀,梵语意为"佛教圣地"。布达拉宫是西藏过去的最高统治者达赖喇嘛生前居住、朝佛以及处理各种宗教事务,死后受人供奉的地方;又因为喇嘛是西藏世俗事务的最高管理者,所以布达拉宫也是一座具有政治功能的宫殿。

藏传佛教俗称"喇嘛教",是一种深受中、印佛教影响,又有西藏地方色彩的佛教。因此,喇嘛教文化兼融藏、汉、印三流,体现在建筑上具有很大的综合性。其建筑一般有主殿三层,下为西藏式,中为汉式,上为印度式,故名"三样式"。其规模宏大,气势雄伟,雕梁画栋,极为精巧。

布达拉宫是 7 世纪松赞干布为迎娶文成公主而建。整个工程历时 50 年,最终形成我们今天所见的规模。布达拉宫全部建筑分为三部分,一部分在玛布日山正面,是一座长宽约 300 米的方城,藏语称作"薛",内有马厂、象房、印经院、法院、监狱、藏军司令部及酒馆、贵族住宅等。第二部分在玛布日山北,叫龙王潭,以碧水草地为主,是专供达赖游乐的场所。第三部分是布达拉宫的主体红宫和白宫,也就是我们通常在图片上看到的布达拉宫。主楼共 13 层,高 178 米,东西长 400 米,宽 399 米,宫殿、灵塔、佛殿、经堂、僧舍、平台、庭院一应俱全,房舍总计近万间,其中以 8 座达赖灵塔最为华贵精美。被称为"世界一饰"的五世达赖灵塔外裹金衣,遍镶珠宝,所用黄金达 3700 公斤,两旁衬以 8 座银质佛塔。十三世达赖喇嘛灵塔高 14 米,用了 20 万颗天然珍珠串缀而成,实为罕见的艺术精品。

今天的布达拉宫——世界屋脊上的宫殿,已经成为西藏的标志性建筑,也是人们向往的游览胜地。

二、中国坛庙建筑文化

(一)太庙

北京太庙位于天安门东侧,始建于明永乐十八年(1420 年),是明清两代皇帝祭祖的宗庙,即皇帝祭祀祖先的地方。太庙共有三重围墙,由前、中、后三大殿构成的三层封闭式庭院,是紫禁城的重要组成部分。它与天安门西侧的社稷坛同属依据皇帝"左祖右社"

的古制布局而设立建造的。

太庙的建筑雄伟壮观，平向呈南北方向的长方形，南北长475米，东西宽294米，总面积14万平方米，建筑布局对称。太庙共有三道围墙，全部为红色墙身、黄色琉璃瓦顶。过了第三道围墙，就是太庙的大殿，其主体建筑包括享殿（即正殿或前殿）、寝殿（中殿）、祧殿（后殿）三大殿。主殿享殿是皇帝举行大祭活动的场所，是重檐庑殿顶式建筑，台基为三重汉白玉须弥座，气势雄伟，比北京故宫太和殿还高2米，被认为是至高无上。大殿耸立于太庙建筑群的中心，殿内主要梁栋外包沉香木，构件均为名贵金丝楠木，天花板及廊柱皆贴赤金花，遍施彩画，地面铺满金砖。

寝殿是供奉死去皇帝神位的地方，清代从太祖到光绪皇帝的神主牌位都安放在此。两侧各有5间配殿，用来储存祭器。后殿是供奉皇帝远祖神位之处，供奉清朝四个追封皇帝肇祖、兴祖、景祖、显祖。这些追封皇帝与登基皇帝不同，古城"不腆先君之祧"，所以也称作"祧庙"。后殿用红墙与前、中殿隔开，自成院落。太庙庭院中遍植古柏，其树龄很多已有500余年，千姿百态，苍劲古拙。

太庙的祭典由礼部负责，每年四月初一、七月初一、七月十五、十月初一、皇帝生辰、清明节等都要在太庙致祭。辛亥革命后太庙仍归清宗室所有，1924年太庙改作和平公园对公众开放，1931年由故宫博物院接管，作为分院。现在太庙已改为劳动人民文化宫，南门上"北京市劳动人民文化宫"的横额是毛主席亲笔题写。

（二）天坛

天坛位于天安门的东南,始建于明永乐十八年(1420年),原名"天地坛",历时14年建成。由于祭天是古代"五礼"(吉礼、宾礼、嘉礼、军礼和凶礼)之首(吉礼包括祀天神、祭地祇、祭人鬼),因而天坛成为坛庙建筑中规模最大、艺术成就最高的精品,是世界上现存最大的古代祭祀性建筑群和我国现今保存最完整、最重要、规模最为宏大的一组封建王朝的建筑群。明清两代皇帝多次在此祭天:孟春祈谷,孟夏祈雨,孟冬祈雪,以求国家昌盛,皇权永固。

天坛以其严谨的规划布局、奇特的建筑构造、瑰丽的建筑装饰著称于世。天坛建筑布局呈"回"字形,有两重垣墙,分为内坛和外坛。坛墙南方北圆,象征天圆地方。主要建筑都在内坛,南有圜丘坛、皇穹宇,北有祈年殿、皇乾殿,这些建筑均集中在南北向的中轴线上,各个建筑之间用墙相隔,一条长360米、宽30米的甬道石桥(叫丹陛桥)贯通南北,把南北两组建筑连接起来。外坛古柏苍郁,环绕着内坛。坛内有巧妙运用声学原理建造的回音壁、三音石、对话石等。天坛在架构、力学、美学等方面都是举世无双的建筑杰作,现在已开放为天坛公园,成为北京市最富有特色的旅游公园,1998年被列入世界文化与自然双重遗产名录。

🌿 小知识

祈年殿

祈年殿是天坛的主体建筑。皇帝每年都要来这里举行祭天仪式,祈求风调雨顺、五谷丰登。它是一座鎏金宝顶、三层重檐、攒尖式屋顶的圆形建筑,殿呈圆形,瓦用蓝色,象征天圆色蓝。殿的直径32米,高38米,殿内按天象设计了28根金丝楠木大柱。中间4根通天柱象征春夏秋冬四季;中层12根金柱象征一年12个月;外层12根檐柱象征12个时辰。

祈年殿内正中地面上有一块平面圆形大理石,其天然形成的黑色纹理像一条游龙和一只飞凤。龙纹色深,角、须、爪、尾俱全;凤纹色浅,嘴、眼、羽隐约可辨,俗称"龙凤呈祥石"。龙凤呈祥石与它上边的顶龙凤藻井相应,上下映衬,别具情趣。

(三)孔庙——千古文庙,内圣外王

曲阜孔庙位于山东曲阜市中心,是历代封建王朝祭祀孔子的地方,是我国最早最完整的建筑群,成为儒家文化的一处圣地。孔庙始建于公元前478年,孔子去世后第二年,鲁哀公便将其生前居室改建为庙,"岁时奉祀","藏孔子衣冠琴车书"。汉桓帝时(156年)孔庙成为官设的庙堂,其后不断修缮、扩大,至清末民初,孔庙终于形成了一处规模宏大、布局完整、形式壮丽、历史悠久的古建筑群,被古建筑学家称为"世界上唯一的孤例",与北京故宫、河北承德避暑山庄并称为我国"三大古建筑群",堪称中国古代大型祠庙建筑的典范。孔庙与孔府、孔林合称"三孔",三孔具有特殊的文化意义,1994年被列入世界文化与自然双重遗产名录。

孔庙面积约9.6万平方米,南北长约1288.7米,有5殿、1阁、1祠、1庑、1坛、2堂、15碑亭、53座门坊。它仿皇宫建制,三路布局,九进院落,一条中轴线南北贯穿,建筑左右对称排列。其主要

建筑都集中在这条南北中轴线上,从南向北依次为金声玉振坊、棂星门、圣时门、璧水桥、弘道门、大中门、同文门、奎文阁、十三碑亭、大成门、杏坛、大成殿、寝殿、圣迹殿等,共约466间,碑刻2000多块,多出自名家,价值极高,非常珍贵。

大成殿是孔庙的主体核心建筑,与北京故宫太和殿、岱庙天祝殿并称中国古代三大宫殿建筑,亦称"东方三大殿"。大成殿是一座重檐歇山顶木结构宫殿式建筑,面宽9间,进深为5间,下承两阶台基,后殿前沿有19根蟠龙石柱,屋顶上覆盖着黄色琉璃瓦。造型优美的藻井上雕刻着贴金盘龙,璀璨夺目,檐下斗拱交错,梁枋装饰精美。整座大殿富丽堂皇,酷似皇家宫殿。殿中神龛雕龙贴金,是为了供奉孔子的漆像,神龛上悬有一块匾,写着"至圣先师"四个大字。神龛两侧分别安置颜渊、曾参、孔伋和孟轲四人陪祀,他们是孔子思想最好的继承者和传播者。另外,宋代理学家朱熹也被安置在此,真是无上的荣耀。

三、中国古代陵墓建筑文化

中国传统思想"事死如事生",人虽死但灵魂永存,对死后之事非常看重,产生了祭祀的观念。无论帝王侯爵,还是普通百姓,都希望"入土为安",居于地下,也如同生时。所以陵墓建筑称为中国古代建筑的一个重要类型。一般说,陵墓分为地上和地下两部分。地下主要是安置棺椁的墓室,先有木椁室,后有砖石墓室,结构严谨、规模宏大,宛如"地下宫殿",还有依天然岩石开凿的岩石墓。

地上主要是护陵的一套布局,包括祭祀建筑区、神道、护陵监等。

历史遗存下的陵墓很多,目前确认的帝王陵墓就有 100 多座。其历史之久、数量之大、规模之巨、建筑之精、结构之巧、藏物之丰,实属罕见,对我们了解历史文物、文化等提供了宝贵的第一手史料,也成为重要的旅游胜地。

(一) 黄帝陵

黄帝陵在今陕西省黄陵县城北桥山山顶,是传说中的中华民族始祖黄帝轩辕氏的陵墓,黄帝被认为中华五千年文化古国的奠基者,被尊奉为"人文初祖"。1961 年,国务院公布黄帝陵为全国第一批重点文物保护单位,编为"古墓葬第一号",号称"天下第一陵"。黄帝陵古称"桥陵",是中国历代帝王和著名人士祭祀黄帝的场所。陵墓封土高 3.6 米,周长 48 米,环冢砌以青砖花墙。陵前有碑刻"桥山龙驭",意为黄帝"驭龙升天"之处;再往前有一个祭亭,亭内有郭沫若手书"黄帝陵"碑石。黄帝陵下即桥山山顶有轩辕黄帝庙,庙后大殿挂着黄帝的造像,门首挂有"人文初祖"金匾。轩辕庙入口处非常开阔,10000 平方米的入口广场选用 5000 块大型河卵石铺砌,象征着中华民族五千年文明史。广场北端为轩辕桥,过桥向北是龙尾道,设 95 级台阶,寓意黄帝"九五之尊",至高无上。

从严格意义上讲,黄帝陵属于纪念性意义的帝王陵墓。每到清明时节,来自世界各地的炎黄子孙都会到此拜祭。

（二）秦 始 皇 陵

秦始皇陵是我国古代帝王陵寝发展史上的里程碑。秦始皇陵兵马俑更以其磅礴的气势、高超的艺术为世所罕见，被誉为"世界第八大奇迹"，是世界上规模最大、结构最奇特、内涵最丰富的帝王陵寝之一，是世界人类的宝贵财富。它是 20 世纪中国考古史上的伟大发现之一。

秦始皇陵位于陕西省西安市临潼区骊山北麓，是中国历史上第一个皇帝陵园，它仿照秦国都城咸阳的布局建造，大体呈"回"字形。以封土为核心，陵内有内外两重城垣，城垣四周设置高大的门阙，形制为三出阙的属天子之礼。整个陵园分为四个层次，即地下宫城（地宫）为核心部位，依次为内城、外城和外城以外。陵墓封土呈四方锥形，高 55.05 米，周长 2000 米，秦始皇即位至去世共历时 37 年修成。

秦始皇陵发掘出大量陪葬坑、铜车马坑、铠甲坑、百戏俑坑、文官俑坑等。其中 1980 年出土发掘的一组两乘大型的彩绘铜车马——高车和安车，是迄今中国发现的体形最大、装饰最华丽，结构和系驾最逼真、最完整的古代铜车马，被誉为"青铜之冠"。

秦始皇陵兵马俑博物馆是中国最大的古代军事博物馆。它显示出古长安当年的繁华和强盛。1962 年考古人员第一次对秦始皇陵园进行全面的考古勘察，并绘制出陵园第一张平面图，经探测，陵园范围有 56.25 平方千米，相当于近 78 个故宫。1974—1977 年在秦始皇陵东 1000 米发掘出作为清式黄陵陪葬墓坑之一的兵马俑坑一号坑、二号坑和三号坑,成"品"字形排列,面积共达 2 万平方米以上。这三个坑的武士兵俑军阵充分反映了秦国军队的威武强大,也体现了当时高超的雕塑技艺。1987 年秦始皇陵及兵马俑坑被列入《世界遗产名录》。

(三)汉代帝陵

西汉王朝共经历了 11 位皇帝,除文帝的霸陵和宣帝的杜陵在陕西西安郊外,其余 9 位皇帝的陵墓均建在陕西省咸阳市北原上,构成了"一"字长蛇阵。以汉高祖刘邦的长陵为中心,自东向西依次为:景帝阳陵、高祖长陵、惠帝安陵、哀帝义陵、元帝渭陵、平帝康陵、成帝延陵、昭帝平陵、武帝茂陵。东汉陵墓集中于洛阳邙山。

西汉帝陵有两种形式,一是因山为陵,墓葬开凿于山崖中,不另起坟丘。另一种就是用黄土夯筑成高大的坟丘,一般底部为 150~170 米,高为 20~30 米。

同时西汉开创了"陵邑"制度及"石像生"(指帝王陵墓前安设的石人、石兽的统称),把我国陵墓建筑文化推向一个高潮。西汉的陵墓前的神道两侧建有石羊、石虎、石马、石人等,既壮声威,又能反映出墓主的生平事迹。比如茂陵陪葬墓中有著名的卫青、霍去病墓。霍去病墓石雕最负盛名,墓前陈列一系列大型石刻石人和石兽,其中以"马踏匈奴"最为著名,它生动再现了霍去病征战匈奴、屡建战功的大将风采。

（四）唐陵

唐朝一共 21 帝 20 陵（唐高宗李治和女皇武则天合葬乾陵），除昭宗在河南偃师、哀帝在山东菏泽外，其余 18 座陵墓集中分布在陕西省乾县、礼泉、泾阳、三原、富平和蒲城 6 县，东西绵延 100 余千米，被统称为"关中十八陵""唐十八陵"。

唐代帝陵依山为陵，气势磅礴，其最大的特点是陵区更加庞大，陵冢更加高大。呈扇形环绕在长安周围，和长安城以及宫殿群一起构成全国等级最高、密度最大的唐代文物、文化遗址景区。

唐代帝陵中太宗李世民的昭陵位于礼泉县，规模最大。陵园周长 60 千米，占地面积 200 平方千米，共有陪葬墓 180 余座，被誉为"天下名陵"，是我国帝王陵园中面积最大、陪葬墓最多的一座，也是唐代具有代表性的一座帝王陵墓。昭陵凿山建陵，开创了唐代封建帝王依山为陵的先例。唐乾陵位于咸阳市乾县城北梁山上，是中国乃至世界上独一无二的一座两朝帝王、一对夫妻皇帝合葬墓，历时 23 年完工。陵墓分为内外两重城墙，有四个城门，名字分别为南朱雀门、北玄武门、东青龙门、西白虎门；中轴线上有阙楼、回廊、献殿等建筑。墓道长 2000 米，直到"唐高宗陵墓"碑，这条道路便是"司马道"。两旁置有华表、翼马、鸵鸟、石马、石狮、石人等大型雕刻。"唐高宗陵墓"墓碑高 2 米，存碑是清代重建的，此碑右前侧另一块墓碑上写郭沫若题字"唐高宗李治与则天皇帝之墓"12 个大字。在南门外高高耸立有为高宗和武则天歌功颂德的"述圣碑"和"无字碑"。

 小知识

昭陵六骏

昭陵是唐太宗李世民和文德皇后的合葬墓,位于陕西省礼泉县。"六骏"是指李世民曾乘骑的六匹战马,寓意着唐太宗经历的最主要的六大战役,同时也是表彰他在唐王朝创建过程中立下的赫赫战功。昭陵北面祭坛东西两侧的六块骏马青石浮雕石刻每块石刻宽约205厘米、高170厘米,厚30厘米、重约2.5吨。"昭陵六骏"造型优美,雕刻线条流畅,刀工精细、圆润,是珍贵的古代石刻艺术珍品。六匹马分别名为拳毛䯄、什伐赤、白蹄乌、特勒骠、青骓、飒露紫。据传是当时李世民令绘画大师阎立德和阎立本(阎立德之弟)绘制手稿,用浮雕描绘六匹战马列置于陵前。

六骏中的飒露紫和拳毛䯄两块石雕于1914年被盗卖到国外,现藏于美国费城的宾夕法尼亚大学考古与人类博物馆,其余四块石雕现藏于陕西西安碑林博物馆。

(五)明十三陵

明朝一共16位皇帝,开国皇帝明太祖朱元璋葬于南京明孝陵;明建文帝(朱元璋孙子朱允炆)因其叔叔燕王朱棣发动"靖难之役"兵败而下落不明;明景帝"土木之变"后被拥立为皇帝,打退了蒙古对北京的进攻,但他重病中被哥哥英宗发动政变,自己丢了帝位,除这三个皇帝外,明朝其余十三个皇帝都葬于北京,即明十三陵,它位于北京市昌平区天寿山南麓,东、西、北三面环山的小盆地之中。陵区周围群山环绕,陵前有洨河曲折蜿蜒,是世界上保存较

为完整、现存规模最大和埋葬皇帝最多的墓葬群。

明清陵园的布局与前代有较大变化。陵园由方形改为长方形,各类建筑都集中在一条长达 7000 米的南北向中轴线,陵墓与献殿用垣墙隔开,成为两个独立的建筑群。各陵共用一个神道,由石牌坊、大红门、牌楼、石像生、龙凤门组成。陵区中轴线最南端是石牌坊,一路上排列有狮、獬豸、骆驼、石人等。

明成祖朱棣的长陵是陵区第一陵,位于天寿山主峰前,其余 12 帝陵分别坐落在长陵两侧山下。明十三陵从选址到规划设计,都充分与自然相融合,注重山、水、植被等和谐统一,追求"形同天设"的境界,体现了"天人合一"的思想,展示了中国传统文化的丰富内涵。

(六)清陵

清入关后共有 10 个皇帝,除末代皇帝溥仪没有设陵外(溥仪 1967 年去世,先葬于八宝山,后迁于清西陵内光绪崇陵附近的华龙皇家陵园),其余九位皇帝分别在河北遵化市和易县修建的陵园。由于两个陵园各距北京市区东、西 100 多千米,故称"清东陵"和"清西陵"。

清陵在规制上基本沿袭明代,所不同的是陵冢上增设了月牙城。另外,明十三陵中只有长陵有"圣德神功碑",而清陵则有许多圣德碑。陵园的布局更加完善,清东陵位于河北遵化昌瑞山,共建有皇帝陵五座,分别是:清代入关第一帝、少年天子顺治帝的孝陵;在位时间最长、以仁治天下的康熙皇帝的景陵;古稀老人、十全老人乾隆皇帝的裕陵;咸丰皇帝的定陵和同治皇帝的惠陵。慈禧的定东陵是我国现存规制豪华,体系比较完整的一座皇后陵寝建筑群。清西陵位于河北易县城西永宁山下,共建有皇帝陵四座。

清陵的建筑特点基本仿照明陵,以开始的陵墓为主陵,建主神道,总入口处建大红门和石坊,但清两陵区地形无环抱之势,它们平列布置。清陵内大量实物和文字史料,无不反映了清朝陵寝建筑艺术的创新和发展,具有重要的历史、艺术、科学和鉴赏价值。

四、中国长城与桥梁建筑文化

(一) 长城

长城是我国古代一项伟大的防御性军事工程,被称为人类一大奇工。也是我国古代城防建筑的杰出代表,它集中了各类城防建筑精华,所筑的防御墙、瞭望台、垛口、敌楼、烽火台、望楼都具有坚固、耐用和易守难攻的特点。长城是典型的砖石结构建筑,同时是中华民族用血肉之躯筑成的不屈不挠、坚韧不拔民族精神的象征。

长城始建于春秋战国时期,共有 20 多个诸侯国和封建王朝修筑过长城,春秋战国各诸侯国所修长城自成体系,互不连贯,长短不一,被称为"先秦长城",或"战国长城";最著名的是秦、汉、明长城。秦始皇统一六国,为了阻止北方匈奴的侵扰,大将蒙恬率 30 万大军将燕、赵、秦三国长城连为一体,并进一步加固、增筑。秦长城西起临洮,东到辽东,绵延万余里,是中国历史上第一道万里长城。到了汉代,汉武帝为了加强防御,在阴山以北又修了一道长城。经多次修筑,汉长城西起新疆楼兰、罗布泊一带,东到辽东境内,长达 2 万多里,汉长城是中国历史上最长的长城,不仅抵御了匈奴南下,也保护了通往西域的路上交通——丝绸之路。明代为了防御鞑靼、瓦剌族的袭扰,也多次修筑长城。明长城西起嘉峪关,东到鸭绿江,全长 8850 多千米,是历史上规模最大、工程最坚固、功能最完善的长城。现在我们看到的保存比较完好的长城基本上都是明长城。

长城由城墙、敌楼、关城、墩堡、营城、卫所、烽火台等多种防御工事组成,是一个完整的防御工程体系。这样雄伟的长城需要的砖石材料可谓浩大,古人又是怎样解决用材难题的呢?古代修筑长城都是就地取材,开山取石,先凿成整齐的条石,内填灰土和石灰,这样非常坚固。长城有许多关隘,其中山海关号称"天下第一关",嘉峪关自古就是军事要地和古代"丝绸之路"的交通要道,八达岭是现存明长城中保存最好的一段。八达岭长城修建在高山深谷,地势险要,气势磅礴,成为举世闻名的观光胜地。其巨型的花岗石条规格一致,砖雕石刻精美,充分显示了劳动人民高超的技艺。

万里长城不仅是中国的标志,也是地球上的标志性建筑。许多中外游客慕名前来参观游览,毛主席曾登上长城,写下了"不到长城非好汉"的名句。登临长城就成了人们心中的梦想。

 小知识

赏唐朝汪遵的诗篇《咏长城》

"秦筑长城比铁牢,蕃戎不敢过临洮。虽然万里连云际,争及尧阶三尺高。"晚唐诗人汪遵游历长城,遥想秦朝派大将蒙恬率30万军民修筑长城,以抵御外族入侵,而最终秦朝还是短命而亡。长城坚不可摧"比铁牢",长城万里之遥,巍然屹立,匈奴等游牧民族不敢觊觎中原。似乎有了长城,战事平息,生活就能安定,国家就可太平,非也,高、大、长、坚的城墙却不及尧庙堂的三尺台阶。尧为圣君,以仁义治天下,四海升平,无战争之苦。

西汉贾谊为了说明要施仁义,写了篇幅较长的《过秦论》,汪遵仅用二十八字,就表达了同样的意思。这首诗同时也启示人们认识真正的长城——捍卫国土最有效的力量,不只在自然的长城,也不仅在"龙城飞将"式的将领,更主要的还在以正义赢得民心,只有万众一心,众志成城,方能国安长久。

(二)赵州桥

赵州桥位于河北省赵县南2.5千米的洨河上。赵州桥本名叫安济桥,因赵县古称赵州而得名。它是我国现存的建筑时间最早、保存最完好的一座石桥,其建筑水平之高在世界桥梁史上占有极高的地位。

赵州桥建于隋朝,由著名的工匠李春设计并主持建造,全长64.4米。迄今已有1400余年,经历了无数次水灾、战乱、地震,依然安然无恙,无不令人惊叹折服。这首先与赵州桥的设计形式分

不开。它打破了以往建桥仅采用圆拱和半圆拱的桥梁建筑形式，而采用了坦拱和敞肩拱式，这是中国桥梁史上的一大创造。这种圆弧形的拱在桥梁学上叫作坦拱，它拱脚宽，拱顶窄，稳定性大大增加。另外，平缓的圆弧坦拱使得桥面的坡度变小，行人或车辆也就不感到过陡。

赵州桥的另一独创在于它的主拱两侧的拱肩并非实心，而是各建了两个小拱，这种形式被称为敞肩拱。它是世界上最早出现的敞肩式（也叫空腹式）单孔石拱桥。这种形式节省了石料，减轻了桥身的重量，也增大了桥梁的过水能力，同时又使得桥的造型更为轻灵、秀丽。赵州桥有 5 个拱洞，每个拱券各成体系，这样利于修补。同时，两个拱肩之间的衔接非常紧密，使得整个桥梁浑然一体，坚不可摧。

赵州桥在建桥技术上达到了极高水平。此外，其装饰艺术也堪称精美。桥的主拱顶上刻有龙头形的龙门石，拱侧点缀着刻成莲花状的昂天石，桥面两侧栏板和望柱上，则雕有竹节、花卉和龙兽的图案。

中国著名建筑学家梁思成、茅以升都曾考察赵州桥，对它夸赞不已，尤其看到重 2800 吨的桥身其根基只是由五层石条砌成高 1.55 米的桥台支撑，直接建在自然砂石上，更是惊叹不已。赵州桥高度严密的科学性，以及独特的民族艺术风格，使其享誉海内外。1991 年，赵州桥被美国土木工程师学会评定为世界第十二处"国际土木工程历史古迹"，这是目前国内唯一的一处。如今，赵州桥成为著名的景点，以桥为中心建成了赵州桥公园，古老的赵州桥重焕新貌。

五、中国名人故居文化

名人故居作为历史文化遗存中珍贵的文化资源,是城市和乡村的文脉和灵魂,也是中华精神的集中体现。我们挖掘名人故居中的文化内涵,是为了更好地传承和发扬其精神实质,也是为旅游健康、持续发展做贡献。

(一)毛泽东故居

毛泽东(1893—1976)是中华人民共和国的缔造者,伟大的马克思主义革命领袖,无产阶级政治家、军事家。他的一生都奉献给祖国的独立和建设事业。毛泽东是湖南湘潭人,毛泽东故居位于湖南省湘潭市韶山乡(现在已改为韶山市)韶山村,建于“中华民国”初年,是一栋坐北朝南、土木结构的典型南方农舍。它门临绿水,背依青山,成凹字形结构,这里老百姓称为“一担柴”。一明二次二梢间,左右辅以厢房,进深二间,后有天井、杂屋。当年这里居住着两户人家,东边 13 间小青瓦房为毛泽东家,西边 4 间茅草屋为邻居家,中间堂屋为两家共用。毛泽东在这里度过了童年和少年时期,故居的前面是他儿时游泳的池塘,附近建有毛泽东纪念馆、铜像和诗词碑林等。过故居厨房往东便是横屋(现代的厨房),再往里就是他父母的卧室,室内的物件都是依照原样摆放,让人置身当时的岁月。相邻的房间便是毛泽东少年时代的住房,房内陈设简单朴素,床边有一盏桐油灯,墙上有毛泽东三兄弟与母亲的合影,室内木楼上有一开口,1925 年毛泽东在这个木楼上秘密建起了韶山第一个党支部。

毛泽东故居的景点包括毛泽东故居、铜像广场和滴水洞。1929年,故居被国民党没收,遭到破坏。1950年按原貌修复。1983年邓小平在门额匾上题字"毛泽东同志故居"。现在,毛泽东故居已成为红色旅游的重要景点,国内外的人们络绎不绝来此探寻这位伟人的足迹,缅怀伟人精神。

(二)宋庆龄故居

宋庆龄(1893—1981)是伟大的爱国主义、民主主义、国际主义和共产主义战士,杰出的国际政治活动家,中华人民共和国卓越的领导人,举世闻名的二十世纪伟大女性。她青年时代追随孙中山,并与孙中山结为伉俪,从此献身革命,把自己的生命同中国人民的独立和解放事业紧紧联系在一起,新中国成立后曾任国家名誉主席。

宋庆龄在1948年到1963年居住在上海,而今上海保存有宋庆龄故居。1963年4月她北上北京,直到去世,一直居住在北京什刹海北沿46号,这里也被命名为"中华人民共和国名誉主席宋庆龄同志故居",1982年5月,正式对外开放。宋庆龄故居原为清代四大王府花园之一,庭院南、西、北三面均有土山,其建筑属于清代建筑,现已恢复宋庆龄生前原状。宋庆龄故居分为原状陈列展、宋庆龄生平展以及庭院三部分。展出的文物有宋庆龄留美临行时母亲送给她的胸针和羊毛衫,有和孙中山先生的结婚照,有结婚时母亲送的被面,有宋庆龄为福利院的孩子们制作的花卉贺年卡等。整个展出涵盖宋庆龄进取奉献的一生,使参观者无不为之感动、敬仰。

六、宫殿外的陈设

(一)华表

华表是古代设在宫殿、城垣、桥梁、陵墓前作为标志和装饰的大型立柱。多为成对的立柱,起标志或纪念性作用。汉代称桓表,元代以前,华表主要为木制,上插十字形木板,顶上立白鹤,多设于路口、桥头和衙署前。明以后华表多为石制,下有须弥座;石柱上端用一雕云纹石板,称云板;柱顶上原立鹤改用蹲兽,俗称"朝天吼"。华表四周围以石栏,华表和栏杆上遍施精美浮雕。明清时的华表主要立在宫殿、陵墓前,个别有立在桥头的,如北京卢沟桥头。明永乐年间所建北京天安门前和十三陵碑亭四周的华表是现存的典型。

华表高高耸立,体现了皇权的威严和尊贵,同时又给人以美感。如今天安门前的一对华表还深含着中华文化的内涵,华表上方的朝天吼头部朝南,表示"望君归",也就是希望君主不要贪恋世上的风光而荒废朝政,应及时返回。从它的发展过程看,华表上边刻写"谏言",逐渐演变为刻上云龙纹,增加了装饰性。

（二）石狮

中国古代,在宫殿的大门前都会有一对石狮或者铜狮,主要起着辟邪的作用。又因为狮子乃兽中之王,所以增加了威严和尊贵的氛围。石狮成对摆放,左雄右雌;或者从狮爪下所踩之物来辨别雄雌。爪下为球,象征着威武、震慑天下、统一环宇,而有着无上的权力,为雄狮;如果爪子下边踩着幼师,则象征子孙绵延,为雌狮。

还有"三狮王"的说法,是指蹲在刻有凤凰和牡丹的石麝香基座上的狮子雕刻,更显得富贵,因为狮子是兽中之王,凤凰是鸟中之王,牡丹则是花中之王,故称"三狮王"。

（三）日晷

日晷也称日晷仪,即日影,是观测日影计时的仪器,主要是根据日影的位置,以指定当时的时辰或刻数,是我国古代普遍使用的计时仪器。原理是利用太阳的投影和地球的自转,借指针所显示阴影部分的位置来显示时间。

（四）嘉量

嘉量是中国古代的标准量器,按照容积大小有斛、斗、升、合、龠五个单位。清乾隆九年(1744年)所制的方形嘉量,外表鎏金,上面刻有乾隆帝亲撰铭文。宫殿前设置嘉量表明度量衡定,天下一统。故宫太和殿和乾清宫前都有嘉量,用以表示帝王的公正和皇权至高无上。

（五）吉祥缸

吉祥缸是指置于宫殿门前盛满清水以防火灾用的水缸。古时又称为"门海"，以比喻缸中的水似海般多，可以扑灭火灾。北京故宫里的吉祥缸，由于冬天北方寒冷，就在吉祥缸外套上棉套，再覆盖上缸盖，下边石座内燃烧炭火，以防止缸中的水冰冻，直到春暖时才撤去炭火。

（六）鼎式香炉

鼎是中国古代的礼器。有盖为鼎，无盖为炉，鼎器一般是三足，在举行盛典的时候，往往用来燃檀香和松枝，以辟邪去灾，祈求吉祥。

（七）铜龟、铜鹤

龟和鹤在中国古代文化中象征着长寿，具有灵性之物，可以渲染环境。故宫中太和殿外的龟和鹤以铜铸造，腹为空心，遇有大典，点燃香料，烟雾从龟和鹤口中冉冉吐出，缭绕漂浮在殿前阶上，人置身于烟雾中，亦如酒中幻觉，飘飘欲仙。此处的铜鹤、铜龟，都是张着嘴的，昂首向前。而坤宁宫前面的铜龟铜鹤，一律都是伸着头闭着嘴；而且太和殿门前的鹤是长有尾巴的，乾清宫前的仙鹤是秃尾巴的。为什么呢？为阴阳哲学作用下的雌雄分野。因为前殿——上朝的地方为阳，后殿——内厅这就是阴，阴阳布局就这样体现在动物的造型上。

总之，在故宫太和殿外，日晷的位置在大台基东南角，旁边西南角并列嘉量，嘉量和日晷均被设置在太和殿丹墀两角，与明朝遗留的铜龟、铜鹤一道,护佑帝国的安宁,象征着国家的统一和长治久安。

 小知识

北京故宫太和殿里的陈设

在北京故宫太和殿里面,皇帝宝座前两侧有四对陈设:宝象、甪(lù)端、仙鹤和香亭。宝象象征国家的安定和政权的巩固;甪端是传说中的吉祥动物;仙鹤象征长寿;香亭寓意江山稳固。宝座上方天花正中安置形若伞盖向上隆起的藻井。在藻井中央部位,有一浮雕蟠龙,口衔一珠,珠为铜胎中空,外涂水银,此球叫"轩辕镜",传说是远古时代轩辕黄帝制造的,悬球与藻井蟠龙连在一起,构成游龙戏珠的形式,悬于帝王宝座上方,以示中国历代皇帝都是轩辕的子孙,是黄帝正统继承者。这一造型使殿堂富丽堂皇。其实,这个珠也叫"避火珠",除了装饰作用外,最大的作用为寓意防火,即"镇符"。"轩辕镜"下方正对着皇帝的宝座,据说是袁世凯怕大球掉下来把他砸死,故将宝座向后挪到现在的位置。

七、民居建筑文化

民居是中国各地人们的居住建筑,也是我国基本的建筑类型,指居民的住宅以及延伸的居住环境。民居是人类历史上出现最早的建筑形式,中国民居建筑在整个传统建筑体系中数量最为丰富,分布极其广泛。无论南方还是北方的中国人,其传统民居的共同特点都是坐北朝南,注重内采光;以木梁承重,以砖、石、土砌护墙;

以堂屋为中心,以雕梁画栋和装饰屋顶、檐口见长。

　　民居往往是居住的实用性强,兼具审美艺术性。因地区分布、气候差异等,民居也呈现出丰富多彩的地域特色和民族特征。现存民居中绝大部分是明清民居,其中代表性民居有:北方地区北京四合院、黄土高原地区是窑洞式住宅、塞北的蒙古包、岭南地区的客家土楼、江淮一带的徽居和苏居等。

(一) 四合院

　　四合院是我国古代社会民居汉族地区庭院式最典型的布局。这种空间形式广泛流行于北方黄河流域的陕西、甘肃、山西、河北以及京津一带。四合院顾名思义就是东西南北合围在一起的一个大院,其建筑布局一般是按照坐北朝南的南北中轴线对称地布置房屋和院落,包括有正房、东西厢房、厅房、耳房、大门、垂花门、抄手廊、影壁、院墙等。简单的四合院只有一个院子,达官贵人、官宦之家则居住的是深宅大院,有两个或三个院子,通常是沿着纵横轴线增加院落的进数或路数,依据长幼尊卑,重复着四合院的空间格局。

　　北京城的胡同里至今完好地保留着大量建于明清之际的四合院。四合院的大小也是根据主人的身份地位决定。中四合院一般都有三进院落,正房多是 5 间或 7 间,并配有耳房。正房建筑高大,都有廊子。东、西厢房各 3 间或 5 间,厢房往南有山墙把庭院分开,自成一个院落,山墙中央开有垂花月亮门,垂花门是内外的分界线。民间常说的“大门不出,二门不迈”的“二门”指的就是这道垂

花门。前院又叫外院，外院东西各有一两间厢房，要比里院的厢房小一些，它多用作厨房或仆人的居室。邻街是五至七间倒座南房，最东面一间开作大门，接着是门房，再是客厅或书房，最西面的一间是车房。

北京四合院的型制规整，十分讲究，有房子，有院子，有大门，有二门，有游廊，有私塾，有客厅，有照壁，有库房，有厨房，大户人家连园林、车马房一应俱全。关上大门，自成一统。站在北京四合院中环顾，中间舒展，廊槛曲折，有露有藏。四合院的神髓就在于一个"合"字，将一个家庭的所有成员"合"在一起。"庭院深深深几许"，只有在这古老的院落中，才能感受到这中国式的诗境。

目前最完好地保存古老四合院民居最集中的地区在晋陕一带，多是明朝正德年间以来的建筑。如襄汾县的四合院或三合院，晋城县的张宅等最为典型，保存最完好。

（二）山西民居

山西民居是中国传统民居建筑的一个重要流派。在中国民居中，山西民居和皖南民居齐名，一向有"北山西，南皖南"的说法。明清以来，山西商业活动发达，特别是清中叶以后票号商业发展很快，积累了相当财富，晋商遍布天下。山西民居中，最富庶、最华丽的民居要数汾河一带的民居了，而汾河流域的民居，最具代表性的又数祁县和平遥，祁县乔家堡村的乔家大院、灵石县的王家大院至今保存完好。

山西民居由于地理位置，特别在于防御性的功能，往往院墙高大,比较封闭,正房通常采用二层阁楼形式,厢房为单层单坡。院落的外墙为灰色清水砖墙,颜色古朴单一,厚重的砖墙和雕花格子门窗形成虚实对比,富有变化,增加了艺术感染力。屋顶常采用筒板瓦或刁青瓦,间有脊兽,各式屋顶协调组合,高低错落,整体上给人以端庄、朴实、和谐之感。正如梁思成所说,"外雄内秀"是山西民居的特色。

（三）黄土窑洞式住宅

在中国西北的陕西、甘肃和山西所在的黄河中上游一带,是举世闻名的黄土高原。这里黄土分布,土质比较疏松,直立性较好,当地居民就在天然的土壁内开凿横洞,数洞相连,在洞内加筑砖石,就成了窑洞。它不但能满足遮风避雨的要求,而且由于有较厚的土地覆盖,也具有优良的防寒避暑功能。窑洞是中华民族的重要文化遗产,是中国建筑工艺的伟大创举,是人类居住史的"活化石"。

窑洞民居具有封闭和内向的特点,以窑洞为主体的居民住宅常以院为中心,院的正面挖三孔或五孔窑洞,中间为主窑,两侧为边窑,称为"一主二仆"或"一主四仆"。院左侧为左膀,右侧为右膀,左右膀能挖窑洞的则挖窑洞,不能挖的就建偏房。前面为高围墙,只留一道门供出入。窑房均面向院内,如同北京的四合院。窑洞庄院的院子是整个建筑中不可缺少的组成部分。庄院也有几进院的,由外到内,把主窑围在最里层,高墙深院,重重屏障,带有十分明显的封闭性和防卫性。

（四）客家土楼

客家人是指我国古代由于天灾和战乱而迁至南方的北方人。这些人陆续迁居到我国东南部的福建、广东、江西交界处的山区内,不断繁衍发展,他们聚居而住,用夯土墙承重的大型群体楼房,往往称为土楼,成为客家民居(客家围屋、客家围龙屋、客家土楼)三大类别之一,主要有福建客家土楼和广东客家土楼。规模宏大的客家土楼,是山区民居建筑类型中的"巨无霸",称得上是古代民居建筑中的"航空母舰",被誉为"东方古城堡"。

土楼以土作墙而建,出于族群安全而采取的一种自卫式的居住形式。形状多呈圆形、方形,其中以圆形居多,当地人称其为圆楼或圆寨。最中心处是家族祠院,向外依次是祖堂、围廊,最外一环住人。整个土楼房间大小一样,面积约 10 平方米,楼梯共用。往往是同一个祖先的子孙都住在一幢土楼里形成一个相对独立的家庭单位和社会组织,居住条件一律平等,无等级之分。客家土楼属于集体性建筑,其最大的特点在于其造型大,无论从远处还是走到跟前,土楼都以其庞大的单体式建筑令人震惊,其体积之大,堪称民居之最,其中土楼中最普通的圆楼,其直径大约为 50 余米,三四层楼的高度,共有百余间住房,可住三四十户人家,可容纳二三百人,而大型圆楼直径可达七八十米,高五六层,内有四五百间住房,可住七八百人。

（五）徽居

徽居又称徽州古民居，是指明清时期在安徽一带形成的徽派民居建筑。徽派民居是中国传统民居建筑的一个重要流派。徽式宅居多为多进院落式集居形式（小型者以三合院式为多），布局以中轴线对称分列，面阔三间，中为厅堂，两侧为室，厅堂前方有高深的天井，四周围有高墙，马头翘角，雨天落下的雨水从四面屋顶流入天井，俗称"四水归堂"，充分反映了徽商"肥水不流外人田"的心态。徽派民居院落相套，民居外观整体性和美感很强，墙线错落有致，黑瓦白墙，色彩典雅大方。在装饰方面，徽州宅居的"三雕"（木雕、石雕、砖雕）之美令人叹为观止，能工巧匠尽展其技，每一处花纹，精雕细刻，结构严谨，雕镂精湛。青砖门罩、石雕漏窗、木雕楹柱与建筑物融为一体，使建筑精美如诗，堪称徽式宅居的一大特色。

徽派民居中的木雕多用于梁架和门窗；石雕用在室外和露天的装饰；砖雕主要用在穿楣罩和漏窗。这些雕刻的图案取才极其广泛，有掌故传说、飞禽走兽、花卉祥云等三类，多借图案的喻义或谐音来表达其主题。

 小知识

徽派的马头墙

马头墙又称风火墙、封火墙、防火墙，是汉族传统民居建筑流派中赣派建筑、徽派建筑的特色。特指高于两山墙屋面的墙垣，也就是山墙的墙顶部分，因形状酷似马头，故称"马头墙"。为什么赣

派墙体要采用这种形式呢？原来，在聚族而居的村落中，民居住宅密度较大，不利于防火，在火灾发生时，火势很容易顺房蔓延，危害性极大。故而，在两山墙的顶部砌筑高出屋面的马头墙，则可以在发生火灾的情况下，起着隔断火源的作用，最终起到防火、防风。久而久之，这种建筑风格就保留了下来，成了赣派的传统。另外，在古代，徽州男子十几岁就背井离乡踏上商路，马头墙又成了家人望远盼归的物化象征。同时，马头墙的建筑造型设计错落有致，整齐有序，给人以明朗素雅和层次分明的美的享受。

（六）苏居

苏派民居是指江浙一带建筑风格，是南北方建筑风格的集大成者，苏州城内的民居是江南民居的典范，充满了江南水乡的韵味。无论在布局构图、空间处理，还是建筑手法、艺术造型等方面，苏派民居都具有浓郁的地方风格。幽深整齐的小街小巷，横七竖八的河网水叉，将古城的民居勾画得小巧、宁静和水灵。从建筑布局上看，苏州民居可以分为面水民居、临水民居和跨水民居三种类型。

苏州经济文化发达，历来都是达官贵人的聚居地。尤其是在宋元明清之际，许多文人墨客、失意的官僚以及富商巨贾争相在此置办府邸，建造房宅。所以苏州民居中明清时的建筑比比皆是。这些住宅包括家祠和花园等部分，由多组轴线构成庞大的建筑群。中央轴线上建门厅、轿厅、大厅和住房；左右轴线上布置有客厅、书房和杂屋，组成了三组以至多组纵列的院落群组。各组之间有连通前后的夹道,也可做防火或巡逻用。由于江南气候潮湿,所以门窗较大,以便通风。苏州民居还有一个特点就是东西两面往往用高墙封闭,目的是避免夏季日光的西晒(苏州人称其为"倒西太阳")。客厅和书房前的院落宽敞,多种植花木,凿池叠石,称为后花园,供人修身养性。这就是我们通常讲的苏州园林了。

中国地域广大民居类型多样,除了上边说的民居之外,还有许多少数民族,比如傣族的竹楼、苗族的吊脚楼、藏族的碉房、蒙古包等民居也都独具特色,成为中国传统民居建筑文化的重要组成部分。

八、古代石窟建筑文化

中国古代的石窟建筑是以中国佛教文化为特色的巨型石刻艺术景观,它源于印度,造像以石雕为主,其题材多为佛教内容,大部分分布在中国北方依山石而建。按照石窟建造年代依次为甘肃敦煌莫高窟、甘肃天水麦积山石窟、山西大同云冈石窟、河南洛阳龙门石窟,合称为中国四大石窟。

(一)甘肃敦煌莫高窟

敦煌莫高窟又称"千佛洞",位于敦煌鸣沙山下的崖壁上,全长1.6公里,因其地处莫高乡而得名。莫高窟的形成起源于366年,之后不断发展,随着丝绸之路的繁荣,莫高窟达到鼎盛。因岩质不适于雕刻,故莫高窟的造像以泥塑壁画为主,把塑、画两种艺术融为一体。莫高窟在唐时有窟千余洞,现存石窟492洞,壁画总面积约45000平方米,彩塑像2100多身,有着极高的历史研究价值、艺术价值和科学价值,它是世界上现存规模最大、内容最丰富的佛教艺术圣地。莫高窟似一颗明珠,在古代丝绸之路上成为联系东西方的一颗纽带。

莫高窟在元代以后鲜为人知,几百年里基本保存了原貌。但自藏经洞被发现后,随即吸引来许多西方的考古学家和探险者,他们以极低廉的价格从王圆箓处获得了大量珍贵典籍和壁画,运出中国或散落民间,致使莫高窟和敦煌艺术的完整性遭到严重破坏。

(二)天水麦积山石窟

甘肃天水麦积山石窟位于甘肃天水,为一座孤峰山,是南北朝初期西北地区佛教中心。它始建于后秦(384年),之后多有发展,成为规模宏大的石窟群,因山形酷似农家麦垛之状而得名。麦积山石窟窟龛凿于高20~80米、宽200米的垂直崖面上,现存有窟龛194个,泥塑、石胎泥塑、石雕造像7800余尊,最大的造像东崖大佛高15.8米,壁画1000余平方米。麦积山石窟以其精美的泥塑艺术闻名中外,反映了中国泥塑艺术发展和演变的系统过程,历史学家范文澜曾誉麦积山为"陈列塑像的大展览馆"。

(三)大同云冈石窟

云冈石窟位于山西大同武周山南麓,依山开凿,规模恢宏、气势雄浑,东西绵延约1千米。现存主要洞窟45个,附属洞窟209个,雕刻面积达18000余平方米,造像最高为17米,最小为2厘米。云冈石窟距今已有1500年的历史,开凿从北魏文成帝和平初年

(460 年)起,一直延续至孝明帝正光五年(524 年)止,经历了 60 多年。它是佛教艺术东传中国后,第一次由一个民族用一个朝代雕作而成皇家风范的佛教艺术宝库,是 5 世纪中西文化融合的历史丰碑。

云冈石窟是石窟艺术"中国化"的开始。云冈中期石窟出现了中国宫殿建筑式样雕刻以及中国式佛像龛,这在后世的石窟寺建造中得到广泛应用。云冈晚期石窟的窟室布局和装饰,更加突出地展现了浓郁的中国式建筑、装饰风格,使佛教艺术的"中国化"不断深入。

(四)洛阳龙门石窟

龙门石窟(又称伊阙)位于河南洛阳伊河两岸的龙门山与香山上,密布于伊水东西两山的峭壁上,南北长达 1 千米,共有 97000 余尊佛像,最大的佛像高达 17.14 米,最小的仅有 2 厘米。龙门石窟是世界上造像最多、规模最大的石刻艺术宝库,被联合国教科文组织评为"中国石刻艺术的最高峰",位居中国各大石窟之首。龙门石窟造像多为皇家贵族所建,是世界上绝无仅有的皇家石窟。

龙门石窟始凿于北魏孝文帝太和十八年(494 年)由平城(今山西大同市)迁都洛阳前后,此后在东魏与西魏、北齐与北周、隋、唐、五代、北宋、明都有修复和续作,其中以北魏和唐代的开凿活动规模最大,龙门石窟延续时间长,跨越朝代多,长达 150 年之久。它从不同侧面反映了中国古代政治、经济、宗教、文化等许多领域的发展变化,有着极其重大的史料等价值。

奉先寺是龙门石窟中规模最大、艺术最为精湛的一组摩崖型群雕。这座佛像通高 17.14 米,头高 4 米,耳朵长达 1.9 米,洞中佛像明显体现了唐代佛像艺术特点,面形丰肥、两耳下垂,形态圆满、安详、温存、亲切,极为动人。这里共有九躯大像,一佛二弟子二菩萨二天王二力士。主佛居中,为卢舍那大佛,卢舍那意为光明遍照。据传卢舍那大佛是武则天根据自己的容貌仪态雕刻的佛像,乃龙门石窟中艺术水平最高、整体设计最严密、规模最大的一座造像,它以神秘微笑著称,被国外游客誉为"东方蒙娜丽莎""世界最美雕像"。佛像面部丰满圆润,头顶为波状形的发纹,双眉弯如新月,附着一双秀目,微微凝视着下方。高直的鼻梁,小小的嘴巴,露出祥和的笑意。双耳长且略向下垂,下颏圆而略向前突。圆融和谐,安详自在,身着通肩式袈裟,衣纹简朴无华,一圈圈同心圆式的衣纹,把头像烘托得异常鲜明而圣洁。整尊佛像,宛若一位睿智而慈祥的中年妇女,令人敬而不惧。有人说,在塑造这尊佛像时,高尚的情操、丰富的感情、开阔的胸怀和典雅的外貌被完美地结合在一起,因此,她具有巨大的艺术魅力。奉先寺大型艺术群雕以其宏大的规模、精湛的雕刻高踞于中国石刻艺术的巅峰,成为中国石刻艺术的典范之作,也成为唐朝这一伟大时代的象征。

九、其他建筑文化

在我国古代建筑中,还包含许多精美的精巧建筑,往往"五步一楼,十步一阁,廊腰缦回,檐牙高啄";还有"别梦依依到谢家,小廊回合曲阑斜"。这些点缀建筑风情万种,徜徉其中使人心旷神怡,流连忘返。

(一) 亭

亭是我国分布最广的古代建筑形式。亭子的特点是立柱间没有门窗,即"有顶无墙",《园冶》中记载亭"造式无定,随意合宜则制,惟地图可略式也"。也就是说亭的形式多样,没有固定的格式,往往因地制宜而建。但是,多采取尖顶和飞檐翘角的形式,曲线更加突出。它的功能主要用于休息、赏景。我国著名的四大名亭分别是醉翁亭、陶然亭、爱晚亭和湖心亭。

醉翁亭坐落于安徽滁州琅琊山上,由于北宋的欧阳修被贬至此任太守,且欧阳修自称"醉翁",后作《醉翁亭记》,故此亭命名为醉翁亭。

陶然亭位于北京慈悲庵西侧,于1695年(清康熙三十四年)由时任工部郎中的江藻在慈悲庵内所建。现在是一座融古代与现代造园艺术为一体、以突出中华民族"亭文化"为主要内容的现代新型城市园林,已辟为陶然亭公园,有"都门胜地"之美誉。1919年五四运动前后,共产党的创始人和领导人李大钊、毛泽东、周恩来等都曾来陶然亭进行革命活动。

陶然亭建成后,江藻常邀请一些文人墨客到陶然亭上饮宴、赋诗,这里便成了"红尘中清净世界"。陶然亭因此留下的诗文很多,龚自珍、秋瑾等都曾在陶然亭上留下过诗文。

爱晚亭,原名红叶亭,位于湖南长沙岳麓山下清风峡,清乾隆年间所建。唐朝著名诗人杜牧写有诗句"停车坐爱枫林晚,霜叶红于二月花",故而得名。

爱晚亭为岳麓书院院长罗典于 1792 年创建。亭内有一横匾,上刻毛泽东手迹《沁园春·长沙》一词,亭正面额朱色鎏金"爱晚亭"匾,是由当时湖南大学校长李达专门致函请毛主席所书手迹而制。

湖心亭,又名振鹭亭,位于浙江省杭州市西湖中央,与三潭印月、阮公墩合称湖中三岛,建于 1552 年。

(二) 台

台是高出地面而建的平面建筑物,一种露天的、开放性建筑,一般筑成方形。台与亭的区别在于它的地平面与水平建起的为亭,筑高台而建的为台。台上可以有建筑,也可以没有建筑,规模比较大的、较高的便称为坛。

(三) 楼阁

楼阁都是中国古代建筑中的多层建筑。楼是指重屋,阁是指下部架空、底层高悬的建筑,阁的四面都有窗,也有门,四周还设有挑出的平座,在建筑组群中可居主要位置,而楼在建筑组群中常居于次要位置。在使用功能上,楼用途较广,阁则主要用于珍藏图书、佛经、佛像和观景。

后世楼、阁二字互通,没有十分严格的区分。城楼在战国时期即已出现,汉代城楼已高达三层。阙楼、市楼、望楼等都是汉代应用较多的楼阁形式。汉代皇帝崇信神仙方术之说,认为建造高峻楼阁可以会仙人。佛教传入中国后,大量修建的佛塔建筑也是一种楼阁;可以登高望远的风景游览建筑往往也用楼阁命名。我国现有楼阁中著名的有:江南三大名楼滕王阁、黄鹤楼、岳阳楼和浙江宁波的天一阁。

1. 滕王阁

滕王阁位于南昌市东湖区,赣江东岸,居江南三大名楼之首,是南昌市地标性建筑。它始建于唐永徽四年(653年),为唐太宗李世民之弟滕王李元婴任江南洪州都督时所修,现存建筑为1985年重建景观。滕王阁的主体建筑高57.5米,其下部为象征古城墙的12米高台座,分为两级;台座以上的主阁取"明三暗七"格式,即从外部看为三层带回廊建筑,而内部却共有七层,分为三个明层、三个暗层及阁楼;正脊鸱吻为仿宋特制,高3.5米。因初唐诗人王勃所作《滕王阁序》而闻名于世,文以阁名,阁以文传,历经千年而盛誉不衰。

2. 黄鹤楼

黄鹤楼位于湖北省武汉市武昌区,地处蛇山之巅,濒临万里长江,为武汉市地标建筑。它始建于三国年间(223年),中间多次被毁而重建,最后一次毁于清光绪十年(1884年)的大火。现存建筑以清代"同治楼"为原型设计,重建于 1985 年,因唐代诗人崔颢登楼所题《黄鹤楼》一诗而名扬四海,自古有"天下绝景"之美誉,与晴川阁、古琴台并称为"武汉三大名胜"。黄鹤楼与湖南岳阳岳阳楼、江西南昌滕王阁并称为江南三大名楼,是武汉十大景之首、中国古代四大名楼之一、"中国十大历史文化名楼"之一,世称"天下江山第一楼"。

黄鹤楼临江而建首先还是出于军事上的需要,但后来由于文人多聚于此,吟诗会友、赏景宴客,逐渐成为游览胜地,留下了许多千古佳作。其中唐朝诗人崔颢的《黄鹤楼》使得黄鹤楼名扬天下。如今的黄鹤楼主楼为四边套八边形体、钢筋混凝土框架仿木结构,通高 51.4 米,楼共五层,攒尖楼顶,顶覆金色琉璃瓦,楼上有 60 个翘角向外伸展,在主楼的周围还建有胜像宝塔、牌坊、轩廊、亭阁等建筑,整楼形如黄鹤,展翅欲飞,具有独特的民族风格。

 小知识

李白与黄鹤楼诗篇

唐朝著名的诗人崔颢回长安途中经过武昌,登上黄鹤楼,凭栏远望,感慨万千,写下了千古名诗《黄鹤楼》:"昔人已乘黄鹤去,此地空余黄鹤楼。黄鹤一去不复返,白云千载空悠悠。晴川历历汉阳树,芳草萋萋鹦鹉洲。日暮乡关何处是?烟波江上使人愁。"这首诗广为流传,甚至被誉为唐代七律第一(严羽的《沧浪诗话》)。后来李白也来到黄鹤楼游玩,看到这大好风景,他想赋诗一首,但是等看到了崔颢的《黄鹤楼》时,便摇头叹息、万分郁闷,叹息的是,

崔颢这首诗写得太好,感觉自己无法超越。情急之下,李白说出了"眼前有景道不得,崔颢有诗在上头"的感叹。

李白怎能甘心?恰在此时,他的好友孟浩然乘船从益州去扬州游玩,途经黄鹤楼,老友异地相逢,两人都格外兴奋,等几杯酒下肚后,李白挥笔写下了《送孟浩然之广陵》:"故人西辞黄鹤楼,烟花三月下扬州。孤帆远影碧空尽,唯见长江天际流。"总之,李白和崔颢写的关于黄鹤楼的诗句都成了千古绝唱。

3. 岳阳楼

岳阳楼位于湖南省岳阳市岳阳楼区洞庭北路,地处岳阳古城西门城墙之上,紧靠洞庭湖畔,下瞰洞庭,前望君山;水光楼应,相映成趣。岳阳楼始建于东汉建安二十年(215 年),因北宋滕宗谅重修岳阳楼,邀好友范仲淹作《岳阳楼记》,使得岳阳楼著称于世。岳阳楼自古有"洞庭天下水,岳阳天下楼"之美誉,世称"天下第一楼"。

现存岳阳楼楼高 21.5 米,为三层飞檐的纯木结构,庄重大方。初建时乃为三国时期东吴都督鲁肃的"阅军楼"。楼形曲线流畅,坡陡而上翘,好像古代士兵的头盔,所以名为盔顶,黄色琉璃瓦更是熠熠生辉,绚丽夺目,增加了楼的壮观。

4. 天一阁

天一阁位于浙江省宁波市月湖风景区西侧,始建于明嘉靖四十年至四十五年(1561—1566 年),由当时退隐的明朝兵部右侍郎范钦主持建造,原为范钦的私家藏书处。它是我国现存历史最久的私家藏书楼,也是世界上现存最早的私家藏书楼之一。天一阁藏书楼坐北朝南,为两层砖木结构的硬山顶重楼式建筑,通高8.5米,斜坡屋顶。门楼两侧挂着一副钟鼎文的对联:"天一遗型源长垂远,南垒深意藏久尤难。"

天一阁名称的由来取自"天一生水,地六成之",楼上一统间表示"天一",楼下六开间,表示"地六",主要是以水克火,防止火灾之意。目前天一阁藏有各类图书古籍近30万卷,尤以明朝地方志和科举录最为珍贵。

（四）轩

轩是指有窗的长廊或小屋,为一种点缀性的建筑。轩的形式较多,形状各异,往往可提升视觉感染力,又扩大视野范围。它主要供游人休息、纳凉、避雨与观赏四周美景,多置于高敞或临水之处。拙政园中,取意苏轼的词句"与谁同坐?明月清风我"的与谁同坐轩,其四面皆可观景,扇形的窗、扇形的轩,独特的设计使其别具趣味。

（五）榭

榭多指水榭,临水而依靠周围景色建榭,且平台的一部分伸出水面,人们在此可倚栏赏景。榭不但多设于水边,而且多设于水之南岸,视线向北而观景。建筑在南,水面在北,所见之景是向阳的;若反之,则水面反射阳光,很刺眼,而且对面之景是背阳的,也不好看。

（六）廊

廊是连接两个建筑物之间的通道,上有顶棚,以柱支撑,用以遮阳、挡雨,便于人们游走过程中观赏景物。长廊还是一条五光十色的画廊,建筑精美,曲折多变,让人驻足难忘。著名的颐和园长廊不仅因其是"最长的廊"(全长 728 米,共 273 间,有 548 根柱子)而闻名,更因梁枋上精美的 14000 余幅彩绘,色彩鲜明,富丽堂皇而被载入《吉尼斯世界纪录大全》。

(七)舫

舫是仿照船的造型,在园林的水面上建造起来的一种船型建筑物。似船而不能划动,故而称为"不系舟"。舫大多三面临水,一面与陆地相连。苏州拙政园内香洲石舫,建筑类型多样,从船头至船尾,依次为台、亭、轩、楼、廊,可谓以石舫展示园林建筑形式的集大成者。

(八)寺庙

寺庙属佛教建筑之一,汉传佛教的寺庙都是中式建筑风格,藏传佛教的寺庙多是汉藏融合的建筑风格。佛陀入世中国后,为教化世人,朝廷增设机构专门管理,受皇帝直接接引并侍服于宫廷,故亦称佛寺。可见,宫廷、寺院建筑与园林同出一脉。

寺庙是寺和庙的通称,但二者有一定的区别。寺的原意表示寸土之地,精准且不容猜疑变化,故《说文解字》中将寺解释为:"寺,廷也,有法度者也。"秦朝以后,官员任职之所,通称为"寺",比如大理寺、鸿胪寺。在佛教传入中国之前,我国就已经有"寺"了,由此可见,寺庙不仅仅与佛教有关,寺作为我国的艺术瑰宝,它有着悠久的历史文化象征。后来,西域僧人来到我国,最初是在"鸿胪寺"接待他们,因为僧人们带了很多佛经,都由白马驮来,所以在鸿胪寺旁边修的官邸取名为"白马寺",和尚们就住在白马寺里。由此"寺"在中国就有了"佛教的庙宇"的意思,之后"寺"也成了佛教建筑的统一称呼。

庙在古代是供祀祖宗的建筑物,庙的规模有着严格的等级限制。

从广义上来说,寺庙建筑与传统宫殿建筑形式相结合,具有鲜明的民族风格和民俗特色。

1. 寺

我国著名的佛寺很多、分布极广。比如洛阳白马寺、嵩山少林寺、陕西法门寺、西藏大昭寺、杭州灵隐寺、西藏布达拉宫、开封大相国寺,等等。

白马寺被誉为中国第一古刹,世界著名伽蓝,它位于河南洛阳,始建于东汉永平十一年(68年),是佛教传入中国后兴建的第一座官办寺院。它把佛教传到了朝鲜、日本和东南亚,使佛教在亚洲得到普及,后来又进入欧美,成为世界各地佛教信徒参拜的圣地。后来,日本、泰国等国捐资白马寺建造佛殿,使白马寺成全世界唯一拥有中、印、缅、泰四国风格佛殿的国际化寺院,可谓"天下第一寺"。

大相国寺位于开封市区,是中国著名的佛教寺院,始建于北齐(555年),历经水患、战乱,多次重修。原名建国寺,后唐睿宗因纪念其由相王登上皇位,赐名大相国寺。北宋时期,相国寺深得皇家尊崇,多次扩建,成为东京城最大的寺院和全国佛教活动中心。《水浒传》描写的鲁智深倒拔垂杨柳的故事,就发生在其所辖之地。

杭州灵隐寺位于杭州西湖西北飞来峰前,是中国佛教著名的"十刹"之一。相传 1600 多年前印度僧人慧理来杭州,看到这里山峰奇秀,以为是"仙灵所隐",就在这里建寺,取名灵隐。寺内主要建筑有天王殿和大雄宝殿。天王殿入口的弥勒佛坐像,已有 200 年历史。弥勒佛背后的护法天神韦驮像为南宋时作品,大雄宝殿高 33.6 米,是中国保存最好的单层重檐寺院建筑之一。

少林寺位于河南登封嵩山五乳峰下,因坐落于嵩山腹地少室山茂密丛林之中,故名"少林寺"。少林寺始建于北魏太和十九年(495 年),是孝文帝为了安置印度高僧跋陀尊者而成,它是世界著名的佛教寺院,是汉传佛教的禅宗祖庭,在中国佛教史上占有重要地位,被誉为"天下第一名刹"。因其历代少林武僧潜心研创和不断发展的少林功夫而名扬天下,素有"天下功夫出少林,少林功夫甲天下"之说。少林寺景区包括常住院、初祖庵、塔林、达摩洞,少林寺塔林乃是世界最大的古塔建筑群。"十三棍僧救唐王"事件使得少林寺受到政府的扶持,发展迅速,影响逐渐增大。

大昭寺又名"祖拉康""觉康"(藏语意为佛殿),位于拉萨老城区中心,是一座藏传佛教寺院,是藏王松赞干布建造。拉萨被誉为"圣地"与这座佛像紧密相关。大昭寺是西藏现存最辉煌的吐蕃时期的建筑,也是西藏最早的土木结构建筑,已有 1300 多年的历史,在藏传佛教中拥有至高无上的地位,而且开创了藏式平川式的寺庙格式。寺庙又融合了藏、唐、尼泊尔、印度的建筑风格,成为藏式宗教建筑的千古典范。寺前终日香火缭绕,信徒们长途跋涉,虔诚朝拜,门前的青石地板上留下了深深的叩头印痕。

 小知识

武当山古建筑群

武当山是中国道教圣地,古有"太岳""玄岳""大岳"之称,是道教名山和武当武术的发源地,被称为"亘古无双胜境,天下第一仙山"。武当山古建筑群敕建于唐朝贞观年间,明代达到鼎盛,被皇帝封为"大岳""治世玄岳",被尊为"皇室家庙"。武当山位于湖北省,有古建筑 53 处,建筑遗址 9 处,整个建筑群严格按照真武修仙的故事统一布局,并采用皇家建筑规制,形成了"五里一庵十里宫,单墙翠瓦望玲珑,楼台隐映金银气,林岫回环画镜中"的"仙山琼阁"的意境。

武当山古建筑群绵延 70 多公里,是当今世界最大的宗教建筑群,它充分体现了道教的"天人合一"思想,被誉为"中国古代建筑成就的博物馆"和"挂在悬崖峭壁上的故宫"。

2. 庙

庙是中国古代的祭祀建筑,形制要求严肃整齐,大致可分为三类:

第一类属于祭祀祖先的庙。中国古代帝王诸侯等奉祀祖先的建筑称宗庙。帝王的宗庙称太庙,庙制历代不同,太庙是等级最高的建筑。贵族、显宦、世家大族奉祀祖先的建筑称家庙或宗祠。仿照太庙方位,设于宅第东侧,规模不一。有的宗祠附设义学、义仓、

戏楼,功能超出了祭祀范围。

第二类是奉祀圣贤的庙。最著名的是奉祀孔丘的孔庙,又称文庙。孔丘被奉为儒家之祖,汉以后历代帝王多崇奉儒学。山东曲阜孔庙规模最大。奉祀三国时代名将关羽的庙称关帝庙,又称武庙。有的地方建三义庙,合祀刘备、关羽、张飞。许多地方还奉祀名臣、先贤、义士、节烈,如四川成都和河南南阳奉祀三国著名政治家诸葛亮的"武侯祠";浙江杭州和河南汤阴奉祀南宋抗金将领岳飞的"岳王庙"和"岳飞庙"。

最后一类是祭祀山川、神灵的庙。中国从古代起就崇拜天、地、山、川等自然物并设庙奉祀,如后土庙。最著名的是奉祀五岳——泰山、华山、衡山、恒山、嵩山的神庙,其中泰山的岱庙规模最大。还有大量源于各种宗教和民间习俗的祭祀建筑,如城隍庙、土地庙、龙王庙、财神庙等。

（九）坛

坛在中国古代主要是用于祭祀天、地、社稷等活动的台型建筑。北京城内外的天坛、地坛、日坛、月坛、祈谷坛、社稷坛等。坛既是祭祀建筑的主体,也是整组建筑群的总称。坛的形式多以阴阳五行等学说为依据。例如,天坛、地坛的主体建筑分别采用圆形和方形,来源于天圆地方之说。天坛所用石料的件数和尺寸都采用奇数,是采用古人以天为阳性和以奇数代表阳性的说法。祈年殿有三重檐分别覆以三种颜色的琉璃瓦:上檐青色象征青天,中檐黄色象征土地,下檐绿色象征万物。至乾隆十六年(1751年)改为三层均蓝色,以合专以祭天之意。

(十) 塔

西汉末东汉初,随着佛教的传入,中国内地佛塔逐渐增多,它依附中国传统的礼制祠祀,与古典的楼阁台榭相结合,"上悬铜串九重,下为重楼阁道",即在多层的楼阁顶加上一个有九层相轮的塔刹。塔主要是用来供奉或收藏佛舍利(佛骨)、佛像、佛经、僧人遗体等,又称"佛塔""宝塔"。因起源于印度,也常称为"佛图""浮屠""浮图"等。在中国古代建筑中塔是数量较大、形式最为多样的一种建筑类型。可以说塔是文化融合的产物,作为高层建筑的代表,其用料之精良、结构之巧妙、技艺之高超,加之文人墨客笔墨的渲染,塔的内涵被广泛延伸,与山川河流、村落部族等共同构成了中华民族特有的人文自然景观和文化体系。

塔一般由地宫、塔基、塔身、塔顶和塔刹组成。地宫藏舍利,位于塔基正中地面以下;塔基包括基台和基座;塔刹在塔顶之上,通常由须弥座、仰莲、覆钵、相轮和宝珠组成,也有在相轮之上加宝盖、圆光、仰月和宝珠的。塔的种类众多,中国现存塔 2000 多座。按性质分,有供膜拜的藏佛物的佛塔和高僧墓塔;按所用材料可分为木塔、砖塔、石塔、金属塔、陶塔等;按结构和造型可分为楼阁式塔、密檐塔、单层塔、剌嘛塔和其他特殊形制的塔。著名的楼阁式塔有西安慈恩寺塔、兴教寺玄奘塔、苏州云岩寺塔等;密檐塔有登封嵩岳寺塔、西安荐福寺塔、大理崇圣寺千寻塔等;单层塔有历城神通寺四门塔、北京云居寺石塔群、登封会善寺净藏禅师塔等;剌嘛塔塔身涂白色,俗称"白塔",有北京妙应寺白塔、山西五台县塔院寺白塔等,金刚宝座塔有北京正觉寺金刚宝座塔。

(十一) 坊

坊是在中国古代多具有表彰、纪念、导向或标志作用的建筑物。牌坊又称牌楼,是一种只有单排立柱,起划分或控制空间作用的建筑。在单排立柱上加额枋等构件而不加屋顶的称为牌坊,上施屋顶的称为牌楼,这种屋顶俗称为"楼",立柱上端高出屋顶的称"冲天牌楼"。

当牌楼建立在离宫、苑囿、寺观、陵墓等大型建筑组群的入口处时,形制的级别较高。冲天牌楼则多建立在城镇街衢的冲要处,如大路起点、十字路口、桥的两端以及商店的门面。前者成为建筑组群的前奏,造成庄严、肃穆、深邃的气氛,对主体建筑起陪衬作用;后者则可以起丰富街景、标志位置的作用。江南有些城镇中有跨街一连建造多座牌坊的,多为"旌表功名"或"表彰节孝"。在山林风景区,多在山道上建牌坊,既是寺观的前奏,又是山路进程的标志。

中国古代的建筑是世界建筑史上最具代表性的造型艺术之一,它蕴含着丰富的人文气息和文化价值。中国古建筑以木材和砖石为主要建筑元素,其结构精巧独特,其布局简明有规律,其外形优美,给人以飞动轻快之感。中国古代建筑还十分注重与它周围环境相互协调,与山川、与地理特征、与树木植被融为一体,给人以美的享受和文化的熏陶。

第五章　旅游园林文化

　　中国古代园林也称中国古典园林或中国传统园林。中国园林、山水画、烹饪和京剧一起被称为中国文化四绝,它历史悠久、文化含量丰富,极具艺术魅力。中国园林体系和欧洲园林体系、伊斯兰园林体系并称世界三大园林体系,它是世界文化艺术的一颗瑰宝。在五千多年的历史长河里,它留下了深深的痕迹,也为世界文化遗产宝库增添了一颗璀璨夺目的东方文明之珠。

一、中国古代园林的历史渊源

（一）商周——中国园林的萌芽时期

　　我国园林起源于商周时期古代帝王的"囿",距今已有3000多年的历史。"囿"是指在圈定的范围内让草木和鸟兽滋生繁育,因此被称为古代园林的最初形式。

春秋战国时期,人们对自然由敬畏逐渐转为敬爱,中国园林有了初步发展。这时期的园林中已经有了成组的风景,自然山水园林已经萌芽,园林的组成要素都已具备。

（二）秦汉——中国园林的奠基时期

秦汉时期出现了以宫室建筑为主的宫苑,秦代建上林苑,引渭水作长池,汉代在建章宫内开太液池,并在池中筑蓬莱、方丈、瀛洲以象征神山仙境,开创了皇家园林的"一池三山"的主要模式。

秦朝建阿房宫及苑囿,规模之宏大、装饰之华丽,前所未有。汉朝国力强盛,除了帝王修建林苑外,私人也建园林。

（三）魏晋南北朝时期——中国园林的转折时期

魏晋南北朝是中国园林发展史上重要的转折时期,佛教的传入及老庄哲学的流行,使园林转向崇尚自然,除皇家园林外,私家园林逐渐增加,寺观园林也大量出现,形成了自然山水园的新形式,确立了园林美学思想,奠定了中国风景式园林发展的基础。

（四）唐宋——中国园林的成熟时期

唐代、宋代成为山水园林繁荣发展时期,国力强盛,皇家园林发展到造山围海的规模,私家园林数量增多,尤其是由自然山水发展到写意山水阶段,将诗、画二者完美结合起来,成为立体的诗和流动的画,以达到诗情画意般的意境。唐朝诗人王维在当时很有盛名,据说他辞官隐居到陕西蓝田县辋川时,建造花园,园内山峰溪流、堂前小桥亭台,都依照他所绘的画图布局筑造,诗画有机相融正是反映王维诗作与画作的风格在园林上的最好体现。

宋代期间造园艺术摹写山水达到成熟阶段,古典园林的风格基本定型。宋代出版了《营造法式》,其建筑和绘画达到一个高峰。宋徽宗始筑万岁山,后更名艮岳,据艮岳的主山寿山建园,依徽宗画意施工,称为"寿山艮岳",其为皇家园林的代表。南宋都城临安(今杭州)的西湖及近郊一带,皇戚官僚及富商们的园林数以百计。这些园林与以往皇家宫苑有别,处处展现出人工营造之美、心智技艺之巧,却又能臻于天造地设、宛自天开的境地。这期间,在城市中修建宅地园池蔚然成风,而且大批文人、画家参与造园,极大促进了写意山水园林的创作意境。苏州园林的造园艺术此时最为精湛,叠石假山、造型奇特,常常以假乱真,其规划布局更富于诗情画意,充分体现了园主的情趣与志向。著名的沧浪亭就是宋代私家园林的杰作,是写意山水园成熟的标志。

元朝因异族统治,士人往往造园以抒发胸怀,表现其精神人格层面,所以追求庭园内的情趣;加上元朝国土辽阔、地域广大、文化交流频繁,此时园林也注入了新的活力。元朝著名的皇家园林有太液池,私家园林有苏州狮子林等。

(五)明清——中国园林的精深发展时期

江南的私家园林和北方的帝王宫苑,在设计和建造上都达到了高峰。现代保存下来的园林大多属于明清时代,这些园林充分表现了中国古代园林的独特风格和高超的造园艺术。

明朝是中国园林艺术发展的鼎盛期。此时江南园林的设计更加专业化。明末造园大师计成不仅亲自设计建造了东第园、寤园、影园,而且著有《园冶》一书,对古代造园艺术做了深刻的总结。相传此书后来流落到日本,对日本的园林产生了巨大影响。

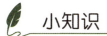

计成与《园冶》

计成(1582—1642),字无否,号否道人,苏州吴江人,明末著名造园家。他能诗善画,时人评价他的诗如"秋兰吐芳,意莹调逸"。他以画意造园,主持建造了三处当时著名的园林:武进吴玄的东第园、仪征汪士衡的寤园(銮江西筑)、扬州郑元勋的影园。

计成根据实践经验,整理了修建吴氏园和汪氏园的部分图纸,于崇祯七年(1634 年)写成了中国最早、最系统的造园著作——《园冶》,这是世界造园学最早的名著。过去,关于园林的设计(或叫经营)、原则、艺术技巧和实际建造经验,还只能在诗词、游记等文学作品中有片断描述,没有形成理论规律。但是《园冶》却是一部有关园林建筑的系统性的总结性专门著作,是中国第一本园林艺术理论专著。该书论述了宅园、别墅营建原理和具体手法,反映了中国古代造园的成就,总结了造园经验,为后世的园林建造提供了理论框架以及可供模仿的范本。全书共三卷,一卷为造园总论(《兴造论》《园说》)、选地(《相地》)、立基和各种单体建筑(屋宇堂轩)的形象范例;二卷讲各式栏杆及其式样;三卷讲窗、墙垣、铺地、造山、选石、借景等,全书计三万多字,并有插图二百余幅。计成在《园冶》中提出了著名的"虽由人作,宛如天开"的造园理念,反映了当时的园林面貌和造园艺术水平,一直对中国造园有指导意义,甚至可以说曹雪芹在《红楼梦》中创造的大观园也是根据这些理论来构建的。

清朝时江南私家园林继续发展,清中叶以后,苏州园林开始独占鳌头,有"江南园林甲天下,苏州园林甲江南"之说。清代园林有两大特点:一是园林的布局大多是园中套园,园中有园,比如圆明园中就有圆明、长春、绮春三园;二是园林的作用增多,在园内,除了居住、游玩、狩猎、听戏等,还设立了商业街,以便购物。中国园林艺术实际功能就此概括为:宜居、宜游、宜观、宜登。

二、中国古代园林的类型及其风格欣赏

中国园林在其发展过程中,逐渐形成了皇家园林和私家园林两大系列,皇家园林主要集中在北京一带,私家园林则以苏州为代表。另外,按隶属关系还有寺观园林和公共园林。

(一) 皇家园林

皇家园林也称苑、苑囿、宫苑、御苑等,属于皇帝和皇室私有,是专供帝王居住、活动和享受的地方。

皇家园林力求人工建筑与自然景观和谐统一,但以人工建筑为主体,集中了各地建筑的精华。黄色的琉璃瓦、朱红的廊柱、洁白的玉石雕栏、浓烈的色彩、富丽的装饰无不体现皇家园林的气势和威严。著名的皇家园林有北京颐和园、北海公园、承德避暑山庄等。

皇家园林的特征有以下几个方面:

1. 追求"一池三山"的意境

一池指太液。太液池是一个相当宽广的人工湖,因池中筑有三仙山而著称。这种"一池三山"的布局对后世园林有深远影响,并成为创作池山的一种定制模式,它寓意帝王在园林中就如同身在神仙世界。

相传我国古代神话传说中,东海里有蓬莱、方丈、瀛洲三座仙山,山上长满了长生不老药,住着长寿快乐的神仙。封建帝王都梦想万寿无疆与长久统治,自从汉武帝在长安城修建了象征性的"瑶池三仙山"开始,"一池三山"就成为历代皇家园林的传统格局。颐和园昆明湖中有五座岛屿,其中藻鉴堂(一说南湖岛)喻蓬莱、治镜阁喻方丈,凤凰墩喻瀛洲。北海公园中,北海象征太液池,"琼华岛"是蓬莱,原在水中的"团城"象征瀛洲,"犀山台"象征方丈。

2. 体现皇权的特征

一般的园林追求自然,没有中轴线,但是皇家园林因为政治需要,常有局部的中轴线,遵循中轴对称原则,采取前殿、中殿、后殿格局,比如颐和园的排云门至佛香阁、承德避暑山庄的澹泊敬诚殿部分都采用对称的格局。体现出皇权的威严,"事严整、讲法度",以达壮观华贵。

3. 力求规模宏大、真山真水

皇家园林往往利用其政治经济优势,多数依据真山真水的地貌形态变化,犹如一幅幅天然山水画卷;加上园内建筑高大雄伟、规模宏大,给人以强烈的震撼。

皇家园林发展到晚期,在意境、创作思想、建筑技巧、人文内容上也大量地汲取私家园林的"写意"手法,日臻完美。

（二）私家园林

私家园林又称府宅园林,包括贵族、官僚、地主以及富商的一切私园,这些园林在古籍里也称为园、别墅、园墅、别业、山庄、草堂等,其分布于全国,但以江南为多,尤其苏州、扬州、无锡一带是私家园林的集中代表。私家园林以小巧、自由、精致、淡雅、写意见长,如今的江南还留存不少古代名园,以其极尽山水之妙的环境情致吸引着海内外游客来畅游观赏。著名的私家园林有苏州的留园、沧浪亭、怡园、网师园、拙政园,扬州的何园,无锡的寄畅园、蠡园,上海的豫园,嘉兴的烟雨楼,还有北京的恭王府等。

私家园林往往有以下特点:

1. 规模较小,以人工造景为主

私家园林占地少,面积较小,所以在有限的地域空间,将山、水、植物、建筑巧妙地结合,常用假山假水,力求变化,再现自然山水的特征;采用多种艺术手法,隔而不断,达到"小中见大"、意蕴无穷。

2. 文人参与,情趣交融

文人画家参与私家园林的设计,直至造园过程,所以每一处都体现园林主人的意旨,使得私家园林多而不同,同而有别,与追求清水芙蓉、自然天成之情趣相应。

3.建筑布局奇特

私家园林因为空间限制,所以布局大多以水面为中心,四周散布各式建筑,构成一个个景点;建筑内部力求小巧玲珑,精致奇特,色彩淡雅,不尚雕饰,但又富于变化。室内多陈设字画、工艺品和精美家具。

建造私家园林往往寄予了建园主人的情感。造园须曲,交友贵直,建园为了修身养性。园能寓德,后代于园林的意境中读书、吟咏、书画,品味人生哲理,可培养政治高贵的人格。园中寄情、园中寓理,可谓意蕴深远,耐人寻味。

(三) 寺观园林

寺观园林,也称寺庙园林,指佛寺和道观中的园林建筑,包括寺观内部庭院和外围地段的园林,也包括历史名人(如黄帝、大禹)的纪念性祠庙园林。如果寺庙建在市区且仅有建筑物,则不能称其为寺观园林,只有当寺观兼有林木、草坪、水池等园林要素时,才能称为寺观园林。

寺观园林选址多为空旷肃穆之地,选用数目有特定品种(主要是松柏),以体现寺观的特殊氛围,加上神秘色彩,使人神往。被佛教称为"天下四大丛林"的园林式庙宇有南京的栖霞寺、浙江天台山的国清寺、湖北当阳的玉泉寺和山东长清的灵岩寺。佛道宣扬"出世",让人摒弃尘世杂念,超凡脱俗,这与中国传统的出世隐逸思想不谋而合,所以在建造园林时,与"梵天乐土"等理念相融合,如扬州瘦西湖的白塔等。

著名的寺观园林还有苏州的寒山寺、通玄寺、杭州的灵隐寺、成都的武侯祠、峨眉山的万年寺和武汉的宝通寺等，都形成了园林格局。

寺观园林大多依名山大川，远离闹市，所以与自然相融，又因破坏较少，得以长期保存。这些地方营造佛界仙境氛围，如放生池、神像、音乐等，佛教的极乐世界、彼岸净土等都幻若仙境，极富宗教神秘感。

（四）公共园林

一般来讲，在古代凡是没有特定服务对象，带有公共游赏性质的园林，可视为公共园林。如唐代的曲江池、杭州的西湖。

三、中国古代园林的地域分布

中国地域辽阔，面积广大，南北气候环境差别较大，经济和文化发展不一，所以形成了明显的地域风格。一般可以分为北方园林、江南园林、岭南园林、巴蜀园林等，其中以前三种为主体。

（一）北方园林

北方园林也称黄河类型园林，属温带园林，多集中于北京、西安、洛阳、开封等古都，尤以北京皇家园林和王侯府邸园林最为典型。北方园林地域宽广，范围、规模、建筑物都宏大雄伟，但是因受自然气候条件限制，园内江河湖泊、园石树木较少，艺术风格粗犷有余，细腻不足。

（二）江南园林

江南园林也称南方类型或扬子江类型园林,属亚热带园林,大多集中于南京、苏州、杭州、无锡、扬州、上海等地,其中苏州园林最有代表性。江南人口密集,园林面积、地域范围小;自然气候多雨湿润,山川树木、湖泊、园石较多(盛产叠山所需的湖石、黄石等),风光秀丽;另外,江南富庶之地,经济文化发达,文人才子辈出,许多文人士大夫直接参与园林建造,使得江南园林成为典型的文人园林。因此,江南园林的艺术造诣最高,常被作为中国园林的代表,为后人仿效,其影响渗透到各种类型、各种流派的园林之中。苏州、扬州、杭州、镇江、无锡都以"园林城市"而闻名全国。

江南园林多属于私宅,以宅园为主。达官贵人、富商巨贾、文人骚客为颐养晚年多在此建园,于狭小之空间,精心点缀,虽朴素淡雅又不失韵味,栗柱粉墙、灰砖青瓦下,尽显田园情趣。但是园林所达意境多趋向消沉,身入其境感受到的是舒适恬淡,细细品来,足够观赏,称为"城市山水"最为贴切。

（三）岭南园林

岭南园林也称广东类型园林,属热带园林。最早的岭南园林始建于南越帝赵佗,他仿效秦皇宫室苑囿,在越都番禺(现在的广州)兴宫筑苑。清朝,岭南地区经济发达,造园兴盛。

岭南园林以宅园为主,多为庭院和庭园的组合。因师法北方与江南园林,所以其风格介于二者之间,建筑物高且宽敞,色调艳丽多彩,纤巧繁缛。岭南园林地域位置在珠江三角洲,商业和外来文化交流影响较大,建筑和布局都有外域色彩。如西洋式的石栏杆、西洋进口的套色玻璃和雕花玻璃等,甚至能看到欧洲规整式的痕迹。

至今保存完好的"岭南四大名园"有顺德的清晖园、东莞的可园、番禺的余荫山房和佛山的梁园,可视为岭南园林的杰出代表。其中以余荫山房最为有名。

四、中国古代园林的艺术风格和文化特征

在中国传统建筑中,古代园林独树一帜,被举世公认为世界园林之母,世界艺术之奇观,是人类文明的重要遗产。它以追求自然精神境界为最终和最高目的,从而达到"虽由人作,宛若天开"的审美旨趣。在有限的空间里,再现大自然的山水美景,又塑造出一个抒情寄志的生活空间,令人无限向往。

自然美以山水为基础,以植被为装点,筑山理水,假以植物点缀,经过人工的改造、调整、加工、剪裁,从而表现出一个精炼概括的自然、典型化的自然。

(一) 本于自然,高于自然

中国古典园林是典型的自然山水园林,本于自然,又高于自然,是中国古典园林的特征之一,是山水园林最本质的特征。取人工与自然相结合,完美再现自然美和艺术美。中国文人投身于自然之怀抱,尽情享受大自然的气息,以天地之美而美,通过自然来表达自己的认识和感受。故而山川形胜、万千景象莫不成为造园

创作的蓝本和源泉,力求自然野致、旷大风流,体现出"移天地在君怀"的意蕴。

明代造园大师计成在《园冶》一书中做了经典、精妙的总结:"虽由人作,宛自天开。"意谓园林虽是人工创造的艺术,但其呈现的景色必须真实,好像是天然造化生成一般。园林造作要使人为美融入自然,顺应自然,构成大自然的一部分。要真实表现山林的"有高有凹,有曲有深,有峻有悬"(《园冶》)等美的景致和意境,在叠山、理水、植物配置等方面,应做到"自成天然之趣,不烦人事之工"。人为与自然相结合充分体现了中国传统的"天人合一"思想和审美观,使得中国园林独具特色,也是这些园林独具艺术生命力的根本原因。

（二）园林建筑美与自然美相融合

山石、水体、植物和建筑是中国古典园林的四大要素,是构成园林的基本材料。其中建筑属于人工景观,包括亭、台、楼、阁、榭、轩、舫、桥、廊等,它们的主要功能是供人们游乐、休憩、饮宴、读书等,园林中最具风采的是亭、廊和桥。这些建筑和自然的山、水、石、植物互相配合,不可或缺,共同构成了一幅完整和谐、赏心悦目、千变万化的风景画面。

就单体建筑而言,中国园林建筑给人以轻巧欲飞之感,注重屋顶的曲线、飞檐微微上翘、雕梁砖刻、粉墙漏窗等,其造型、色彩、质感在建筑内部和建筑外部都极具特色,增强建筑自身的美感。但是中国园林建筑又是一个整体,任何一个个体建筑绝不是孤立、单一存在，它们要符合园林的整体布局规划要求，不矫作，不突兀，达到与特定的环境、空间、周围自然要素等保持和谐，达到相互衬托，彼此协调，互补互生。建筑美与自然美的融合成为中国园林构园造景的重要原则，也成为中国古典园林突出的形象特征之一。

怎样做到建筑美和自然美的完美结合呢？首先，中国园林的布局非常追求整体效果，建筑因山就水，高低错落，疏朗明晰，建筑形式灵活多变。其次，采取多种技法，扩大空间，丰富美的感受。园林艺术实质上是空间处理的艺术，怎样通过布置空间、组织空间来创造空间、扩大空间，古人创造了借景、漏景、对景、夹景、框景、障景等多种技法，让人们在有限的园中可畅行，可游、可望，自然美与建筑之美有机融合。比如，漫步于长廊，或透过多形的漏窗，望到一个新的境界，窗外的青山或竹子，经过窗子的框框望去，就是一幅画。甚至同一个窗子，从不同的角度看去景色都不同，如此，画的境界就无限地增多。正如杜甫的诗句"窗含西岭千秋雪，门泊东吴万里船"。又比如，颐和园有个"山色湖光共一楼"，就是说，这个楼把一个大空间的景致都吸引进来了。所以《园治》有"轩楹高爽，窗户邻虚，纳千顷之汪洋，收四时之烂漫"之说。

总之，优秀的园林作品，即使建筑物比较密集，也不会让人感到被围于建筑空间之内。虽然处处有建筑，却处处洋溢着大自然的盎然生机。这种和谐一定程度上体现了传统的"天人合一"思想，也体现了道家对大自然"为而不持，主而不宰"的态度。

 小知识

中国园林的构景手法

景是园林的主体,是我们欣赏园林的对象。构景手法的巧妙运用,可以使得园林景色更加美不胜收,园林意境更加回味无穷。通常园林的构景手法有抑景、分景、添景、对景、框景、漏景、借景、隔景等,来丰富空间的美感。其中,借景又有远借、邻借、仰借、俯借、镜借等。

玉泉山的塔,好像是颐和园的一部分,这是"借景"。苏州留园的冠云楼可以远借虎丘山景,拙政园在靠墙处一假山上,上建"两宜亭",把隔墙的景色尽收眼底,突破围墙的局限,这也是"借景"。颐和园的长廊,把一片风景隔成两个,一边是近于自然的广大湖山,一边是近于人工的楼台亭阁,游人可以两边眺望,丰富了美的印象,这是"分景"。《红楼梦》里大观园运用园门、假山、墙垣等造成园中曲折多变,境界层层深入,像音乐中不同的音符一样,使游人产生不同的情调,这也是"分景"。颐和园中的谐趣园,自成院落,另辟一个空间,另有一种趣味。这种大园林中的小园林,叫作"隔景"。对着窗子挂一面大镜,把窗外大空间的景致照入镜中,成为一幅发光的"油画"。"隔窗云雾生衣上,卷幔山泉入镜中。"(王维诗句)"帆影都从窗隙过,溪光合向镜中看。"(叶令仪诗句)这就是所谓"镜借"了。"镜借"是凭镜借景,使景映镜中,化实为虚(苏州怡园的面壁亭处乃悬一大镜,把对面假山的螺髻亭收入镜内,扩大了境界)。园中凿池映景,亦此意。漏景是从框景发展而来。框

景景色全观,漏景若隐若现,含蓄雅致。漏景可以用漏窗、漏墙、漏屏风、疏林等手法。如苏州留园入口的洞窗漏景,苏州狮子林的连续玫瑰窗漏景等。

中国园林艺术在构景手法上特殊的表现是理解中国民族的美感特点的一项重要领域。概括说来,当如沈复所说的:"大中见小,小中见大,虚中有实,实中有虚,或藏或露,或浅或深,不仅在周回曲折四字也。"(《浮生六记》)这也是中国一般艺术的特征。

(三)园林的诗画情趣与意境蕴涵

中国的园林艺术之所以流传古今中外,经久不衰,不仅因为它符合自然规律的造园技法,也是因为它更符合人文的诗情画意。一座园林可以说是有形的诗、立体的画,其楹联、匾额、书法、建筑,到一草一木,处处充满着人文意境和情怀,才使得中国园林深入人心,流芳百世。

中国古代园林浸透着中华文化内涵,是中国五千年文化史孕育的艺术珍品,是我们民族精神和品格的生动写照。园林建筑是我们古代人民智慧的结晶,似一座瑰宝,源远流长,绵延不绝,充满着诗情画意,成为"一切艺术品中最大型的综合艺术品"。

1. 诗情画意

中国古典园林不仅要处理好空间美感,还需要有永恒的时间艺术——文学。这样,人们畅游园中,或静观,或动游,都可自由领略园林景物,所以园林是时空的综合艺术。在园林创作中,运用各个艺术门类之间的触类旁通,熔铸诗画,使园林从主体到局部都富含浓郁的诗画。表现手法不仅仅是以具体形式——匾额、楹联、碑刻等展现前人的诗文,或者运用景名等直接点缀,而且更在于借文学艺术的章法、手段规划设计出类似文学艺术的结构。如沧浪亭的楹联"清风明月本无价,近水遥山皆有情"与"沧浪"之说暗合。又如苏州拙政园的"与谁同坐轩",取自苏轼诗文"与谁同坐?明月清风我"。另外,园林的游览往往聚各种构景要素于迂回曲折之中,形成渐进有序、内容丰富的流动空间,仿佛朗读诗文一样酣畅淋漓,有韵律节奏感。

中国风景式园林在一定程度上体现绘画的原则。明代后期以来,山水画理论和绘画方法有了高度的发展,山水画的原则和方法深入影响着园林的设计营造。山水写意不仅是绘画所追求的诗意自然的境界,而且有着明确的画面形式感——成了造园宗旨所在。《园冶·自序》中有"合乔木参差山腰,蟠根嵌石,宛如画意"等。受到山水画意追求最直接影响的是造园重点——假山的堆叠营造。叠山从注重奇峰怪石的欣赏转入对整体假山形态的画意追求。水池的处理也是园林意境面貌的另一关键。以往园林方池较多,晚明以后对山水画意形态的关注中,方池趋向较少而曲水成为主流。再有造园中花木的配置更是因为画意而取得新意,以往的成片种植(尤其是果树)转向关注单株花木的形式感以及配合的构图。同样,绘画中的线条多运用于园林。建筑轮廓的起伏、坡面的柔和舒卷、山石水池植物等处处形成线条的流动,无不增添着园林如画的情趣。

2. 意境

意境是中国古典园林在美学上的取胜之处。"意境"一说是在唐朝开始,因佛教传入,受佛教禅宗的直接影响。所谓"清清翠竹,尽是法身。郁郁黄花,无非般若"(般若,梵文,意为智慧),即是把无情之物都看作具有真如的境界(真如,梵文,意为事物的真实性)。意境可以说既得禅宗"境界"的启示,吸收其"顿悟"的直觉体验方式,超功利、无思虑,以达到精神绝对自由的审美境界,同时也融贯了老庄有与无、虚与实的"道"的思想。也就是说,意境是主观与客观、虚与实、情与景之间的交融,是从有限达于无限的体悟宇宙生命之"道"的艺术境界。

由此,中国园林的意境首先是蕴涵了园主的人生态度,并通过园林景观打动游人,使其在园中驻足,并借助景物中的题咏让人感悟到园主所赋予景物的思想内涵,是一种生命本体之外、使人心旷神怡并与自然相通,达到自然升华为富有诗意的境界。园林中的诗画既能为意境提供深厚的文化内涵,又使人们更加深刻地领悟园林的意境,这是中国园林艺术精华所在。同样,也传承着中国传统文化艺术追求的最高境界:从有限到无限,再由无限归之于有限,进而对整个人生、宇宙和历史产生一种富有哲理性的感受和领悟。

简单地说,意境就是要通过园林形象所反映出的情意,让游赏者触景生情、情景交融,体现美的情感、美的抱负、美的品格、美的社会。园内意境内涵表达方式丰富多样,有通过"移天缩地"

幻化意境,也可以通过景题点睛创设意境等。比如明末园林家、书画家文震亨说,"一峰则太华(太华即华山)千寻,一勺则江湖万里""苍涯碧涧,奔泉泛流,如入深岩绝壑之中",就是借助叠山、理水,把广阔的自然山水风景缩移模拟于咫尺之间,一块石头或一角山峰就能集华山之险峻雄伟,一水可见江湖的万里广阔。这些都是把具体的物象构成物境,"太华""江湖"则是通过观赏者的移情和联想,把物境幻化为意境。就如我们常常说的"得意而忘象",就是既重视景物之物境,更重视由物境而幻化出的意境。通常情况下,通过文字手段"点题"立意(包括景题、匾、联、刻石等)来更具体、更明确地表述,其所传达的意境信息也就更容易让人把握了。

再有,游人还可通过听觉、嗅觉感受园林的意境,如十里荷花、丹桂飘香、雨打芭蕉、流水叮咚,乃至"风动竹篁犹如碎玉倾洒,流浪松桃之若天籁清音",都能以"味"入景、以"声"入景而引发意境的遐思。曹雪芹笔下的潇湘馆,那"凤尾森森,龙吟细细"更是绘声绘色,点出此处意境的浓郁蕴藉。

第二节　中国古典园林的组成要素

中国古代园林的组成要素主要有筑山、理池、植物、动物、建筑、匾额、楹联与刻石。

一、筑山

山作为园林中的基本景观而存在,除了大型苑囿有真山外,多数园林是靠堆叠假山来营造山林气氛。假山对山林环境追求的体现,是中国园林和国外园林的区别所在。

假山分为土山、土石山、石山三种,以土山出现最早。在古代造园手法中,就有挖湖堆山的巧妙运用。但水土易流失,于是山脚用石块垒砌防护,即土石假山的雏形。积土成一定高度的山,须占很大的地盘,在面积有限的园林中很难做到,于是在土石山的基础上,出现了叠石假山,即石山。石山的石材分两大类:一类是湖石,指"透、漏、瘦、皱、丑"的太湖石;另一类是黄石,外形多直线,颜色呈黄、棕色。

假山的另一种特殊表现是置石,是指以单块石头陈设在庭园中。如留园的冠云峰、个园的鱼骨石等。

二、理池

　　为表现自然,理池也是造园的主要因素之一。水是古代园林的灵魂,与山相得益彰,构成山水园的基本格局。自然式园林多以表现静态的水景为主,以表现水面平静如镜或烟波浩渺、寂静深远的意境;也有表现水的动态美,展现的是自然式的瀑布。

　　古代园林理水之法,一般有三种:一为掩,即以建筑和绿化,将曲折的池岸加以掩映;二为隔,或筑堤横断于水面,或隔水浮廊可渡,或架曲折的石板小桥,或涉水点以步石;三为破,水面很小时,如曲溪绝洞、清泉小池,可用乱石为岸,怪石纵横,并植配以细竹野藤、朱鱼翠藻。

三、植物

　　植物是造山理池不可缺少的因素。园中有山方显俊美,有水则显生机,有花木则显秀媚。高山栽松、岸边植柳、山中挂藤、水上放莲、移竹当窗、槐荫当庭、栽梅绕屋等都是古典园林常用的植物配置手法。自然式园林着意表现自然美,对花木的选择标准是姿态美、色彩美和气味香。花木对园林山石景观起衬托作用,又往往和园主追求的精神境界有关。

　　例如,竹子象征人品清逸和气节高尚,松柏象征坚强和长寿,莲花象征洁净无瑕,兰花象征幽居隐士,玉兰、牡丹、桂花象征荣华富贵,石榴象征多子多孙,紫薇象征高官厚禄等。

四、动物

中国古典园林重视饲养动物。最早的苑囿中,以动物作为观赏、娱乐对象。唐代王维的辋川别业中养鹿放鹤,以寄托"一生几经伤心事,不向空门何处销"的解脱情趣。宋徽宗所建艮岳,集天下珍禽异兽数以万计,经过训练的鸟兽,在徽宗驾到时,能乖巧地排列在仪仗队里。园林中的动物也构成了必要的风景线,比如杭州西湖的"花港观鱼"和"柳浪闻莺"等。

五、建筑

建筑是园林的眼睛,它可以满足人们享受生活和观赏风景的愿望。中国自然式园林,其建筑一方面要可行、可观、可居、可游,另一方面起着点景、隔景的作用。中国自然式园林中的建筑形式多样,有厅、堂、楼、阁、馆、轩、斋、榭、舫、亭、廊、桥、墙等。

(一)厅堂

厅堂是待客与集会活动的场所,也是园林中的主体建筑。厅堂是全园最主要的景观,在景区中,通常位于水面开阔处,临水一面构筑平台,这成为明清时代构园的传统手法,如拙政园的远香堂、狮子林的荷花厅、怡园的鸳鸯厅等。

（二）楼阁

楼阁是园林中的二类建筑，属较高层的建筑，是园林中的重要景点建筑。楼一般两层以上，有居住、读书、宴客、观赏等多种功能；阁外形类似楼，四周开窗，攒尖顶，每层设过廊，有挑出平座，阁可用来观赏风景、储藏书画，还可供佛。例如，承德避暑山庄的烟雨楼、北京颐和园的佛香阁和苏州拙政园的留听阁等。

（三）书房馆、斋

馆可供宴客之用，其体量有大有小，与厅堂稍有区别。大型的馆，如留园的五峰仙馆、林泉耆石馆，实际上是主厅堂。斋供读书用，环境当隐蔽清幽，尽可能避开园林中的主要游览路线，建筑式样较简朴，常附以小院，植芭蕉、梧桐等树木花卉，以创造一种清静、淡泊的情趣。例如网师园的集虚斋，耦园的织帘书屋等。

（四）亭

亭是一种开敞的小型建筑物，专指四周没有墙体封护的景点建筑，主要供人休憩、观景。"亭，停也，人所停集也。"亭在造园艺术中的广泛应用，标志着园林建筑在空间上的突破，凡有佳景处都可建亭。在建筑艺术上，亭集中了中国古代建筑最富民族形式的精华。按平面形状分，常见的有三角亭、方亭、六角亭、八角亭、圆亭等；按屋顶形式分，有单檐亭、重檐亭、攒尖亭、歇山亭等；按所处位置分，有桥亭、路亭、井亭、廊亭等。苏州沧浪亭中的沧浪亭，拙政园中的梧竹幽居、嘉实亭都是著名的亭。

（五）轩

轩是小巧玲珑、开敞精致的建筑物，两头有门框而不上门，可随意进出，两旁墙上开有窗口，室内简洁雅致，室外可观景。著名的轩有承德避暑山庄的山近轩，苏州网师园的竹外一枝轩，北京颐和园谐趣园北部的霁清轩等。

 小知识

与谁同坐轩、笠亭、浮翠阁

苏州拙政园的与谁同坐轩、笠亭、浮翠阁，地理位置依次是临水、山中、山巅，它们形态各异，大小不一，由低至高，循序渐进，一气呵成。轩依水而建，平面形状为扇形，笠亭山中有一小亭，称"笠亭"。"笠"即箬帽，亭作浑圆形，顶部坡度较平缓，恰如一顶箬帽。笠亭山上有一座八角形双层建筑，高大气派，因引自苏东坡诗中的"三峰已过天浮翠"，故名"浮翠阁"。登阁眺望四周，但见山清水绿，天高云淡，满园青翠，令人心旷神怡。

（六）榭

榭建于水边或花畔，借以成景，平面常为长方形，一般多开敞或设窗扇，以供人们游憩、眺望。水榭则要三面临水。著名的榭有上海豫园的鱼乐榭、苏州怡园的藕香榭等。

（七）舫

舫是仿造舟船造型的建筑，常建于水际或池中。南方和岭南园林常在园中造舫，如苏州拙政园的香洲石舫。

（八）廊

廊在园林中不仅有交通的功能,更重要的是有观赏的作用,是中国园林中最富有可塑性与灵活性的建筑。廊,又有单廊与复廊之分。单廊曲折幽深,若在庭中,可观赏两边景物;若在庭边,可观赏一边景物,另一边通常有碑石,还可以欣赏书法字画,领略历史文化。复廊是两条单廊的复合,于中间分隔,墙上开设众多花窗,两边可对视成景,既移步换景增添景色,又扩大了园林的空间。苏州沧浪亭的复廊最负盛名,复廊的一面可观山,另一面可观水。

（九）桥

园林中的桥,一般采用拱桥、平桥、廊桥、曲桥等类型,有石制的,有竹制的,有木制的,十分富有民族特色。它不但有增添景色的作用,而且用以隔景,在视觉上产生扩大空间的作用。特别是南方园林和岭南园林,由于多湖泊河川,桥也较多。

（十）园墙

园墙是围合空间的构件。中国的园林都有围墙,且具民族特色,比如龙墙,蜿蜒起伏,犹如长龙围院,颇有气派。园中的建筑群又都采用院落式布局,园墙更是不可缺少的组成部分。如上海豫园,有五条龙墙将豫园分割成若干院落。

南北园林通常在园墙上设漏窗、洞门、空窗等,形成虚实对比和明暗对比的效果,并使墙面丰富多彩。漏窗的形式有方形、圆形、六角形等。窗的花纹图案灵活多样,有几何形和自然形两种。园林中的院墙和走廊、亭榭等建筑物的墙上往往有不装门扇的门孔和不装窗扇的窗孔,分别称洞门和空窗。洞门除供人出入,空窗除采光通风外,在园林艺术上又常作为取景的画框,使人在游览过程中不断获得生动的画面。

六、匾额、楹联与刻石

园林建成后,文人要根据园主的立意和园林的景象,给园林和建筑物命名,并配以匾额题词、楹联诗文及刻石。匾额是指悬置于门楣之上的题字牌,楹联是指门两侧柱上的竖牌,刻石是指山石上的题诗刻字。园林中的匾额、楹联及刻石的内容,多数是直接引用前人已有的现成诗句,或略作变通。另外还有一些园景题名出自名家之手。匾额、楹联和刻石不仅能够陶冶情操,抒发胸臆,也能够起到点景的作用。

如拙政园的与谁同坐轩,轩内扇形窗洞两旁悬挂着杜甫的诗句联"江山如有待,花柳自无私"。

第三节　中国古典园林典型代表

一、颐和园

颐和园原是中国清朝时期的皇家园林,是清朝皇帝的行宫和花园,最早叫清漪园,坐落于北京西郊海淀区。北京西郊原有瓮山,是燕山余脉,山下有湖,称七里泺、大泊湖、瓮山泊、西湖。清乾隆帝以汉武帝挖昆明湖操练水军的典故将西湖更名为昆明湖,将挖出的湖土堆筑于湖北边的瓮山,并将翁山改名为万寿山。

颐和园就是利用昆明湖、万寿山为基址,拥山抱水,气象万千。它以杭州西湖风景为蓝本,汲取江南园林的某些设计手法和意境而建成的一座大型天然山水园林,堪称中国传统造园艺术的典范,也是保存最完整的一座皇家行宫御园,被誉为"皇家园林博物馆"。

清朝乾隆皇帝为孝敬其母崇庆皇太后在这里修建了清漪园,形成了从现在清华园到香山长达 20 千米的皇家园林区(包括"三山五园"——三山指香山、玉泉山和万寿山,五园指香山的静宜园、玉泉山的静明园、万寿山的清漪园以及圆明园和畅春园。清漪园即现在的颐和园,是其中唯一一处保存完整的皇家园林)。咸丰十年(1860 年)清漪园被英法联军焚毁,光绪十四年(1888 年)慈禧太后以筹措军费的名义动用 3000 万两白银重建,改称颐和园。随后又遭八国联军的破坏,烧毁了许多建筑物,珍宝也被劫掠一空,光绪二十九年(1903 年)修复。1911 年辛亥革命后,作为优待皇室条件,颐和园仍归清王室所有,直到 1924 年清末代皇帝溥仪离开北京,颐和园被辟为公园。新中国成立后多有修复,1961 年被公布为第一批全国重点文物保护单位,与河北承德避暑山庄、拙政园、留园并称中国四大名园。1998 年,颐和园以其丰厚的历史文化积淀,优美的自然环境景观,卓越的保护管理工作,被联合国教科文组织列入《世界遗产名录》。

颐和园景区规模宏大,占地面积 2.9 平方千米,其中水域面积占四分之三(约 2.2 平方千米),主要由万寿山和昆明湖两部分组成。园内建筑以佛香阁为中心,园中景点建筑物百余座、大小院落20余处,3555处古建筑,面积7万余平方米,共有亭、台、楼、阁、廊、榭等不同形式建筑3000间。古树名木1600余株。其中佛香阁、长廊、石舫、苏州街、十七孔桥、大戏台等都已成为家喻户晓的代表性建筑。

整个昆明湖被长堤分隔为三部分,每一部分湖水中间都有岛屿,相传这是模仿三仙山所建。十七孔桥把南湖岛和东岸的廓如亭连接在一起,组成了颐和园东南部的一个景区。十七孔桥得名于桥下的17个券洞,中间的一个券洞最高大,依次向两侧逐渐缩小。从东西两端分别向中间的券洞数,桥洞的数目都是9个,正反映了帝王思想"九五之尊"。十七孔桥桥孔两侧装饰着雕刻精美的汉白玉石栏杆,石柱头上装饰着石狮。这些石狮数目众多,形态各异,共有544只,是我国现存园林石桥中雕刻石狮最多的一座石拱桥。

昆明湖的北岸修筑有一条长728米的长廊,它把万寿山前后的建筑物连接成一个有机整体。这座长廊东起邀月门,西至石丈亭,共273间,是中国廊建筑中最大、最长、最负盛名的游廊,也是世界第一长廊,1992年吉尼斯世界纪录大全将其收录在卷。颐和园长廊中间建有象征春、夏、秋、冬四季的亭子,分别是"留佳""寄澜""秋水""清遥"。长廊中间有伸出的短廊,廊顶梁枋上画有西湖风景、历史人物、山水花鸟等14000多幅画。整个长廊像一条彩带,把万寿山分散的景点建筑连缀在一起,走在廊中,一边是昆明湖的潋滟波光,一边是万寿山的富丽宫殿,看山赏水,美不胜收。

颐和园建筑精华主要集中在万寿山上。前山上沿着上升的山势，一层层地建了许多气势雄伟、金碧辉煌的宫殿楼阁。位于中轴线上的建筑有排云殿、佛香阁、智慧海。后山中轴线上的建筑有藏式四大部洲，其中香岩宗印之阁被称为"小布达拉宫"。

在这些主体建筑之外，万寿山的东北还有一个自成一体的花园——谐趣园。它是仿照无锡寄畅园而建造，是颐和园的"园中之园"。据说乾隆六次下江南，每次都要到寄畅园游玩，甚是喜爱，就仿照它在颐和园建造，原名为惠山园，建成后，乾隆有诗序中言"一亭一径，足谐奇趣"，因而重建后就改名为谐趣园，它成了江南造园艺术北传的史证与佳话。

颐和园主要景点大致可以划分为三个区域：勤政区、居住区和游览区。勤政区是政治活动区，是清末慈禧与光绪从事内政、外交政治活动的场所，它以仁寿殿为中心，包括西侧配殿和仁寿门外的南北九卿房。居住区是慈禧、光绪及后妃居住生活的地方，以乐寿堂、玉澜堂、宜芸馆等庭院为代表。以万寿山和昆明湖等组成的风景游览区，也可以分为万寿前山、昆明湖、后山后湖三部分。以长廊沿线、后山、西区组成的广大区域，是供帝后们休闲娱乐、"散志澄怀"的苑园游览区。

二、拙政园

 小知识

苏州园林

　　苏州是中国著名的历史文化名城,素来以山水秀丽、园林典雅而闻名于世,有"人间天堂"之美誉。苏州古典园林最早是春秋时期吴王建的范围,而私家园林出现于东晋的辟疆园,当时号称"吴中第一"。明清时期,苏州经济繁荣,私家园林进入全盛时期。至今保存尚好的数十处,多数都是明清遗留的。民间有"江南园林甲天下,苏州园林甲江南"之称。苏州附近产太湖石,适合做堆砌玲珑的假山;苏州文人荟萃,它们"虽居闹市而有山林之趣",这些都促进了苏州园林的发展,可以说苏州园林是我国古代园林建筑鼎盛时期的产物。苏州园林集南方建筑的精巧、灵、秀、幽与北方建筑的宽、大、阔于一身,将山、水、园有机地结合在一起,成为园林建筑的扛鼎之作。

　　拙政园是苏州园林发展鼎盛时期的杰作,堪称苏州古典园林的典型例证。它位于苏州娄门内,占地 52000 平方米,是目前苏州最大的古典园林,也是我国四大名园之一。

　　拙政园最初是唐代诗人陆龟蒙的住宅,元朝时为大弘寺。明朝正德初年,御史王献臣弃官归隐苏州后将其买下,聘请吴门画派的代表人物文征明参与蓝图设计,历时 16 年,以大弘寺旧址处拓建而最终形成了以水为主、疏朗平淡、近乎自然风景的园林。取晋

代文学家潘岳《闲居赋》中"筑室种树,逍遥自得……灌园鬻蔬,以供朝夕之膳……孝乎惟孝,友于兄弟,此亦拙者之为政也"之意,将此园命名为拙政园。王献臣死后,其子一夜赌博将园输给了徐少泉,徐氏在拙政园居住长达百余年之久,后来徐氏子孙衰落,园渐荒废。后屡易其主,多次改建,咸丰十年(1860 年),太平天国忠王李秀成率部进驻苏州,把拙政园东、西合并建忠王府,据传李鸿章在信中叙述了忠王府之奢华,"忠王府琼楼玉宇,曲栏洞房,真如神仙窟宅;花园三四所,戏台两三座,平生所未见之境也"。现存园貌多为清末时形成,新中国成立后大规模重修,将拙政园中、西、东三部合而为一,成为完整统一又各具特色的名园。

拙政园以布局"毫发无遗憾"著称,整个园子以水为中心,各种亭台轩榭临水而筑,分为东、中、西和住宅四部分,各自独立,却又紧密相连。中部是全园的主景区,为精华所在。远香堂是中园的主体建筑,其他一切景点均围绕远香堂而建。堂南筑石为山,堂北临水为池,池水中堆筑东西大小两座土山,两山溪谷间架有平桥相连,两山间有一亭,西山"雪香云蔚亭"和东山"待霜亭"形成对景。整个池水清澈广阔,水面遍植荷花。堂东有绿漪堂、梧竹幽居、绣绮亭、枇杷园、海棠春坞、玲珑馆等处;堂西有小飞虹、小沧浪等处。

拙政园西园的主体建筑是十八曼陀罗花馆和卅六鸳鸯馆。两馆共一厅,内部一分为二,北厅原是园主宴请宾客和听曲唱戏的场所,在笙箫管弦中观鸳鸯戏水,所以取名鸳鸯馆。晴天由室内透过蓝色玻璃窗观看室外景色犹如一片雪景,南厅种植有宝珠山茶花,即曼陀罗花,故称为曼陀罗花馆。其水池呈曲尺形,台馆相对,回廊起伏,别有情趣。西园的北半部还有浮翠阁、笠亭、与谁同坐轩、倒影楼等景点。

拙政园东园为拙政园的入口,原称"归田园居"(因明崇祯四年园东部归侍郎王心一而得名),早已荒芜,全部为新建。布局以平冈远山、松林草坪、竹坞曲水为主。配以山池亭榭,仍保持疏朗明快的风格,主要建筑有天泉亭、兰雪堂、芙蓉榭、缀云峰等。

拙政园内种植着品种繁多的花草树木。早春,雪香云蔚亭梅花凌寒绽放,海棠春坞海棠繁花似锦;夏季,嘉实亭枇杷树上累累金丸;秋天,秫香馆墙外稻花飘香;冬日,松风水阁的松竹经寒不凋。满眼花香、美妙无比。一年四季人们都沉浸在这优美的景色中,体味东方艺术的感性之美。

拙政园把有限的空间充分地分割,显得疏落相宜、风格清新、淡雅自然。畅游其中,水波倒影,曲径通幽,美不胜收,让人流连忘返。近年来,拙政园推出特色花卉展览,春夏两季举办杜鹃花节和荷花节,花姿烂漫、清香远溢,使素雅幽静的古典园林充满了勃勃生机。拙政园西部的盆景园和中部的雅石斋为大家展示了苏派盆景和中华奇石,可谓雅俗共赏,陶冶性情。

 小知识

王献臣始建拙政园

王献臣是明朝大臣,字敬止,出身官宦世家,从小就有"神童"的美名,弘治六年(1493 年)就进士及第,步入仕途,后升任监察御史,可谓官场得志。但屡遭构陷,40 岁时王献臣心灰意冷,辞官回

乡。既然官场无法容身,自然就想在生活中找到一片天地,"闹中取静,不出城市而自得山林之性,逍遥自得而享闲居之乐"。因此,便借建园抒发对官场的失望,用朴素澄净远离官场的浮华污浊。于是强调自然山水以追求疏朗、隐逸的风格,其建筑绕水分布、间隔稀疏、朴素淡雅,以求自然野趣、疏朗隐逸。

好友文征明为王献臣规划设计园林的布局、建筑意旨等。在文征明《拙政园十二景图》中给园中的主建筑取名"若墅堂"——"墅"由野字加土组成,就像田间土舍,园中的小飞虹,只是一座简易的桥,纯朴自然而又不失野趣。王献臣给园子取"拙政"之名,一方面暗喻自己是拙者,把浇园种菜当作自己的"政事",隐含自嘲,也表明隐逸倾向;另一方面,透射出讽刺朝政的意味。

三、沧浪亭

沧浪亭位于苏州城南,占地 11000 平方米,是苏州最古老的一所园林。原为五代吴越王钱缪之子钱元亮的池馆,后来,北宋诗人苏舜钦以四万贯钱买下废园,傍水造亭建园(约 1041—1048 年)。苏舜钦有感于屈原《楚辞·渔父》文中"沧浪之水清兮,可以濯吾缨。沧浪之水浊兮,可以濯吾足"之意,遂取名"沧浪亭"。苏舜钦常驾舟游玩,自号沧浪翁,并作《沧浪亭记》,是为北宋散文中的佳作。苏舜钦还经常与欧阳修等人作诗唱酬往还,欧阳修作了《沧浪亭》长诗,在诗中写道"清风明月本无价,可惜只卖四万贯",来记录此事。从此以后,沧浪亭声明远扬。

后来,有人在"沧浪亭"石柱上刻了一副对联:清风明月本无价,近水远山皆有情。这幅对联上句出自欧阳修的《沧浪亭》,下联选自于苏舜钦《过苏州》诗句"绿阳白鹭俱自得,近水远山皆有情"。南宋绍兴初,该园为名将韩世忠所占,取名为"韩园"。元朝时,沧浪亭废为僧居,后又数易其主,多有损坏。但园内的假山和园外的池水大多维持了旧貌,未经损坏。现在的沧浪亭大体上保持了当初的山水格局,园内建筑在清代改建。

沧浪亭造园艺术与众不同,未进园门便设一池绿水绕于园外,整个园林位于湖中央,湖内侧由山石、复廊及亭榭绕围一圈。园内以山石为主景,迎面一座土山,山上古木参天,沧浪石亭便坐落其上。山下凿有水池,山水之间以一条曲折的复廊相连。复廊中用花墙分隔,墙上开各色的漏窗,均为自然花样。这样,园外水景漏窗透入,园内园外似隔非隔,空间相互渗透。复廊两面可游,外侧临水的一面又可窥见园内的山景,就是通过复廊上的漏窗渗透作用,沟通了园内外的山水,使水面、池岸、假山、亭榭融为一体。沧浪亭的墙洞漏窗被公认为江南园林中花墙的典范之作。

沧浪亭清幽古朴,适意自然,如出水芙蓉,清逸超脱,园中一草一木都浸润了园主的品行和情操。沧浪亭虽无拙政园的开敞、气派,也无留园亭台楼馆的鳞次栉比,风清花媚,但是沧浪亭自然闲雅、气质古朴,清逸脱俗,为宋代造园的典范,开苏州古典园林造园之滥觞,成为苏州园林唯一的开放式园林。

四、狮子林

狮子林位于苏州城内东北部,离拙政园不远,它以湖石假山规模最大而闻名。在苏州108座园林中,狮子林也是唯一一座禅意园林,它也是中国古典园林建筑的代表,为苏州四大名园之一。

狮子林的建造源于1341年,元末高僧惟则(天如禅师)来苏州讲经,第二年,其弟子们集资在苏州买地置屋为天如禅师建一座参禅的丛林。经过勘查,他们找到一处已荒废的"前代贵家别业",那里堆满了本要运去汴梁为皇家造假山的太湖石,宋朝灭亡后,太湖石便留在了此处,就地取材,堆叠成了狮子林的假山。

作为佛寺花园,狮子林的得名也充满了禅意:在佛教中,狮子是坚强、威严的象征,佛讲法,唤作"狮子吼",而园中天如禅师的师傅恰恰得道于杭州天目山狮子岩。又因园中假山石峰多形如狮子,天如禅师就以"狮子林"来命名新修建的丛林,以"无声无形"托诸"狮子"以警世人。狮子林的假山分两部分(另一部分为最后一任园主贝仁元堆叠),天如禅师设计堆叠的部分是主假山区,包括旱假山区、水假山区和南部假山区。天如禅师谢世后,弟子散去,寺院逐渐荒芜。

之后的狮子林数易其主,也多改其名。1703年,清康熙皇帝巡游至此,专门赐额"狮林寺",乾隆皇帝更是六游狮子林。1917年,贝润生(著名建筑大师贝聿铭的父亲的叔叔)购得狮子林,整修后仍以"狮子林"冠名。在重新修复过程中,贝润生把西洋造园技法和家祠引入园中,最终形成了融禅宗之理、园林之乐于一体的园林。

 小知识

黄氏家族、贝润生与狮子林

狮子林的发展与黄氏家族密不可分,清朝初年,寺、园分开,园成为黄氏私家园林。黄氏祖籍安徽休宁县古林,为忠孝传家、读书鼎盛的官宦世家,是当地声势显赫的巨贾大姓,出过3位状元、10多位进士、达官贵人更是层出不穷。黄兴仁、黄轩父子时期着力经营狮子林,受到康熙,尤其是乾隆宠爱,大加赞赏,乾隆帝还在承德避暑山庄效仿狮子林,建成"文园狮子林",成为皇家园林和江南园林相融合的典范。黄氏家族经营狮子林前后170余年,清光绪中叶,黄氏家道衰败,园林难以为继。

1912年,黄氏家族将园林以10万银圆卖给上海民政总长李钟钰,李钟钰还没来得及修缮,因为反对袁世凯,被迫流亡日本,又于1917年低价卖给了园子最后的主人——贝仁元(字润生)。贝润生少年家贫,白手起家,最后成为上海滩"颜料大王"。他斥巨资,花7年时间重修狮子林,使其笔简意浓,艳而不俗,淡而有味,达到了"华丽之园难简,淡雅之园难深"的境界,一时名动天下。1945年贝润生病故后,其孙贝焕章管理狮子林。新中国成立后,贝氏的后人将狮子林无偿献给了国家,1954年对公众开放。

贝润生曾说:以产遗子孙,不如以德遗子孙;以独有资产遗子孙,不如以公有之产遗子孙。这是他的人生格言,也是整个贝氏家

族长盛十五世不衰的原因。

与贝润生同辈不同宗的贝哉安,参与创办上海银行,为中国近代金融业做出了卓越贡献。贝哉安的 5 个儿子,4 个孙子,也都从事金融事业,被称为"金融世家"。新中国成立前夕,孔祥熙一人卷走 1.3 亿逃走,而贝哉安的第 3 子,身为中央银行总裁的贝祖贻,却没动一分公款。我们熟知的贝聿铭,有"现代建筑的最后大师"之美誉,正是贝祖贻的儿子。

贝聿铭从小经常出入狮子林,不无感慨:"创意是人类的巧手和自然的共同结晶,这是我从苏州园林中学到的。"贝聿铭还为狮子林题写了"石品洞天狮子林"七个大字。

狮子林的平面呈长方形,面积 14082 平方米,相当于拙政园的五分之一,但是它建园时间要比拙政园早 167 年。如今的狮子林,水池、假山相映,20 余座建筑点缀于山水之间,在 100 余种花木遮蔽下若隐若现,不失空灵禅意,又多几分山林意趣。狮子林的建筑可分为祠堂、住宅和庭园三部分。住宅区以燕誉堂为代表,是全园的主厅,建筑高敞宏丽,堂内陈设雍容华贵。

狮子林的建筑布局处处充满禅意,燕誉堂西的"立雪堂",便是由"慧可立雪"的故事而来。相传达摩祖师在少林修禅时,慧可为拜师,在门外风雪中站了一夜,达摩仍然不允,说除非天降赤雪。慧可于是自断一臂,染红落雪,达摩感动,遂传经给慧可,慧可得以继承达摩衣钵,成为禅宗第二代传人。同样寓有禅意的建筑还有"指柏轩""问梅阁",都是期望学佛者尊师重道、刻苦钻研心悟禅境。指柏轩前立有一块 2.5 米高的"南海观音",庄严慈悲,与水池中形如达摩的"一苇渡江"相对,似乎传达着只可心会的禅意。指柏轩正对的卧云室南边,堆叠着一座高4.4米的"狮子峰",依然作"狮子吼",向有心人宣讲着佛法。

狮子园的主体全在假山,太湖石的堆叠鬼斧神工,湖石玲珑,盘旋曲折,洞壑宛转,各洞景象不同,素有"桃源十八景"之称。狮子林假山是中国园林大规模假山的仅存者,具有重要历史价值和艺术价值。假山群峰起伏、奇峰怪石,横向极尽迂回曲折,竖向力求回环起伏。整个假山群分上、中、下三层,共有九条山路,21个洞口,似迷宫一般。山顶上耸立着著名的五峰(居中狮子峰,东侧含晖峰,西侧吐月峰,两侧的立玉峰和昂霄峰)。假山往往模仿与佛教有关的人体、兽像、狮形等,喻佛理于其中,以渲染佛教的气氛。清代学者俞樾赞誉狮子林"五复五反看不足,九上九下游未全"。

狮子林的水池四周长廊萦绕,廊壁上嵌有名家书法碑刻条石珍品70余方。有宋代名家苏轼、米芾、黄庭坚、蔡襄等的书法碑刻。还有南宋文天祥自作并手书的《梅花诗》,碑高1.5米,宽0.7米,诗碑内容"静虚群动息,身雅一心清,春色凭谁记,梅花插座瓶"。这些碑刻至今饮誉世间,珍贵无比。

从初建到现在,狮子林扮演过诸多角色:僧众参禅悟道的丛林、文人赋诗作画的名胜、帝王流连忘返的园林、世家生活起居的旧院。池馆已随人改意,遗篇犹逐水东流。无数僧人、文人、帝王、商人都对这座园子产生了巨大的影响,却也逐渐消失。狮子林在漫漫历史长河中,兴衰更替、洗涤着虚实真假,于风雨沧桑中轮回转换,在新时代中实现着新的飞跃。

五、个园

个园位于扬州老城区北角,是一处典型的私家住宅园林,其前身是清初的寿芝园。在清代扬州,盐商也开始营造园林,至今保留有许多优秀的古典园林,其中最悠久、最完整、最具艺术价值的就是"个园"。

个园由清朝嘉庆、道光时扬州大盐商、两淮盐总黄应泰购得并改建。黄应泰字至筠,号个园。取个园命名充分体现主人的情趣和意旨:"个"者,竹叶之形,主人名"至筠","筠"亦借指竹;园中多种竹子,个园以竹石取胜,"个"字,也是取竹子的半边,应和了庭园里各色竹子。此外,它的取名也因为竹子顶部的每三片竹叶都可以形成"个"字,在白墙上的影子也是"个"字。月洞形园门上书写"个园",园门两侧各种竹子枝叶扶疏,正应了清代诗人袁枚的诗句"月映竹成千个字"。主人爱竹,翠竹成林,"宁可食无肉,不可居无竹;无肉使人瘦,无竹使人俗"(苏轼语),主人挺直不弯、虚心向上、风雅俊逸、超凡脱俗之意尽在竹中。

"扬州以名园胜,名园以叠石胜"。个园以竹石为主体,以分峰用石为特色,相传出于康熙年间著名画家石涛之手。个园虽小(23000平方米),但叠山精巧,运用笋石、湖石、黄石、宜石来表现春、夏、秋、冬四季景色,号称"四季假山",融造园法则与山水画理于一体,随候异色,被中国著名古建筑园林艺术家陈从周先生誉为"国内孤例"。

个园园区整体采用前屋后院的形制,园内建筑有宜雨轩、桂花厅、佳秋阁、清漪亭、觅句廊、透风漏等。个园的整个建筑群非常有特色,被分成东、中、西三路,每路又被分为前、中、后三进,这"三进三路"体现了中国道家"道生一、一生二、二生三,三生万物"的思想。同时,也呈现出九宫格的布局,交通便利,增强了之间的联系,又以建筑围合建筑,中间形成"藏风聚气"的小气场。聚气可聚财,当时个园正是扬州城的经济文化中心,古运河如玉带流淌,交通便利,商业发达,经济繁荣。

来到个园最常见的就是竹子。竹是个园的魂,竹林有 12000 多平方米,一眼望去万竿修竹汇成竹的海洋,竹影婆娑,游人行走其间犹如竹海泛舟。园内竹子不仅数量多,竹的品种也多,共 60 余种。龟甲竹、斑竹、金镶玉竹、玉镶金竹、慈孝竹、铺地竹等,数不胜数。

个园的四季假山表达出"春景艳冶而如笑,夏山苍翠而如滴,秋山明净而如妆,冬景惨淡而如睡"和"春山宜游,夏山宜看,秋山宜登,冬山宜居"的诗情画意,旨趣新颖,结构严密,最负盛名。个园设计者将四季假山设置于一园中,人们可以随时感受四时美景,并周而复始,颇具"壶天自春"之意。园主以春景开始,春意盎然,生机勃勃,"一年之计在于春",经过夏景、秋景,到冬景雪色与风声融合。正当人们感叹一年终了之时,蓦然回首,发现西墙上有一洞窗,露出了春景一角,似乎向人们昭示春天的到来。个园的历史与著名的"扬州八怪"几乎同时,个园的品味也正是那个时代人们的生活情趣与文化特征的体现。

江南的私家园林虽建筑形态各异,各具特色,但它们的装饰都保持着一种风格:没有五色的琉璃瓦顶,梁架上没有鲜艳的彩画,门窗上不用描金涂红,而是黑色的板瓦、褐色的梁架、粉白的墙和灰色的砖,素雅的色调使建筑与山水环境紧密融为一体。造园人精心布局,巧妙构思,畅游于其中,我们不仅纵情于这山水建筑,也徜徉在中国传统文化的海洋之中。一草一木,一砖一石,都尽染着浓郁的中国文人的情怀和寄托。

第六章　旅游饮食文化

第一节　饮食文化概论

　　"民以食为天",自古至今,饮食就是人类社会的第一要事。中国烹饪食用人口最多而独具特色,历史悠久、文化内涵博大精深。中国烹饪与法国烹饪、土耳其烹饪被公认为世界三大烹饪流派的代表。中国饮食经过几千年发展和不断完善,已成为一种文化体系,中国食文化、酒文化、茶文化独具魅力,独树一帜,成为中华文明和文化风貌的综合反映,同时也是最具吸引力的旅游产品。

　　所谓中国饮食文化,通常指中华民族在长期的饮食实践活动中,创造并积累的物质财富和精神财富的总和。既包括食源的开拓、食品的选择与加工、饮食器具的创作、食物的色香味等物质领域,也包括在饮食实践活动中,形成的饮食观、烹饪观、食疗理论及宗教、节日习俗和艺术等精神领域的产品。可见饮食已经上升到文化的层面,其内涵丰富广博,它因时代、技法、地域、民族、宗教、民俗、经济等的差异展示出不同的文化品位,体现出不同的使用价值,异彩纷呈。一般地,我们可以把饮食文化概括为三个层面:物质层面——指饮食结构和饮食器具;行为层面——有烹饪技法、制作工艺、食物储藏等方法;精神层面——包括饮食观念、饮食习俗、饮食礼仪,以及蕴含其中的人们的心理、文化内涵。

从特质看,中国饮食多以素食为主,重视药膳和进补(称为养助益充的营卫论),讲究"色、香、味"俱全;五味调和的境界说(风味鲜明,适口者珍,有"舌头菜"之誉);奇正互变的烹调法(厨规为本,灵活变通);畅神怡情的美食观(文质彬彬,寓教于食)等四大属性,有着不同于海外各国饮食文化的天然特质。中国的饮食文化除了讲究菜肴的色彩搭配要明媚如画外,还要搭配用餐的氛围产生的一种特有的情趣,彰显中华民族的个性与传统,是中华民族传统礼仪的凸现。

中国饮食文化,由于特定的经济结构、思维方式与文化环境,形成了自身鲜明的特色,包括选料精良、刀工细巧、火候独到、讲究技法等。选料精良指所选取的原料,要考虑其品种、产地、季节、生长期等特点,以新鲜肥嫩、品质优良为佳。

刀功是烹调技术的关键之一,运用直刀法、片刀法、斜刀法、剞刀法(在原料上划上刀纹而不切断)和雕刻刀法等把原料加工成片、条、丝、块、丁、粒、茸、泥等多种形态和丸、球、麦穗花、荔枝花、蓑衣花、兰花、菊花等多样花色,还可镂空成美丽的图案花纹,雕刻成"喜""寿""福""禄"字样,增添喜庆筵席的欢乐气氛。特别是刀技和拼摆手法相结合,把熟料和可食生料拼成艺术性强、形象逼真的鸟、兽、虫、鱼、花、草等花式拼盘,如"龙凤呈祥""孔雀开屏"等。南宋曾三异的《同话录》说,有一年泰山举办绝活表演,"天下之精艺毕集",自然也包括精于厨艺者。"有一庖人,令一人裸背俯伏于地,以其背为几,取肉一斤许,运刀细缕之。撤肉而试,兵背无丝毫之伤。"以人背为砧板,缕切肉丝而背不伤破,这一招不能不令人称绝。

火候是形成菜肴美食之风味特色的关键之一。一位烹饪者能否成为名厨,火候极其关键,所以中国饮食中的厨师在操作时,积一生之经验、悟己身之灵性,充分发挥自己细微的观察体验能力和丰富的想象能力,进行饮食艺术创造。所谓运用之妙,存乎一心,真是"得失寸心知"了。

烹调技法是我国厨师的又一门绝技。常用的技法有:炒、爆、炸、烹、溜、煎、贴、烩、扒、烧、炖、焖、氽、煮、酱、卤、蒸、烤、拌、炝、熏,以及甜菜的拔丝、蜜汁、挂霜等。不同技法具有不同的风味特色,而每种技法都有几种乃至几十种名菜。

另外,中国饮食文化情调优雅,氛围艺术化,美器配美酒、美酒配佳境。中国饮食器具之美,美在质,美在形,美在装饰,美在与馔品的和谐。彩陶的粗犷之美,瓷器的清雅之美,铜器的庄重之美,漆器的透逸之美,金银器的辉煌之美,玻璃器的亮丽之美,都给人以美食之外的美好享受。

一、中国饮食文化的历史发展

中国有一个通过器物来展示中国儒家礼教以及祭祀观的文化——鼎文化,中华民族素有"鼎食民族"之称。最初的鼎是由远古时期陶制的食具演变而来,它的主要用途是烹煮食物,鼎的三条腿便是灶口和支架,腹下烧火,可以熬煮油烹食物。自从青铜鼎出现后,它又多了一项功能,成为祭祀神灵的一种重要礼器。青铜鼎多为圆腹三足,也有方腹四足的,鼎口处有两耳,对铜鼎的拥有和使用,是奴隶主身份等级差别的标志之一。

鼎是儒教思想的一种象征。古代的"鼎食制度",鼎成为国家权力的象征。《公羊传》何休注云:"天子九鼎,诸侯七,大夫五,元士三。"即天子用九鼎、诸侯用七鼎、大夫用五鼎、元士用三鼎。鼎体现了等级制度的划分观念,体现了中国传统文化中三纲五常的礼教观、宗法制和礼乐制。在各个等级,必须使用不同的鼎。秦汉以后"鼎"逐渐退出饮食领域,从此,作为象征意义的"重器"更显尊贵而神秘地高居庙堂之上。

鼎是对大自然的崇拜与祭祀。《如果国宝会说话》中有一句话:"古人早有天圆地方的概念,方鼎盛谷物以祭地,圆鼎则盛肉以祭天,地为方为阴,象征养育万物之母。可见是身份高贵的女性主持祭祀仪式,运用方鼎进行祭祀。"鼎的每一步制作都体现着其对大自然和养育万物的女性的尊重。中国作为一个农耕国家,对于大自然的崇拜也十分特别,从祖先崇拜、生殖崇拜、图腾崇拜到鼎文化中的祭祀观念,都体现着中国对自然力量的敬佩。

鼎是对生殖与女性的尊重。女性在先秦的地位也可从鼎的制作体现出来,后母戊鼎——迄今已发现的最大的商代青铜礼器,它是商王祖庚或祖甲为祭祀母亲戊而作的祭器,其制作过程之复杂也恰恰体现了当时社会对女性的一种尊敬。

鼎中铭文是鼎的另一个特别之处,在于其中所刻的铭文,里面包含着人们对自己祖先的敬佩,也包含着对帝王、国之盛况的赞许,更有对功绩的记载。

为了纪念南京大屠杀死难者,于 2014 年 12 月 13 日在南京侵华日军南京大屠杀遇难同胞纪念馆设立国家公祭鼎。鼎身古铜色,以显庄重与肃穆,鼎上颈部和两耳侧面纹饰以所在地南京市常见绿色植物的枝叶为图案元素,象征着绿色和平、生命重生。

国家公祭鼎,不仅是纪念死难者同胞,更寓意着实现中华民族的伟大复兴。

二、中国饮食文化的基本内涵

吃,不仅仅是一日三餐,解渴充饥,它还蕴含着中国人认识事物、理解事物的哲理。一个小孩子生下来,亲友要吃红蛋表示喜庆。"蛋"表示着生命的延续,"吃蛋"寄寓着中国人传宗接代的厚望。孩子周岁时要"吃",十八岁时要"吃",结婚时要"吃",到了六十大寿,更要觥筹交错地庆贺一番。这种"吃",表面上看是一种生理满足,但实际上"醉翁之意不在酒",它借"吃"这种形式表达了一种丰富的心理内涵。吃的文化已经超越了"吃"本身,获得了更为深刻的社会意义。

中华饮食文化深层内涵通常概括成四个字:精、美、情、礼。这四个字,反映了饮食活动过程中饮食品质、审美体验、情感活动、社会功能等所包含的独特文化意蕴,也反映了饮食文化与中华优秀传统文化的密切联系。

精:它是对中华饮食文化内在品质的概括。孔子说过:"食不厌精,脍不厌细。"这反映了先民对于饮食的精品意识。当然,这可能仅仅局限于某些贵族阶层。但是,这种精品意识作为一种文化精神,却越来越广泛、越来越深入地渗透、贯彻到整个饮食活动过程中。选料、烹调、配伍乃至饮食环境,都体现着一个"精"字。

美:它体现了饮食文化的审美特征。中华饮食之所以能够征服世界,重要原因之一,就在于它美。这种美,是指中国饮食活动形式与内容的完美统一,给人们所带来的审美愉悦和精神享受。孙中山先生讲"辨味不精,则烹调之术不妙",将对"味"的审美视作烹调的第一要义。美作为饮食文化的一个基本内涵,它是中华饮食的魅力所在,美贯穿在饮食活动过程的每一个环节中。

情:它是对中华饮食文化社会心理功能的概括。吃吃喝喝,不能简单视之,它实际上是人与人之间情感交流的媒介,是一种别开生面的社交活动。一边吃饭,一边聊天,可以做生意、交流信息、采访。朋友离合,送往迎来,人们都习惯于在饭桌上表达惜别或欢迎的心情;感情上的风波,人们也往往借酒菜平息,这是饮食活动对于社会心理的调节功能。过去的茶馆,大家坐下来喝茶、听书、摆龙门阵或者发泄对朝廷的不满,实在是一种极好的心理按摩。中华饮食之所以具有"抒情"功能,是因为"饮德食和、万邦同乐"的哲学思想和由此而出现的具有民族特点的饮食方式,对于饮食活动中的情感文化,有个引导和提升品位的问题。我们要提倡健康优美、奋发向上的文化情调,追求一种高尚的情操。

礼:它是指饮食活动的礼仪性。中国饮食讲究礼,这与我们的传统文化有很大关系。生老病死、送往迎来、祭神敬祖都是礼。礼是一种秩序和规范。坐席方向、箸匙排列、上菜次序等都体现着"礼"。但它又不是一种简单的礼仪,更是一种精神,一种内在的伦理精神。这种"礼"的精神,贯穿在饮食活动过程中,从而构成中国饮食文明的逻辑起点。

精、美、情、礼,分别从不同角度概括了中华饮食文化的基本内涵,换言之,这四个方面有机地构成了中华饮食文化的整体概念。精与美侧重于饮食的形象和品质,而情与礼,则侧重于饮食的心态、习俗和社会功能。但是,它们不是孤立地存在,而是相互依存、互为因果的。唯其"精",才能有完整的"美";唯其"美",才能激发"情";唯有"情",才能有时代风尚的"礼"。四者环环相生、完美统一,便形成中华饮食文化的最高境界。我们只有准确把握"精、美、情、礼",才能深刻地理解中华饮食文化,也才能更好地继承和弘扬中华饮食文化。

三、中国饮食的文化特征

中国传统饮食的结构大体上可以分为主食、副食和饮品三个部分，饮食习惯包括食、膳、馐、饮四类。食主要是指以五谷做成的饭，膳指以畜肉及蔬菜做成的菜肴，馐是指以粮食做成的点心，饮主要指酒类和茶类饮品。因地域差异、民族习俗各异等，中国的饮食形成了自己独有的文化特征。

（一）风味多样

由于中国幅员辽阔，地大物博，各地气候、物产、风俗习惯都存在着差异，长期以来，在饮食上也就形成了许多风味。中国一直就有"南米北面"的说法，口味上有"南甜北咸东酸西辣"之分，主要有巴蜀、齐鲁、淮扬、粤闽四大风味。

（二）四季有别

一年四季，按季节吃，是中国烹饪又一大特征。自古以来，中国一直按季节变化来调味、配菜，冬天味醇浓厚，夏天清淡凉爽，冬天多炖焖煨，夏天多凉拌冷冻。

（三）讲究美感

中国的烹饪，不仅技术精湛，而且有讲究菜肴美感的传统，注意食物的色、香、味、形、器的协调一致。对菜肴美感的表现是多方面的，无论是个红萝卜，还是一个白菜心，都可以雕出各种造型，独树一帜，达到色、香、味、形、美的和谐统一，给人以精神和物质高度统一的特殊享受。

（四）注重情趣

中国烹饪很早就注重品位情趣，不仅对饭菜点心的色、香、味有严格要求，而且对它们的命名、品位的方式、进餐时的节奏、娱乐穿插等都有一定要求。中国菜肴的名称可以说出神入化、雅俗共赏。菜肴名称既有根据主、辅、调料及烹调方法的写实命名，也有根据历史掌故、神话传说、名人食趣、菜肴形象来命名的，如"全家福""将军过桥""狮子头""叫花鸡""龙凤呈祥""鸿门宴""东坡肉"等。

（五）食医结合

中国的烹饪技术，与医疗保健有着密切的联系，在几千年前有"医食同源"和"药膳同功"的说法，利用食物原料的药用价值，做成各种美味佳肴，达到对某些疾病的防治目的。

四、中国菜系

中国菜系是指在选料、切配、烹饪等技艺方面，在一定区域内，由于地理环境、气候物产、文化传统以及民族习俗等因素的影响，经长期演变而自成体系的烹饪技艺和地方风味特色，并被社会公认的菜肴流派。中国菜系在清代初期时，已形成鲁、苏、粤、川四大菜系，后发展为八大菜系，即鲁、苏（淮扬）、粤、川、闽、浙、湘、徽；此后又增加了京（北京）、沪（上海）菜系，称为"十大菜系"；增加豫（河南）、秦（陕西）菜系后，称为"十二大菜系"。

以上十二大菜系均有各自的代表名菜,从食材选择、刀工要求、前期处理、火候掌握、调味技术、菜品质感、成菜特点上各有不同,各地烹制的菜肴各具鲜明的特色,其主要体现在烹调技法的应用不同、食材选择的不同、口味习惯的差异。

除以上十二大菜系以外,在中国还有一些独具特色自成一格的风味菜系和知名宴席,如清真菜、宫廷菜、官府菜等,其中满汉全席、随园食单均是中国饮食文化当中的经典。

(一) 宫廷菜

宫廷菜是皇宫内御膳房制作、专门供皇帝嫔妃等皇室成员享用的菜肴。历代宫廷肴馔风味,因受建都地点的影响而分为南味和北味两大风格,它们都具有一种共同的特点,即华贵珍奇、配菜讲究典式规格。具体表现在选料考究,配料严格;烹调细腻,讲究刀工;造型精美,寓意吉祥。元明以来,包括我们现在所说的宫廷菜,一般是指清代的宫廷风味菜,清代宫廷菜主要是在山东风味、满族风味和苏杭风味这三种各具特色的风味菜的基础上发展而来的,其特点是选料严格,制作精细,形色美观,口味以清、鲜、酥、嫩见长。

现在北京的仿膳仍经营这种宫廷风味菜点,保留传统风味,如北京北海公园仿膳饭庄、颐和园听鹂馆经营的凤尾鱼翅、金蟾玉鲍、一品官燕、金鱼鸭掌、宫门奉鱼等名菜。另外,西安也仿制成功了唐代宫廷菜,对外供应,主要有长安八景、龙凤宴、烧尾宴、辋川小样、驼蹄羹等;开封的仿宋菜有两色腰子、东华鲊等;杭州仿宋菜有蟹酿橙、莲花鸡签等。

（二）官府菜

官府菜又称官僚士大夫菜,是指古代官宦之家所制作的馔肴,它包括一些出自豪门之家的名菜。官府菜在规格上一般不得超过宫廷菜,而又与庶民菜有极大的差别。贵族官僚之家生活奢侈,资金雄厚,原料丰厚,他们不惜重金聘请名厨,吸收全国各地风味菜品,创造出了许多传世的烹调技艺和名菜。官府菜的特点都讲究用料广博益寿、制作奇巧精致、味道中庸平和、菜品典雅得趣,宴席名目繁多而且用餐环境古朴高贵。官府菜主要有孔府菜、东坡菜、云林菜、随园菜、谭家菜、段家菜、红楼菜。

1.孔府菜

孔府菜是由于孔府在历代封建王朝中所处的特殊地位而保全下来的,是乾隆时代的官府菜。孔府菜可谓是我国延续时间最长的典型官府菜,其烹调技艺和传统名菜都是历代承袭、世代相传。自西汉以来,孔子后裔政治地位逐渐提升,皇帝朝圣和祭祀日益频繁,每次驾临曲阜,孔府必须以盛宴接待,所以宴席规格极高。孔府内眷又多来自各地的官宦之家,他们之间彼此往来,使众家名馔佳肴得以荟萃一堂,各具特色,又互为补益,使得孔府菜传承发展、日臻完美,从而独具一格。

孔府菜名馔珍馐齐备,品类丰盛完美,色、香、味、形、器俱佳,成为我们珍贵的文化遗产,它的烹调技艺和风味特色对我国的烹饪文化,特别是对鲁菜的形成和发展都产生了重大的影响。孔府菜的代表名菜有孔府一品锅、八仙过海、诗礼银杏、一品豆腐、怀抱鲤等。孔府菜中有不少掌故,如"孔府一品锅",因孔府又称为衍圣公府,衍圣公为当朝一品官而得名;又如"带子上朝""怀抱鲤",都是一大一小放在同一个餐具中,寓意辈辈为官、代代上朝。这些菜造型完整,不能伤皮折骨,所以在掌握火候调味、成型等方面,难度很大。

孔府烹饪基本上分为两大类。一类是宴会饮食;一类是日常家餐。宴席菜和家常菜虽然有时互相通用,但烹饪是有区别的。孔府菜是汉族饮食文化的重要组成部分,用于接待贵宾、上任、生辰佳日、婚丧喜寿时特备,宴席遵照君臣父子的等级,有不同的规格。

孔府菜具有以下特点:①用料极其广泛。高至山珍海味,低到瓜果蔬菜、山林野味,都可以烹制出美味佳肴。②做工精细,善于调味,讲究盛器,烹调技法全面。③命名考究,富有寓意。菜名可沿用传统名称,也有的取名典雅古朴,诗意浓厚。

2. 谭家菜

谭家菜是中国最著名的官府菜之一,是清末官僚谭宗浚的家传筵席,因为他是同治二年1863年的榜眼,又称"榜眼菜"。谭宗浚一生酷爱珍馐美味,好客酬友,常于家中作西园雅集,亲自督点,炮龙烹凤。谭家女主人几乎都善烹调。他们更是以重金礼聘京师名厨,得其烹饪技艺,将广东菜与北京菜相结合而自成一派。

谭家菜咸甜适口,南北均宜,调料讲究原汁原味,制作讲究火候足、下料狠，菜肴软烂，因而味道鲜美、质地软嫩、口感醇厚、绵润本色。中庸和平，讲究原汁原味，谭家菜自成菜系，有菜品近300种，以发制烹调海味菜最有名，尤其是谭家菜中的清汤燕菜更有其独到之处。谭家菜在烹调中往往是糖、盐各半，以甜提鲜，以咸提香，做出的菜肴口味适中，鲜美可口，无论南方人、北方人都爱吃。谭家菜的另一个特点，是讲究原汁原味。烹制谭家菜很少用花椒一类的香料炝锅，也很少在菜做成后，再撒放胡椒粉一类的调料。吃谭家菜，讲究的是吃鸡就要品鸡味，吃鱼就要尝鱼鲜，绝不能用其他异味、怪味来干扰菜肴的本味。在焖菜时，绝对不能续汤或兑汁。谭家菜烹制方法以烧、炖、煨、靠、蒸为主，"长于干货发制"，"精于高汤老火烹饪海八珍"，而独创一派。

谭家菜以燕窝和鱼翅的烹制最为有名。鱼翅的烹制方法就有十几种之多，如"三丝鱼翅""蟹黄鱼翅""砂锅鱼翅""清炖鱼翅"等。鱼翅全凭冷、热水泡透发透，毫无腥味，制成后，翅肉软烂，味极醇美。而在所有鱼翅菜中，又以"黄焖鱼翅"最为上乘。一只鱼翅要在火上焖几个小时，金黄发亮，浓鲜绵润，味厚不腻，口感醇美，余味悠长。

谭家菜是靠味道的鲜美和质地的软嫩而获得人们一致赞扬的。谭家菜又讲究美食美器，大部分菜品都用精致的器具分盛，顾客一人一份，受人赞叹。谭家菜燕窝鱼翅，山珍海味，俱是拿手菜；器皿古色古香，都是顶上古瓷；一间客厅，三间餐室，家具皆花梨紫檀；古玩满架，盆景玲珑，四壁是名人字画，室雅花香，设备齐全，绝非一般餐馆可比拟。

3. 红楼菜

红楼菜是根据四大名著之一的《红楼梦》内容研制出的别具风味的一系列菜肴,具有官府菜的特点。《红楼梦》中记载有40多种菜肴,如糟鹅掌、火腿炖肘子、野鸡爪、牛乳蒸羊羔、虾丸鸡皮汤、酒酿清蒸鸭子、鸡髓笋、炸鹌鹑等,但绝大多数菜肴只写有菜名,而没有具体做法。

对红楼菜的研制始于20世纪80年代初,研制方法大体分为三类:①书中写有具体做法的菜,如茄鲞,照法仿制。②只列有菜名或原料名而无做法的菜,如海参、鹿筋等,则结合现代烹饪技艺加以研制并定名。③依据作者的名号和个别故事情节,创制新菜,如雪底芹芽、怡红祝寿等。

4. 随园菜

随园菜是依据清代袁枚的《随园食单》而得名的官府菜。袁枚是清朝乾嘉时期著名的诗人、散文家、文学评论家和美食家,乾嘉三大家之一、性灵派三大家之一,与纪昀齐称"南袁北纪"。

袁枚有中国古代"食圣"之誉。在中国饮食文化史上,他全面系统而深入地探讨了中国烹饪的技术理论问题。《随园食单》在中国古代食书著述史上,集经验、理论大成而又影响卓著,是中国历史上当之无愧的饮食圣经之誉,代表了中国传统食学发展的最高水准。《随园食单》从烹饪技术理论出发,从采办加工到烹调装盘以及菜品用器等,都做了详尽的论述,并对当时国内很多地区的美食进行点评鉴赏,是一本划时代的烹饪典籍。因此,袁枚不仅是清代著名的文学家,也是中国古代著名的美食鉴赏家。

随园菜的特点是:十分讲究原料的选择;加工、烹调精细而卫生;讲究色、香、味、形、器;注重宴席的制作艺术。其代表名菜有素燕鱼翅、鲅鱼炖鸭、白玉虾圆、雪梨鸡片等。

(三)江湖菜

江湖菜是指相对于正宗菜而言的菜式。传统菜式的分类,最常见的就是按地域分类,但对食评家来说是远远不够的。江湖菜最先发迹于重庆的大排档、小酒家,因其有特色、有风味、有新意,不墨守成规,迎合了都市人觅新猎奇的消费心理,其价格较低,又适合大众消费需求,很快风靡巴渝大地,不少高档酒店也开始经营江湖菜。江湖菜能登上大雅之堂,从某种意义上说,是餐饮业为适应工薪阶层为主的消费群体适市趋时的战略转移,是餐饮市场向大众化的回归。

江湖菜经过各地厨师的努力,技艺不断改进,烹饪不拘常法,花样不断翻新,品种更是层出不穷,从而遍及全国,成为饮食文化的一大奇葩。江湖菜的特点:一是"土"。它根植于民间,富有浓郁的乡土气息。二是"粗"。江湖菜技法不拘常法,粗犷豪放,在形式上不拘小节,烧土灶,用粗碗,大盘盛肉,大盆装汤。食客粗犷豪爽,大口喝酒,大嘴吞肉,呼五邀六,粗俗粗野,不同于精雕细刻。三是"杂"。江湖菜兼收并蓄,用怪异离奇的烹饪技巧:复合调味,北料南烹,南料北烹,中菜西做,西菜中做。烹制出来的菜品让人感到似曾相识,又弄不清路数,有时让人匪夷所思,又似曾相识,拍案称绝。因此,江湖菜又被称为"迷宗菜"。

江湖菜味重刺激,以麻、辣、鲜、香为号召,调味宁过勿缺,油重料厚。时尚亦是江湖菜的特点。江湖菜的一般流行轨迹是:发源、传名、流行、式微、没落到难寻踪影,从流行到衰退一般为期两年。从发源到传名一般进展缓慢,名声在外后,常蜂拥而上,于是大街小巷酒肆饭店均大张旗鼓地挂出招牌经营待客。开店过多而后,很快销声匿迹。这也许是江湖菜得名的原因之一吧。江湖菜常见的菜品有:来凤鱼、酸菜鱼、辣子鸡、啤酒鸭、毛血旺、老腊肉炒萝卜干、太安鱼、毛肚火锅、香辣蟹等。

（四）素席

素席,即全用素材的酒席。中国的素席源远流长,春秋战国时期,素席即用于祭祀和大典,之后,随着佛教的传入,寺院发展,僧侣众多,他们持斋吃素,推动了素食的发展,成为中国饮食文化的一个重要组成部分。

素食风味通常是指用植物油、蔬菜、豆制品、菌类和干鲜果品等植物性原料烹制的菜肴。素席的特点有:一是原料全素,时鲜为主,清爽素净;二是营养独特,健身疗疾;三是模仿荤菜,形态逼真,口味相似。中国素席以素斋、宫廷素菜、民间素菜三大派系著称。

素斋泛指道教宫观、佛教寺院烹饪的素食菜肴。大多就地取材,简单烹制,品种不繁,但追求质量。厦门南普陀寺、杭州灵隐寺、成都宝光寺、湖北武当山、上海玉佛寺的素斋享有盛名。宫廷素菜是素席中的精品。宫廷中御膳房内专设"素局",负责皇帝"斋戒"素食。宫廷素菜的制作非常考究,菜品繁多,如散烩八宝、炒豆腐脑等著名的素菜曾得到慈禧太后的赏识。民间素菜与当地民俗密切相关,如上海的功德林、北京的功德林、天津的真素园都是著名的素菜馆。

五、中国饮食的特征

(一) 以筷箸为主要饮食方式

筷箸是我国最主要的饮食工具,由此也影响到中国烹饪工艺与饮食方式与西方大不相同。中国人用筷子的历史至少可以追溯距今6000余年的新石器时代,那个时候,在江淮大地和黄河流域,筷子就已经被中国人广泛使用了。主要是利用了杠杆原理,借助筷子助食的物理功能,通过多处关节、肌肉和神经的活动,来进行夹、分、拆、挑、撩、拨等,完成饮食活动。这样可以极大促进中国人手腕肢体运动能力和智力能力的发展,进而影响烹饪工艺的提升。比如筷子的使用与中国食物的条、片、丝、末、丁等多种精细形态相辅相成,从而也形成了与之相适应的"旺火速成"的特色。

明代时期,从欧洲来到中国的利玛窦这样评价筷子:用筷子很容易把任何种类的食物放入口内,而不必借助手指。筷子确实推动了中国烹饪精细刀工、精美调和的精湛技艺的不断进步。

中国人在使用筷子时有许多礼节和忌讳:进餐时,需要长者或长辈先拿起筷子吃,其余人方可动筷;吃完一箸菜,要将筷子放下,不能拿在手中玩耍;忌用筷子翻菜、挑菜;忌用筷子指点他人;忌将筷子直立插放在饭碗中,因为古人认为这是祭祀祖先的做法,把筷子插入饭碗被视同于给死人上香一样,所以说,把筷子插在碗里是绝不被接受的;忌用筷子敲打盘碗或桌子……

（二）饮食结构以选料广泛的精耕农业为主

中国人的饮食以粮食为主,以畜禽、果蔬为辅食,即五谷为养,五果为助,五畜为益,五菜为充的食物结构。由于特殊的地理环境,南、北方的中国人饮食主次有别,但顺序基本雷同。面食、米食、乳类、肉食比重较大;蔬菜、豆食较为普遍。至于制作菜肴的原料更是品种繁多,范围广泛。对原料的加工利用几乎无所不取:植物的根、茎、叶子、花、果、麸、屑、皮;动物的掌、爪、骨、筋、血及内脏;禽虫鱼介、盐碱硝矾,可谓是无所不食、无所不取。信手拈来,物尽其用,皆成美味。种种原材料都和我国精耕细作的发达农业紧密相关。

（三）中国人饮食注重合理膳食

中国饮食强调平衡合理。包括主副食品搭配均衡;荤素、早中晚餐饮食平衡;饭菜点心、主辅料均衡;各种烹饪方法、各种菜式、色味、感官等要讲究平衡。还有,中国人饮食习惯崇尚热食,追求五味调和。最终饮食达到人们生理与心理的和谐调适,养生健康。

（四）中国饮食的多元统一

饮食是属于民族的,也是属于世界的。中国饮食之所以不断发展,就在于它能够不断学习不同文化的饮食元素,与时俱进、推陈出新,进而长盛不衰。从古代,丝绸之路连接了西方,增进了交流,异域的诸多植物、蔬果等被源源不断引入中国;西方的饮食工具、器皿、烹调技法,甚至餐饮形式、服务环境等也都被我们接受吸纳,为我所用,最终造就了当今世界举世无双的中华美食。

第二节　博大精深的酒文化

中国是酒的故乡,也是酒文化的发源地,是世界上酿酒最早的国家之一。中国名酒荟萃,品种繁多,源远流长,酒作为饮料之外,已经渗透于整个中华五千年的文明史,具有非常高的文化价值。作为一种特殊文化形式,从文学创作、文化娱乐到饮食烹饪、养生保健、政治经济交往等诸多领域影响着人们的生活。中国的酿酒更依其精湛工艺、独特风格驰名世界。

一、有关酒的起源

关于酒的发明,观点很多,中国古代最早酒类文献资料总离不开两位人物,一位是仪狄,一位是少康(也叫杜康)。仪狄与禹同时,少康则晚于禹五代,亦为夏朝君主。晋人江统也说:"酒之所兴,肇自上皇,或云仪狄,一曰杜康。"可以确定中国的酿酒早在夏朝或者夏朝之前就已经存在了,而最早的酒产生于以洛阳为中心的河洛地区。

（一）仪狄造酒说

仪狄造酒开始载于西汉刘向的《战国策》，这是对酒的创始者的最早记述。宋代司马光曾用"酒醴乃人功，后因仪狄成"的诗咏来肯定仪狄的作用，元初人赵文更有发自肺腑的倾诉："前有一尊酒，有酒即无愁。吾评仪狄功，端与神禹侔。微禹吾其鱼，微狄吾其困。人生十九不如意，一醉之外安所求。"仪狄是夏禹时代司掌造酒的官员，相传她是一位杰出的女性。

（二）杜康造酒说

更多的人信奉杜康造酒的传说。东汉时期的许慎在《说文解字》里两次提及杜康，一次言"少康作秫酒"；第二次云"古有少康初作箕帚、秫酒，少康，杜康也"。曹操的乐府诗《短歌行》提到"何以解忧，唯有杜康"，在这里杜康是酒的代名词，因此人们把姓杜名康的这个人当作了酿酒的祖师。宋人高承《事物纪原》卷九也曾感叹："不知杜康何世人，而古今多言其始造酒也。"唐人李瀚编著儿童识字课本《蒙求》，也要把"杜康造酒"与"仓颉制字"相提并论。凡是生产酒和销售酒的场所，杜康均被奉为行业神，清人周召《双桥随笔》卷六这样描述："市井中人，酒保则祀杜康，屠户则祀樊哙……鬻茶者以陆羽为茶臣。"

二、酒的类型和中国传统名酒

（一）酒的类型

中国酒品种繁多，分类的标准和方法不尽相同。

（1）按酒的生产方法不同可以分为发酵酒、蒸馏酒和配制酒。

（2）按配餐方式和饮用方式不同可分为餐前酒、佐餐酒、甜食酒、餐后甜酒、烈酒、软饮料和混合饮料（包括鸡尾酒）七类。

（3）按酒精含量不同可分为低度酒、中度酒和高度酒。

（4）按中国日常生活习惯分为白酒、黄酒、果酒、药酒和啤酒等五类。

（二）白酒

白酒也称"烧酒"，是中国特有的一种蒸馏酒，它以酒曲、酵母为糖化发酵剂，利用淀粉质原料，经过发酵蒸馏而成。白酒的特点是无色透明，质地纯净，醇香浓郁，味感丰富，酒度在 30 度以上，刺激性较强。白酒根据其原料和生产工艺的不同，形成了不同的香型与风格，白酒的香型有以下五种。

1.清香型

清香型特点是酒气清香芬芳，醇厚绵软，甘润爽口，酒味纯净，具有传统的老白干风格。以山西杏花村的汾酒为代表，山西汾酒可以说是我国历史上最早的名酒，故又有汾香型之称。

2. 浓香型

浓香型特点是饮时芳香浓郁,甘绵适口,饮后尤香,回味悠长,可概括为"香、甜、浓、净"四个字。以四川泸州老窖特曲、五粮液酒为代表,故又有泸香型之称。贵阳大曲、习水大曲、洋河大曲都属于浓香型白酒。

3. 酱香型

酱香型特点是香而不艳,低而不淡,香气幽雅,回味绵长,杯空香气犹存。贵州茅台酒是此类酒的典型代表,故又有茅台香型之称。茅台酒在历次国家名酒评选中都荣获名酒称号。

4. 米香型

米香型特点是蜜香清柔,幽雅纯净,入口绵甜,回味怡畅。桂林的三花酒属于此类白酒的代表,桂林三花酒被誉为米酒之王,"桂林三宝"之一。

5. 复香型(兼香型)

兼有两种以上主体香型的白酒为复香型,也称兼香型或混香型。这种酒的闻香、回香和回味香各有不同,具有一酒多香的特点。贵州董酒、陕西西凤酒是复香型的代表。

白酒中生产得最多的是浓香型白酒,清香型白酒次之,酱香型、米香型、复香型等较少。

（三）黄酒

黄酒是世界上最古老的酒类之一，被称为"液体蛋糕"，源于中国，且唯中国有之，属于酿造酒，与啤酒、葡萄酒并称世界三大古酒。黄酒又名花雕，发明早期只有有钱人和有才之人才能用上等糯米酿酒自饮。为表明黄酒的珍贵，在酒坛刻上"八仙过海""龙凤呈祥""嫦娥奔月"等花纹，显示高贵，也兆示吉祥。所以，早期的黄酒又名"雕花酒"。

黄酒颜色黄亮或黄中带红，它以糯米、玉米、黍米和大米等粮谷类为原料，经酒药、麸曲发酵压榨而成，含有 21 种氨基酸，一般酒精含量为 14%~20%。黄酒的特点是酒质醇厚幽香，味感和谐鲜美，有一定的营养价值。除此之外，黄酒还是中药的重要辅助原料，被作为"药引"，以增强药效；黄酒又是烹饪中的上好佐料，不仅解腥，还可增加鲜美风味。黄酒产地较广，品种很多，包括绍兴状元红、绍兴女儿红、山东即墨老酒等。以中国绍兴黄酒为代表的麦曲稻米酒是黄酒历史最悠久、最有代表性的产品。1988 年，绍兴酒被国家定为国宴用酒。

 小知识

绍兴女儿红

著名的绍兴"花雕酒"又名"女儿酒"。传说很久以前，绍兴东关有一员外盼嗣心切，无奈妻久不孕，员外寻遍周遭终得一偏方，妻方孕，员外喜极之际，特酿黄酒廿余坛以庆。冬去春来十月怀胎，诞下千金，不日便迎满月，按当地习俗，员外设剃头酒大宴宾客。

酒席散毕,员外见数坛好酒尚未启封,弃之不免可惜,于是将此酒埋于花园桂花树下。光阴似箭,岁月如梭,18载转眼即逝,员外千金也长大成人,其容貌艳丽,可谓沉鱼落雁、倾国倾城。提亲之人遂络绎不绝,乃父慎思,许嫁于恩人之子。不久,大喜之日即到,喜宴间,老员外与宾客欢庆畅饮,酒水渐尽仍不尽兴,老员外愁眉之际忽然想起桂花树下还有埋藏了18年的好酒,即命人掘陈酿以宴宾客,待酒坛出土置于宴厅,去其泥头,顿时芳香扑来、浸润心脾,众人争相尝饮,无不为其晶莹瑰丽之色、甘冽爽口之味所倒,席上骚人不禁赞道:"地埋女儿红,闺阁出仙童!"

此后,远远近近的人家生了女儿时,就酿酒埋藏,嫁女时就掘酒请客,形成了风俗。此后千百年间,古绍兴一带逐渐形成"生女必酿女儿酒,嫁女必饮女儿红"的习俗。后来,连生男孩子时,也依照着酿酒、埋酒,盼儿子中状元时庆贺饮用,所以,这酒又叫"状元红"。"女儿红""状元红"都是经过长期储藏的陈年老酒。人们都把这种酒当名贵的礼品来赠送了,酒不贵但情义最重。

(四)啤酒

啤酒是人类最古老的酒精饮料,是水和茶之后世界上消耗量排名第三的饮料。啤酒于20世纪初传入中国,属外来酒种。啤酒是根据英语Beer译成中文"啤",称其为"啤酒",沿用至今。啤酒以大麦为原料,啤酒花为香料,经过发芽、糖化、发酵而制成的一种低酒精含量的原汁酒。酒精含量在2~5度之间,一般视其为清凉饮料。特点是有显著的麦芽和啤酒花的清香,味道纯正爽口。啤酒中含有大量的二氧化碳和 11 种维生素、17 种氨基酸等成分,营养丰富,有清凉舒适之感。中国著名的啤酒有青岛啤酒、特质北京啤酒等。

(五) 果酒

果酒是用水果本身的糖分被酵母菌发酵成为酒精的酒,含有水果的风味与酒精。早在 6000 年前苏美尔人和古埃及人就已经会酿造葡萄酒了,汉代,葡萄酒经"丝绸之路"传入中国。各类果酒大都以果实名字来命名,如李子酒、苹果酒、樱桃酒等,尤以葡萄酒最为著名。果酒的酒精度在 15 度左右。

果酒因选用的果实原料不同而风味各异,但都具有其原料果实的芳香,色泽天然,味道醇美深受人们的喜爱。果酒中含有较多的营养成分,如糖类、矿物质和维生素等。果酒中的名酒有张裕公司的红葡萄酒、金奖白兰地、长城干白葡萄酒、民权白葡萄酒等。

(六) 药酒

药酒属于配制酒,是以成品酒(大多用白酒)为基酒,配各种中药材和糖料,经过酿造或浸泡而制成的具有不同作用的酒品。药酒种类繁多,标准不同可分为药准字号药酒和保健酒,保健酒中又包括食健字号酒、露酒、食加准字号酒等。中医一般把药酒分为 4 类:滋补类药酒、活血化瘀类药酒、抗风湿类药酒、壮阳类药酒。中国著名的药酒有竹叶青酒、张裕三鞭酒、五味子酒等。药酒现多用于慢性病的防治,并有抗衰老、延年益寿的功效。

三、中国酒文化的表现形式

（一）酒器

1.总类

酒器是用于盛酒、温酒、饮酒的各类器具的总称,样式繁多,在中国古代有尊、壶、爵、角、觥、彝、卣、罍、瓿杯、卮、缶、豆、斝、盉等。不同地位、不同身份的人使用喝酒的器皿是不一样的。

尊,即现代的樽,是一种大中型盛酒的青铜器。它盛行于商代和西周,到春秋战国已很少见了。尊的形制圈足,圆腹或方腹,长颈,敞口,口径较大尊上常饰有动物形象。尊是一种酒器,在古代祭祀中也被作为重要的礼器,为各种礼器之首。较著名的有四羊方尊。

2.分类

不同历史时期由于经济社会发展,酒器也各具特色,差距较大。

（1）天然材料酒器:包括木、竹制品、兽角、海螺、葫芦等酒器。

（2）陶制酒器。

（3）青铜制酒器:青铜器盛行于商周时代。商周的青铜器共分为礼器、食器、酒器、水器和乐器五大部,共 50 类。其中酒器占 24类,有煮酒器、盛酒器、饮酒器、贮酒器。盛酒器有尊、壶、区、卮、皿、鉴、斛、觥、瓮、瓶等;饮酒器有觚、觯、角、爵、杯等;温酒器有的称为樽,汉代比较流行(它往往配以勺,便于取酒)。

(4)漆器酒器:两汉和魏晋时期的主要酒器。

(5)瓷制酒器:宋代是我国瓷器生产的鼎盛时期,酒器精美。

(6)其他酒器:虽然不普及,但欣赏价值较高。如金、银、象牙、玉石、景泰蓝等材料制成的酒器。明清至新中国成立后,锡制酒器广泛使用,它主要为温酒器。

(二) 酒令

酒令是酒席上的一种助兴游戏,一般是指席间推举一人为令官,余者听令轮流说诗词、联语或其他类似游戏,违令者或负者罚饮,所以又称"行令饮酒"。酒令是一种有中国特色的酒文化。酒令由来已久,最早诞生于西周,完备于隋唐。

酒令是一种烘托、融洽氛围的娱乐活动,也是一种智力游戏、提高宴席品味的文化艺术,酒令设计内容众多,几乎无所不包,有诗歌、对子、游戏、下棋、典故、人名等知识。一般把酒令分为三类。

1. 雅令

顾名思义,就是高雅的酒令。它是酒令中最能展示饮酒者才能的游戏项目。行令官或出对子,或引诗句,其他人往下续令。其内容和形式应该相符合,否则就要被罚酒。所以雅令比较难,需引经据典,才思敏捷,即席应对,都是对饮酒者能力和才华的测试。

2. 通令

通令的形式有划拳、猜数、抽签、掷骰、击鼓传花等。通令很容易营造酒宴中热闹的气氛,因此较流行。但通令捋拳奋臂,叫号喧争,有失风度,显得粗俗、单调、嘈杂。

3. 筹令

所谓筹令就是指刻在筹具上的文字,主要包括两个部分,铭句与酒约。铭句主要是来源于中国经史,内容包含诗歌、词曲、小说等,且极具文化特色。酒约是指根据铭句的意思所衍生出来的关于劝酒的方法和罚酒量的规定。

（三）酒俗

酒与中国的礼仪、诗词、对联、书画、通俗文化、戏曲、音乐、武术、杂技、民间习俗等紧密相连,创造出了最具特色的酒文化内容。比如春节期间饮用屠苏酒寓意着吉祥、康宁、长寿,更增添了喜庆气氛。长此以来,在重大节日上,都有了相应的饮酒活动。

（四）酒神精神

酒在中国已经是一种文化象征,即酒神精神的象征。酒神精神以道家哲学为源头,庄周主张:物我合一,天人合一,齐一生死。庄周高唱绝对自由之歌,倡导"乘物而游""游乎四海之外""无何有之乡"。庄子宁愿做自由的在烂泥塘里摇头摆尾的乌龟,而不做受人束缚的昂首阔步的千里马。这种追求绝对自由、忘却生死、利禄及荣辱正是中国酒神精神的精髓所在。西方德国哲学家尼采的哲学使这种酒神精神得以升华,尼采认为,酒神精神喻示着情绪的发泄,是抛弃传统束缚回归原始状态的生存体验,人类在消失个体与世界合一的绝望痛苦的哀号中获得生的极大快意。

酒神精神体现于中国各种艺术领域。在文学艺术中因醉酒而获得艺术的自由状态,这是文人获得艺术创造力的重要途径。魏晋名士、第一"醉鬼"刘伶在《酒德颂》中就说:"有大人先生,以天地为一朝,万期为须臾,日月有扃牖,八荒为庭衢。""幕天席地,纵意所如。""兀然而醉,豁尔而醒,静听不闻雷霆之声,孰视不睹泰山之形。不觉寒暑之切肌,利欲之感情。俯观万物,扰扰焉,如江汉之载浮萍。"这种"至人"境界就是中国酒神精神的典型体现。文人多嗜酒,而酒能激发灵感,活跃形象思维;酒后吟诗作文,每有佳句华章。饮酒本身,也往往成为创作素材。李白自称"酒仙",杜甫因有一句"性豪业嗜酒",被郭沫若先生谥为"酒豪"。文人饮酒,酒宴始终都充溢着浓浓又绵绵的书卷气和文化味。觥筹交错中,不仅享受了酒的醇美,也享受了文化的馨香。鲁迅的《自嘲》诗"横眉冷对千夫指,俯首甘为孺子牛"就是在郁达夫做东的宴席上做成的。

 小知识

酒与中国文学

酒与我国文学关系非常深厚,在文学界地位非常高。酒如血液一般在中国文化的脉络里涓涓流淌,以酒作诗,以诗歌酒,诗酒同风。唐代著名的酒中八仙,就有李白、贺知章、张旭等人。我们熟悉的文学家,如韩愈、柳宗元、杜牧、王维等,不仅无一人不饮酒,也没有一个人诗中不写酒。在我国最早的一部诗歌总集《诗经》中,就有不少以酒为主题的篇章,如其中提出的"醉酒饱德"观点,认为君子当"醉而不失态,醉而不损德"。曹操感叹:对酒当歌,人生几何。"诗仙"李白无酒不诗,"李白斗酒诗百篇,长安市上酒家

眠,天子呼来不上船,自称臣是酒中仙。"(杜甫《饮中八仙歌》)在酒中融旷达与豪放于一炉,映照出一个"醉魂归入极""啸傲御座侧"的自由、奔放不羁的李白,李白的诗篇《将进酒》更是千古绝唱。陆游暮年写下:"百岁光阴半归酒,一生事业略存诗。"用诗酒二字对自己的人生做了总结。从"明月几时有,把酒问青天"的苏轼,到"东篱把酒黄昏后,有暗香盈袖"的李清照都因酒为后世留下名篇佳作。

除了诗歌,小说也亦然,小说作者多半或以酒为主线,或以酒演化情节,或以酒塑造人物,或以酒烘托气氛,或以酒营造意境。以四大名著为例,一部《水浒传》,半部是酒酿。《水浒传》里写了600多次饮酒,为四大名著之最。梁山好汉,生死相交一碗酒,风风火火闯九州,何等义气潇洒。《三国演义》则在"一壶浊酒喜相逢"的诗句中开篇,演绎出了一幕幕精彩绝伦的酒之剧。这里的酒里更多展现的是忠义、豪迈、谋略、欺诈、杀伐。《红楼梦》中,一群少男靓女在灯红酒绿的小酌对饮中卿卿我我,寻欢作乐,全书120回中,共出现"酒"字580多次,直接描写喝酒的场面达60多处。

古时候,酒和文学作品相辅相成,文人墨客们斗酒斗文,诗增添了饮酒之乐趣,而酒则加深了文学作品的精魂,酿成了许多醉人的诗篇与文学作品。如今,白酒品牌依旧和文学作品有着密不可分的关系,酒作为中国传统文化载体,被赋予了多层精神意义,酒的影响也将随着时间的陈酿醇香不改,千古流芳,愈加迷人。

四、中西方酒文化的差异

葡萄酒之父法国著名的微生物学家、化学家巴斯德把葡萄酒比作赐予万物生命的阳光,这正如中国人对酒的热爱。不同的人文历史背景和社会环境下,不同的种族,国家之间的酒文化差异很大。中西方酒文化的差异比较能促进东西方文化交流中双方文化的相互理解,相互尊重,相互渗透。

(一) 酒的种类不同

中国多用粮食酿酒,本土的酒主要分为两种:白酒和黄酒。黄酒历史最长,但最能代表中国酒的莫过于白酒,从某种角度可以说中国的酒文化是白酒文化,因为在中国的诸多酒种中,它历史悠久、工艺成熟,至今为止仍是世界上产量最大的蒸馏酒。西方文明的诞生地希腊地处巴尔干半岛,其地理和气候环境不利于粮食作物的生长,但利于葡萄的种植,所以西方的酒主要是果酒,尤以葡萄酒为典型代表。现在法国的葡萄酒举世闻名。另外,啤酒也是西方国家对酒的一种创造发明。

(二) 酒器不同

西方国家酒器是完全为了辨别酒的种类,或者是更好地欣赏名酒。

中国古代的酒器以瓷器、青铜器和漆器为主,上层阶级的酒器称为“尊”,是一种敞口,高颈,圈足,饰有动物图案的盛酒器皿,而下层社会一般就使用土陶碗喝酒,“非酒器无以饮酒,饮酒之器大小有度",中国人讲究酒器的精美与适宜,体现了社会的等级和差异性。

西方酒器多是玻璃制品,精巧方便,讲究透明,这样便于观察出酒的档次高低。西方人喝酒注重喝酒的酒器不同,所以有葡萄酒杯、红酒杯、白酒杯等。

（三）饮酒礼仪不同

中国人饮酒重视的是人,要看和谁喝,要的是饮酒的气氛;西方人饮酒重视的是酒,要看喝什么酒,要的是充分享受酒的美味。中国饮酒体现的是对饮酒人的尊重,是维系家庭成员亲情、朋友友情,是一种交际手段和润滑剂。中国的酒文化受到中国尊卑长幼传统的伦理文化影响,正式场合普遍饮用白酒,敬酒分主次和顺序。西方人饮用葡萄酒的礼仪,则反映出对酒的尊重。品鉴葡萄酒要观其色、闻其香、品其味,调动各种感官享受美酒。在品饮顺序上,讲究先喝白葡萄酒后喝红葡萄酒,先品较淡的酒再品浓郁的酒,先饮年份短的酒再饮年份较长的酒,按照味觉规律的变化,逐渐深入地享受酒中风味的变化。而在葡萄酒器的选择上,也是围绕着如何让品饮者充分享受葡萄酒的要求来选择。让香气汇聚杯口的郁金香型高脚杯、让酒体充分舒展开的滗酒器,乃至为掌握葡萄酒温度而为品饮专门设计的温度计,无不体现出西方人对酒的尊重,他们的饮酒礼仪、饮酒文化都是为更好地欣赏美味而制定的。

（四）饮酒的目的不同

在中国，酒常常被当作一种工具，人们更多的是追求酒之外的东西。所谓醉翁之意不在酒，竹林七贤的饮酒狂歌是借酒避难。在中国的酒文化中缺乏对于酒本身进行科学而系统的理论分析和品评，更在意饮用酒后带来的美妙作用。在西方，饮酒的目的往往很简单，为了欣赏酒而饮酒，为了享受美酒而饮酒。当然，在西方，葡萄酒也有交际的功能，但人们更多的是追求如何尽情享受美酒的味道。

（五）酒的精神内涵不同

在中国历史长河中，酒是一种祭祀珍品，也是情感的寄托。酒是不得志的文人雅士避世的途径，以酒抒情，借酒消愁；借酒抒意也是豪情壮志的一种寄托。客从远方来，无酒不足以表达深情厚谊；良辰佳节，无酒不足以显示欢快惬意；丧葬忌日，无酒不足以致其哀伤肠断；蹉跎困顿，无酒不足以消除寂寥忧伤；春风得意，无酒不足以抒发豪情壮志。西方人认为葡萄酒是生命的一部分，是耶稣救世精神的化身，是特殊的艺术品，拥有美丽和生命。

酒文化在长期发展中融入了民俗文化、大众文化。我们每个人都是在酒文化的熏陶下一路走过来的，都是酒文化的继承者、传播者，也是酒文化的守护者，每个人都有责任让酒文化更加文明，更加文雅，更加健康。

第三节　源远流长的茶文化

中国是茶树原产地，又是最早发现茶叶功效、栽培茶树和制成茶叶的国家。唐代"茶圣"陆羽的《茶经》是中国，也是世界第一部茶叶科学专著，它记述了茶的起源、品质、种植方法、产地、采制、烹饮及器具等。茶叶、咖啡和可可已成为世界三大饮料。十七世纪初，荷兰东印度公司首次将中国的茶输入欧洲，之后，在英国上层贵族社会饮茶成为时尚。

中国茶离不开陆羽和卢仝两人。他们为中国，也为世界茶的发展做出了重要贡献。

"茶圣"陆羽（755—804），字鸿渐，号竟陵子，复州竟陵（今湖北天门市）人。陆羽身世坎坷，据传幼时被遗弃于小石桥下，幸得智积禅师抱回抚养，从此在寺庙长大。在寺院中陆羽学文识字，习诵佛经，还学会了煮茶，且一生嗜茶，精于茶道。

因为智积禅师想让陆羽皈依佛门，而陆羽志不在此，最终师徒不欢而散。12岁的陆羽逃离寺院，流落街头。为了生计，他进入戏班，从此与戏剧结缘。他多才多艺，著作甚多，但最有影响的是《茶经》，这是世界第一部茶叶专著。整个写作过程持续了近30年，经过了学茶启蒙，品泉问茶，出游考研，潜心著书，补充资料等几个阶段最终完成。陆羽将佛学诗词、书法同自己渊博的茶学知识和高超的烹茶技艺相结合，赢得了崇高的声望。凭他的人品和丰富的茶学知识名震朝野,朝廷曾先后两次诏拜陆羽为太子文学和太常寺太祝。陆羽精于茶道,为中国茶业和世界茶业的发展做出了卓越贡献,陆羽被后世尊称为茶圣、茶神。

卢仝,唐朝诗人,自号玉川子,河南济源人。年轻时卢仝隐居少室山茶仙谷茶仙泉饮茶作诗度日,著有《茶谱》和《七碗茶诗》,对中国茶文化和日本茶道影响深远,被后人誉为"茶仙"。他的《七碗茶》是七言古诗《走笔谢孟谏议寄新茶》中的重要一部分,写出了品饮新茶给人的美妙意境,广为传颂。在日本,这首诗演变为"喉吻润、破孤闷、搜枯肠、发轻汗、肌骨清、通仙灵、清风生"的日本茶道。日本人对卢仝推崇备至,常常将之与"茶圣"陆羽相提并论。

 小知识

卢仝与《七碗茶》

卢仝年少时才华出众,负有盛名,但他不愿意当官,隐居在少室山,并两次推拒了朝廷的邀请,还作诗讽刺当时宦官当权。一家老小生活非常困难,卢仝和韩愈交往深厚,韩愈经常周济卢仝,给银两卢仝坚决不收,韩愈于是送些东西,卢仝也就不再拒绝了。两人经常一起出去游玩,煮茶作赋。后来卢仝的另一位朋友孟简送卢仝一些特别好的茶,卢仝欣喜之下,一首《走笔谢孟谏议寄新茶》应运而生,"七碗茶歌"正是其中的第三部分:一碗喉吻润,两碗破孤闷。三碗搜枯肠,唯有文字五千卷。四碗发轻汗,平生不平事,尽向毛孔散。五碗肌骨清,六碗通仙灵。七碗吃不得也,唯觉两腋习习清风生。蓬莱山,在何处?玉川子,乘此清风欲归去。

这段经典的"七碗茶歌"如行云流水般轻灵曼妙,如清风柳絮般飘逸超然,又如鸾凤清鸣般唯美酣畅,饮茶之舒畅淋漓的意境和韵律让人回味无穷。"七碗茶"演变成今天"喉吻润、破孤闷、搜枯肠、发轻汗、肌骨清、通仙灵、清风生"的茶道,被广为流传。

可惜,后来卢仝受"甘露之祸"而被害,死时才40岁。

漫长的种茶、饮茶历史(始于神农氏,兴于唐,盛于宋,明清遍及中华)使我们饮茶、品茶,也认识了茶,茶之美与艺术相结合成了一种茶文化,它影响着我们生活的各个方面、社会的各个领域。其中核心是茶道和茶艺。

一、中国茶类

(一)茶树茶叶溯源与传播

茶树最早发源于我国西南的云贵高原。一般认为,茶树发现的时间在四千余年以前,最早可追溯到六七千年之前。在云南勐海县巴达地区发现树龄1700年左右的大茶树,这是目前世界上所知道的最古老的一株茶树,可算作茶树王中之王了,这一地区类似的大茶树还有九棵。

中国也是茶叶的故乡,是发现和利用茶叶最早的国家,也是饮茶文化的发源地。我国人民在实践中掌握了茶的栽培,茶的加工、利用,形成了自己独特的茶文化。而且通过茶的输出,为世界人类文明的发展与进步做出了重要的贡献,中国由此赢得了"茶叶祖国"的美誉。中国饮茶之久、茶区之广、名茶之多、茶质之好、茶艺之精、茶学之深,都是世界其他国家无法比拟的。

饮茶始于中国,兴于亚洲,又广泛传播到世界。我国把种茶、制茶及饮茶不断向外传播。据记载,我国的巴蜀地区饮茶、制茶最早,名茶也最早出现在巴蜀,随着发展,中国最早的茶叶市场也出现在了巴蜀。巴蜀地区茶的栽培技术以及饮茶习惯逐渐在国内传播开来,一些官宦之家、帝王富豪有了饮茶之风;到了唐代,茶叶的种植已遍布中国大半地区,由此也逐渐向国外传播。传播的方式主要有四种:通过来华学佛的僧侣和遣唐使,将茶带往国外,比如鉴真和尚东渡,日本高僧最澄都将茶籽引种到日本,通过派出的使节,将茶作为贵重的礼品,馈赠给出使国。如1618年,中国公使向俄国沙皇赠茶。中国应邀直接以专家身份去国外发展茶叶生产。另外,茶还以商贸的方式传到国外。如隋唐时期中国商人以茶马交易方式,使茶叶经回纥及西域等地向外输送,中途辗转西伯利亚,运往西亚、北亚和阿拉伯国家,最终抵达俄罗斯和欧洲各国。17世纪上半叶茶传入英国,此时饮茶仅局限于社会上层,消费量较为有限;至18世纪中叶,英国东印度公司茶叶进口量猛增,此时几乎所有的家庭账册均记载了饮茶的相关开支。英国人的饮茶偏好逐渐由绿茶转向红茶且添加牛奶与糖,此举逐渐成为英式饮茶的习惯性做法,"下午茶"也在英国社会日渐流行起来。茶社科影响着英国社会各方面,在诗歌、小说、散文乃至绘画中都多有体现,更是寄托了英国人对茶的深厚情感,可见茶对世界的影响多么巨大。

（二）茶叶的种类

茶叶是以茶树新梢上的芽叶嫩梢为原料加工制成的产品。茶叶按初加工方式可以分为绿茶、红茶、青茶（乌龙茶）、黑茶、黄茶、白茶六大类毛茶。再加工茶类有压制成型的紧压茶和鲜窨制的花茶。紧压茶主要以黑茶、红茶或绿茶味为原料，经过蒸压处理，加工成茶块，也称边销茶，它深受西北、西南少数民族的喜爱。花茶出现于宋代，以精制后的茶叶和鲜花为原料，经过窨花工艺制成，尤其受我国北方人民的喜爱。

绿茶以西湖龙井茶、太湖碧螺春茶、黄山毛峰茶最为著名；红茶以安徽祁红（也叫祁门红茶）、云南滇红尤为出众；青茶名品有福建的武夷岩茶（按产品又分大红袍、名枞、肉桂、水仙和奇种五类）、铁观音、台湾的乌龙；黄茶著名品种有君山银针；著名的白茶有白毫银针、白牡丹等；黑茶名品有云南普洱茶等。

（三）茶叶的功效

中国文字记载茶叶的最初功效是药用。陆羽《茶经》中就说："茶之为饮，发乎神农氏，闻于鲁周公。"神农尝百草，茶及其药用价值已被发现，并由药用以后逐渐演变成日常生活饮料。东西方人们对茶叶本身都做了许多研究，如茶叶中富含多种物质，包括维生素、氟化物、糖类物质、茶多酚、氨基酸、生物碱等，这些物质对人体能产生不同的功效。能防氧化、延缓衰老、抗过敏、降血糖、抑制癌细胞繁殖、提高血管韧性、保护肝脏；可起到消炎、解毒、提神、保健、养生等作用。可以说茶是一宝，百利而无一害。

（四）识茶择水选器

品茶先需识别茶,识别茶的真假、茶的新陈,还有采摘的季节,海拔差异,这是选好茶的第一步。真茶与假茶,既有形态特征上的区别,又有生化特性上的差异。通常认为,凡是从茶树上采摘下来的芽、叶和嫩茎经过加工制成的茶叶即真茶。相反,凡是非茶树的其他植物芽叶制成形似茶叶的茶,统称为假茶。一般情况下,真茶具有茶叶固有的清鲜香味;其色泽绿茶深绿,红茶乌黑油润,乌龙茶乌绿带润,冲泡后可以看见叶底边缘有锯齿、叶片支脉明显,叶背有茸毛,叶子在茎上呈螺旋状互生。假茶则不具有上述特征。我们可以通过视觉、味觉等感官来鉴定茶叶固有的色香味形的特征,但是有时候柳树叶、冬青叶等假茶原料和真茶原料混合在一起加工,则就增加了识别的难度。

新茶与陈茶是相比较而言的,通常将当年采制加工而成的茶叶,称为新茶。而将上年甚至更长时间采制加工而成的茶叶,即使保管严妥,茶性良好,也统称为陈茶。对于比较多的茶叶品种来说,新茶理所当然地比陈茶好。这是因为茶叶在存放过程中,在光、热、水、气的作用下,其中的一些酸类、酯类、醇类,以及维生素类物质发生缓慢的氧化或缩合,形成了与茶叶品质无关的其他化合物,而为人们需要的茶叶有效品质成分含量却相对减少,最终使茶叶色香味形向着不利于茶叶品质的方向发展,茶叶产生陈气、陈味和陈色。一般地,新茶外观干硬疏松,色泽新鲜、油润有光泽,一折即断。隔年陈茶则紧缩,色泽暗枯,不易折断,冲泡后汤色发暗。

但是,并非所有的茶叶都是新茶比陈茶好。有的茶叶品种适当贮存一段时间,反而显得更好些,例如,一些新采制的名茶,如西湖龙井、洞庭碧螺春等,如果能在生石灰缸中贮放半个月左右,那么汤色清澈晶莹,滋味鲜醇可口,叶底青翠润绿,而且未经贮放的闻起来略带青草气,经短期贮放的却有清香纯洁之感。又如盛产于福建的武夷岩茶,隔年陈茶反而香气馥郁、滋味醇厚,湖南的黑茶、湖北的茯砖茶、广西的六堡茶、云南的普洱茶等,只要存放得当,不仅不会变质,甚至能提高茶叶品质。

一般采摘茶有春茶,即在当年农历五月底之前采制的茶叶。如果是农历六月至七月的茶就是夏茶,而七月中旬以后采摘的就称作秋茶。因为季节不同,气候条件、质地均有差别。一般来说,绿茶春茶最佳,大凡名茶均为春茶。夏茶味较苦,香味不及春茶浓。

我们知道,好茶需配好水,只有好水配好茶才会相得益彰。所以,古人饮茶非常讲究茶水的选择。陆羽在《茶经》中就有精辟的论述:"其水,用山水上,江水中,井水下。其山水,拣乳泉、石池漫流者上,其瀑涌湍漱勿食之,久食令人生颈疾。又水流于山谷者,澄浸不泄,自火天至霜郊以前,或潜龙蓄毒于其间,饮者可决之,以流其恶,使新泉涓涓然,酌之。其江水,取去人远者。井,取汲多者。"可见以山中乳泉、江中清流冲泡茶叶最佳。宋徽宗所著《大观茶论》中同样认识到水的重要性,他认为"水以清、轻、甘、洁为美。轻、甘乃水之自然,独为难的"。后人对其说法做了补充,称为"清、活、轻、甘、冽"五字品水法。中国人饮茶看重泉水,因为泉水分布

老年旅游文化实用教程

地区广,泉水又多。

茶具是泡茶、饮茶必备的物品,明代许次纾《茶疏》有言:"茶滋于水,水藉于器,汤成于火,四者相须,缺一则废。"可见,茶、水、器、火四者之间密切相关。目前主要是紫砂壶、盖碗、玻璃杯、陶瓷茶具、竹编茶具、金属、塑料等茶具,都别具一格。

秦朝之前,烹煮后食用茶,所用的"茶具"与餐具、酒具等都是通用的,所以谈不上专用茶具。到了秦朝,茶具已经从餐饮器皿中独立出来,茶具的种类既有贮存茶的箱、罐,也有煮茶所用的鼎、釜、壶、瓶,饮茶所用的盂、杯、碗,盛茶的勺等。到了东汉,陶瓷器皿逐渐成为茶具。而到了魏晋时期,由于茶饼的广泛使用,又出现了研磨、炙茶的工具,茶具种类逐渐丰富起来。唐朝"茶圣"陆羽《茶经·四之器》中总结前人的茶具,介绍了风炉、筥、纸囊、碾、拂末、箩、合、则、水方、漉水囊、瓢、竹夹、具列、都篮等材质不同、功能各异的 28 种饮茶用具,使茶具成为饮茶活动的重要组成部分。饮茶逐渐发展成了一种"艺术"。到了宋代,开始出现"点茶法",这使茶具有了明显变化,全套茶具以"茶亚圣"卢仝的名字命名,称作"玉川先生",共有烘茶炉、木茶桶、茶葫芦、茶碗、茶壶、陶杯、棕帚等十二种,而茶壶又以紫砂茶壶最为名贵。随着"泡茶法"出现、"斗茶"之风盛行,茶具基本固定为茶碗和茶壶。当时的汝、官、哥、定、钧五大名窑的青瓷大为流行。明清两代,用茶方式以泡茶为主,茶具也简化为壶、杯,制作工艺越来越精致,对品质的要求越来越高。在这种情况下,宜兴紫砂壶因其优越的宜茶性和越来越高超的制作工艺,成为上至宫廷、中及士绅、下至民间,皆广受欢迎的饮茶用具。苏东坡在宜兴时,最喜爱提梁式的紫砂壶,被后人命名为"东坡壶",其名沿用至今。紫砂壶既没土气,又不会夺香,泡茶不失厚味,能有效地保持色、香、味,茶叶久泡不烂,茶汤久贮不熟,轻巧便捷,自然平和,是瓷壶所不能比及的。泡茶的器形有了盖碗,由盖(喻为天)、碗(喻为人)、托(喻为地)三部分组成——暗含中国传统的"天、地、人和"的世界观,所以盖碗也称"三才碗"。玻璃茶具魅力独特,通体晶莹透明,奇景悦目,泡茶时,茶叶、茶色、茶汤的变化一目了然,极具观赏性。

(五)中国茶的发展历史

上古时代茶最早是作为一种药材出现的。到了东西周时期,已经开始人工种植茶树了,不过那时候茶是用来吃的,有的直接嚼叶子吃,有的将茶叶放进汤里,还有的直接煮把茶叶放粥里,做成"茶叶粥"。秦朝时,人们不再单一地吃茶,而是逐渐当饮品来喝,同时依然拿来做药用。两汉时期,制茶工艺得到了很大的提升,开始出现更易运输的茶饼。成都成为我国茶叶最早的集散中心。东汉时期的华佗明确提出茶是一种很好的药材,有消除疲劳、提神醒脑之效。唐朝时,茶逐渐开始成为一种艺术,流行于高层人士中。将喝茶上升到艺术层面的,当仁不让地要归功于"茶圣"陆羽。中唐以前,人们喝茶的时候还要加入葱、姜、枣、橘皮、茱萸、薄荷等物。陆羽将这些调味料全都舍弃,只保留了盐来调味。唐代这样的喝茶方法,叫作"煎茶":先将饼茶碾成粉末,置于锅中煎煮,而后再加盐调味,以去除苦味。煎好的茶用长匙舀至面前的小茶碗中饮用。"茶兴于唐而盛于宋",宋朝人们对茶的研究也更为深入,茶饼在宋朝极为流行。随着茶文化的发展,茶的玩法也越来越多。出现了"斗茶",文人斗茶和"品香、插花、挂画"并称为"四大雅事"。斗茶的要点在于"点茶":点茶就是用小勺将茶末分到几个茶碗里,冲入滚水,用茶匙或茶筅、茶筋等搅动茶汤,使之产生茶沫,乃至咬盏挂杯,幻化出花草虫鱼之类现象。点茶技法后来被日本僧人南浦昭明传至日本,后发展成了抹茶道,成为日本文化一个重要标签。元朝开始制作散茶,并且在制作工艺上有所转变,重炒制。

明朝时朱元璋废团茶改散茶,散茶逐渐成为主流。如今我们熟悉的绿茶、黄茶、红茶、乌龙茶,都是因为废团改散,制茶工艺改良之后,才逐渐出现的。散茶风行民间,喝茶方式也变得更简单:直接用沸水冲泡,这一饮茶的方式也一直保留到了今天。清代不仅出现了如今我们喝到的大多数茶类,更有很多爱喝茶的皇帝。其中以乾隆为代表,乾隆皇帝就曾经说过:"君不可一日无茶。"同时,茶具也得到简化,这样也更利于茶文化的传播。清朝盖碗的流行,就和爱茶的乾隆皇帝密不可分。

18世纪时,茶已经取代丝绸,成为中国第一大类出口商品,这个阶段也被命名为茶叶世纪,而从中国输出的茶也成为西方人身份的象征。贵族借由茶展示自己的优雅品位,收藏来自中国的茶具也成为贵族权力的象征。从此,西方人对茶的态度从狂热变为上瘾,并开始有了属于自己的创造。

（六）正确泡茶的方法

喝茶是一种休闲的生活方式,而泡茶则是一门艺术,只有掌握正确的泡茶方法,才能泡好茶。

正确的泡茶方法要掌握三个要素:茶叶用量、泡茶水温和冲泡时间。茶具的选择不一,根据不同的茶性可以选择玻璃杯、盖碗、紫砂壶等。

泡茶时每次茶叶用多少,没有一个统一的标准,而是根据茶叶种类、茶具大小以及消费者的饮用习惯而定。茶叶种类繁多,茶类不同,用量各异。如冲泡一般红茶、绿茶,每杯放 3 克左右的干茶,加入沸水 150~200 毫升;如饮用普洱茶,每杯放 5~10 克干茶。用茶量最多的是乌龙茶,每次投入量为茶壶的 1/2~2/3。对于高级绿茶,特别是各种芽叶细嫩的名茶正确的泡茶方法不能用 100 度的沸水冲泡,一般以 80 度(指水烧开后再冷却)左右为宜,这样泡出的茶汤一定嫩绿明亮,滋味鲜爽,茶叶维生素 C 也较少破坏。泡饮各种花茶、红茶和绿茶,则要用 100 度的沸水冲泡,如果水温低,则渗透性差,茶中有效成分浸出较少,茶味淡薄。泡饮乌龙茶、普洱茶和沱茶,每次用茶量较多,而且因茶叶较粗老,必须用 100 度的滚开水冲泡。有时,为了保持和提高水温,还要在冲泡前用开水烫热茶具,冲泡后在壶外淋开水。

泡茶正确的步骤:

(1)烫壶:在泡茶之前需用开水烫壶,一则可去除壶内异味;再则热壶有助于挥发茶香。

（2）温杯：用烫壶热水倒入茶盅内,再行温杯。

（3）置茶：一般泡茶所用茶壶壶口皆较小,正确的泡茶方法需先将茶叶装入茶荷内,鉴赏茶叶外观,再用茶匙将茶荷内的茶叶拨入壶中,茶量以壶之三分之一为度。

（4）高冲：冲泡茶叶需高提水壶,水自高点下注,使茶叶在壶内翻滚,散开,以更充分泡出茶味,俗称"高冲"。

（5）刮沫：刮去茶叶表层的一层泡沫,之后盖上壶盖静置稍许。

（6）低斟：把泡好的茶斟入杯中,茶壶壶嘴与茶盅之距离,以低为佳,以免茶汤内之香气无效散发,俗称"低泡"。这样不会起泡沫,也不会溅出。

（7）闻香：品茶之前,需先观其色,闻其香,方可品其味。

（8）品饮：正确的泡茶方法是先要举杯将茶汤送入鼻端闻香,接着用拇指和食指按住杯沿,中指托住杯底,举杯倾少许茶汤入口,含汤在舌尖回旋细品,顿觉口有余甘。一旦茶汤入肚,鼻口生香,咽喉生"两腋生风",回味无穷。

二、茶艺和茶道

茶道和茶艺有着内在的联系,但又有不同。茶道的内涵大于茶艺,茶艺的外延大于茶道。"艺"一般指制茶、烹茶、品茶等艺茶的技艺;"道"是指艺茶过程中所蕴含的精神。有道而无艺,那是空洞的理论;有艺而无道,艺则无精、无神。茶艺,有名,有形,是茶文化的外在表现形式。茶道,就是精神、道理、规律、本源与本质,它是看不见、摸不着的,要用心体会。茶艺与茶道结合,艺中有道,道中有艺,实现了物质与精神的高度统一。

(一) 茶艺

1.茶艺的形成

茶艺是在原有的基础上广泛吸收和借鉴了其他艺术形式,并扩展到文学、艺术等领域,而形成的具有浓厚民族特色的中国茶文化。茶艺包括选茗、择水、烹茶技术、茶具艺术、环境的选择创造等一系列内容,整个过程体现了形式和精神相互统一,是我国一种优秀文化。茶艺在中国历史悠长,它萌芽于唐,发扬于宋,改革于明,极盛于清,而且自成系统。茶是中国人的国饮,茶中含有多种维生素、茶素、精油、氟素等成分,利于人体健康;茶又有医学上的效用,明目、清脑、利尿等。因此,茶已被世界各国公认为是天然的健康饮料。

最初僧侣用茶来集中自己的思想,唐代赵州从谂禅师曾经以"吃茶去"来接引学人,后来才成为分享茶的仪式。作为茶道的表现方法,茶艺包括茶事活动中的以茶叶为中心的全部操作形式。

2.茶艺的内容

第一,茶叶的基本知识。学习茶艺,首先要了解和掌握茶叶的分类、主要名茶的品质特点、制作工艺,以及茶叶的鉴别、贮藏、选购等内容,这是学习茶艺的基础。

第二,水的基本知识。学习茶艺,必须懂得水。历代对水质的要求是:清、轻、甘、活、冽5个字。现代人多用自来水、纯净水、矿泉水泡饮。

第三,茶艺的技术。是指茶艺的技巧和工艺。包括茶艺术表演的程序、动作要领、讲解的内容,茶叶色、香、味、形的欣赏,茶具的欣赏与收藏等内容。这是茶艺的核心部分。

第四,茶艺的礼仪。是指服务过程中的礼貌和礼节。包括服务过程中的仪容仪表、迎来送往、互相交流与彼此沟通的要求与技巧内容。

第五,茶艺的规范。茶艺要真正体现出茶人之间平等互敬精神,因此对宾客都有规范的要求。作为客人,要以茶人的精神与品质去要求自己,投入地去品赏茶。作为服务者,也要符合待客之道,尤其是茶艺馆,其服务规范是决定服务质量和服务水平的一个重要因素。

第六,悟道。道是一种修行,一种生活的道路和方向,是人生的哲学,道属于精神内容。悟道是茶艺的一种最高境界,是通过泡茶与品茶去感悟生活,感悟人生,探寻生命的意义。

3. 茶艺的分类

中国茶艺按照茶艺的表现形式可分为四大类:表演型茶艺、待客型茶艺、营销型茶艺和养生型茶艺。

4. 茶艺用具

茶艺用具繁多,包括置茶器、理茶器、分茶器、品茗器、涤洁器和其他辅助性用具等。

（二）茶道

茶道是一种烹茶饮茶的生活艺术，一种以茶为媒的生活礼仪，一种以茶修身的生活方式。茶道精神是茶文化的核心，茶道被誉为道家的化身，茶道文化起源于中国，南宋时期传入日本和朝鲜。

1. 茶道程序

洗壶：将沸水倒入壶中，又迅速倒出。

冲泡：沸水再次入壶，倒水过程中壶嘴"点头"三次，即所谓"凤凰三点头"，向客人示敬。"春风拂面"：水要高出壶口，用壶盖拂去茶末儿。

封壶：盖上壶盖，用沸水遍浇壶身。分杯：用茶夹将闻香杯、品茗杯分组，放在茶托上。"玉液回壶"：将壶中茶汤倒入公道杯，使每个人都能品到色、香、味一致的茶。

分壶：将茶汤分别倒入闻香杯，茶斟七分满。

奉茶：以茶奉客。

闻香：客人将茶汤倒入品茶杯，轻嗅闻香杯中的余香。

品茗：客人用三指取品茗杯，分三口轻啜慢饮。在古筝的伴奏下，主泡火熏香、净手，先引茶入荷，请来宾赏茶，然后是赏具，品茶讲究用景瓷宜陶——景德镇的瓷器、宜兴的紫砂壶。烫杯温壶是将沸水倾入紫砂壶、公道杯、闻香杯、品茗杯中，洁具提温。"乌龙入宫"是将乌龙茶放入茶壶。

茶道要遵循一定的法则。唐代为克服九难，即造、别、器、火、水、炙、末、煮、饮。宋代为三点与三不点品茶，"三点"为新茶、甘泉、洁器为一,天气好为一,风流儒雅、气味相投的佳客为一;反之,是为"三不点"。明代为十三宜与七禁忌。"十三宜"为一无事、二佳客、三幽坐、四咏诗、五挥翰、六徜徉、七睡起、八宿醒、九清供、十精舍、十一会心、十二鉴赏、十三文僮;"七禁忌"为一不如法、二恶具、三主客不韵、四冠裳苛礼、五荤肴杂陈、六忙冗、七壁间案头多恶趣。

2. 茶道要素

按构成要素来说,茶道有环境、礼法、茶艺、修行四大要素。茶道的环境要清雅幽静,使人进入此环境中,忘却俗世,洗尽尘心,熏陶德化。茶道活动是要遵照一定礼法进行,茶道之法是整个茶事过程中的一系列规范与法度,涉及人与人、人与物、物与物之间一些规定,如位置、顺序、动作、语言、姿态、仪表、仪容等。修行是茶道之本,是茶道的宗旨,茶人通过茶事活动怡情悦性、陶冶情操、修心悟道。

喝茶、品茶、茶艺的最高境界在于茶道。喝茶,将茶当饮料解渴;品茶,注重茶的色香味,讲究水质茶具,喝的时候又能细细品味。茶艺,讲究环境、气氛、音乐、冲泡技巧及人际关系等,最高境界——茶道在茶事活动中融入哲理、伦理、道德,通过品茗来修身养性、品味人生,达到精神上的享受。

 小知识

元稹的《一言至七言诗·茶》

唐代有许多诗人在诗作中都留下了对茶和茶事的歌咏,其中最著名的当属元稹的《一言至七言诗·茶》。这首诗形式独特,内涵丰富,高度概括了茶与茶艺。

茶

香叶,嫩芽

慕诗客,爱僧家

碾雕白玉,罗织红纱

铫煎黄蕊色,碗转曲尘花

夜后邀陪明月,晨前独对朝霞

洗尽古今人不倦,将知醉后岂堪夸

3. 中国茶道精神

茶道属于东方文化,茶道的真谛不仅在于饮茶,更在于饮茶成为一种精神享受、一种艺术,或是一种修身养性的手段,达到启迪智慧、俭德明志。中国文人的雅兴志趣表现在琴棋书画诗酒茶,茶自然成了艺术载体,沟通彼此。中国茶道精神有不同的理解,在此我们引用林治的观点,概括为"怡""清""和""真"四个方面。

(1)怡。"怡"指怡情、养性。人们以茶悟道,在精神方面得到升华。饮茶啜苦咽甘,启发生活情趣,培养宽阔胸襟与远大眼光,消除纷争,消弭于形。怡悦的精神,在于不矫饰自负,处身于温和之中,养成谦恭的行为。佛家重"茶之德",道家重"茶之功",王公

显贵重"茶之珍",学士重"茶之韵",普通百姓重"茶之味"……可以说任何人都能在茶中获得身心享受。

(2)清。"清"指清廉、清正、清苦、清心、清寂,讲求人心的清净。茶的真谛不仅求事物外表之清洁,更须求心境之清寂、宁静、明廉,知耻在静寂的境界中,饮水清见底之纯洁茶汤,方能体味饮的奥妙。这与道家思想一脉相通。

(3)和。"和"指以和为贵,崇尚中庸之道。以茶交友、以茶待客,以茶联谊正是茶人、茶事活动中儒家思想和的体现。"和"是中国茶道哲学思想的核心:泡茶时"酸甜苦涩调太和,掌握迟速量适中"的中和;待客时"奉茶为礼尊长者,备茶浓意表浓情"的明和;饮茶时"饮罢佳茗方知深,赞叹此乃草中英"的谦和;等等。

(4)真。"真"是中国茶道的终极追求。真指真知、真理、至善之真,返璞归真,宁静致远,道法自然,守真养真。真茶真水,真情真意,启迪良知,臻于善真。茶事的点点滴滴都认认真真。

 小知识

禅茶一味

"禅茶一味"的禅茶文化,是中国传统文化史上的一种独特现象。茶与禅本是两种文化,在其各自漫长的历史发展中发生接触并逐渐相互渗入、相互影响,最终融合成一种新的文化形式,即禅茶文化。

湖南石门县夹山寺(又名灵泉禅院),夹山是誉满东亚的茶禅祖庭。夹山牛抵茶自宋至清一直被列为贡品,碧岩泉是煮茶的极

品泉水。夹山开山祖师善会讲禅说法品茶,悟出了"禅茶一味"真谛。据中国茶禅学会专家考证,夹山是"茶禅""茶道"的正宗源头。

佛教认为茶有三德:一为提神,夜不能寐,有益静思;二是帮助消化,整日打坐,茶可助消化;三是饮茶能够"不发",就是指可以抑制性欲,令人平心静气。僧人还通过饮茶意境的创造,把禅的哲学精神与茶结合起来。陆羽的挚友僧人皎然,喜好作诗饮茶,号称"诗僧",又可称其为"茶僧"。他把禅学、诗学、儒学思想相结合,"一饮涤昏寐,情来朗爽满天地;再饮清我神,忽如飞雨洒轻尘;三饮便得道,何顺苦心破烦恼"。故意去破除烦恼,便不是佛心了。"静心""自悟"是禅宗主旨,皎然把这一精神贯彻到中国茶道中。

将禅修融于茶道之中的"禅茶一味"的理念,已经发展成为独具中国特色的"禅茶一味"文化生活习惯。有的名寺旅游景点也开辟了茶饮,听泉品茗、坐禅静修,成为传播禅茶文化的一个门户。

(三) 中国的茶馆

一直以来,茶在中国人的交往和社会生活中几乎无所不在,占据着重要的位置。以至于有了以茶为主的茶馆,专门用作饮茶的场所。古代常常把茶馆也叫作茶肆、茶坊、茶铺、茶寮、茶屋等,后来人们称它为茶楼、茶社、茶园、茶室等。现代文学家老舍更是以它创作了话剧《茶馆》,小小的茶馆演绎出近半个世纪的风云变化、人事沧桑和社会的走向,成为人们永远难以忘怀的记忆。

茶馆体现着中国传统文化的嬗变,茶从上层走向平民百姓,成为大众化的标志。中国今天的茶馆分布于各个角落,大江南北、城市、乡村,不分老少,紧张的工作之余,去茶馆品一杯茶,领略个中情趣。现在我国的茶馆大体上可以分成京、川、粤、江浙四大类型,它们风格各异、五彩纷呈,成为旅游的一道独特风景线。

1. 四川茶馆

巴蜀是茶文化的摇篮,他们对茶有着特殊的感情。四川人喜爱喝茶、喜欢去茶馆,茶馆不仅是大众休闲放松的场所,也集政治、经济、文化于一体,在茶馆里,谈天说地,"摆龙门阵"可以;吃茶说理,调解纠纷也可;洽谈生意、看货交易都行;吟诗、听唱、看报、下棋等等,也是不可或缺的娱乐文化社交之所。上至几百座的大茶馆,下至三五座的小茶馆,茶壶飞舞、茶盘叮咚,热闹非凡。

2. 广东茶楼

广东是茶的故乡,茶的品类繁多,饮茶风行,茶馆林立。广东的茶馆多称为茶楼,茶楼多与饭馆合二为一。广州人盛行自斟自饮的盖碗茶。在广东,吃早点叫作"饮早茶",每天两次茶市(早茶和午茶,有的还有夜茶)。广东茶楼的典型特点是茶中有饭,饭中有茶,餐和饮结合,茶和点心相结合,一边是美食佳肴,一边是怡情闲聊,家人朋友其乐融融。

3. 京派茶馆

北方茶馆最具有代表性的要数北京,有北京茶园十八种之说,包括茶园、茶社、大茶馆、清茶馆、书茶馆、棋茶馆、茶酒馆、野茶馆、二荤馆、红炉馆、大鼓园子、鼓书茶馆、清真茶馆、窝窝茶馆、改良茶馆、季节茶馆等,至于茶摊、茶棚更是不计其数。可以说北京茶馆的最大特点就是它的多样性,功能齐全,既有环境优雅的高档茶楼,又有大众化的大碗茶棚,茶馆与曲艺相结合,听书论段,极具文化内涵,是北京重要的旅游资源之一。

4.江浙茶馆

江浙茶馆文化浓厚,与北京茶馆相比,多了些风雅,品茗常常与赏景相结合。江南水乡,名胜遍布,曲径通幽处、荷塘鱼池畔,畅游于西湖、太湖诗情画境之中,赏景同时饮茶,是一种素淡、文雅的意境。杭州的茶室确实是幽雅,既没有功夫茶的烦琐器具,也缺少四川茶馆茶博士的行茶技艺。但是,周围墙上的字画、窗外湖光山色的清新儒雅,名茶名泉,清淡甘美,这才是真正的茶艺真趣。

最后,我们要了解中国的饮食、茶酒饮用的基本礼俗,这种"礼"的习俗贯穿了饮食活动的整个过程,也构成了中国饮食特有的文化传统。首先,中国古代的饮食有着严格的等级礼俗划分,如宫廷、官府、行帮、民间等,最直观的体现就在于座位的安排。桌次地位的高低以距主桌位置的远近而定。在排列位次的时候,总体来说,座次是右高左低、中座为尊、面朝大门为尊,席宴中首席为辈分最高的长者,末席为辈分最低者。这是因为中国人上菜时多按照顺时针方向上菜,坐在右边的人要比坐在左边的人优先受到照顾,巡酒时自首席按顺序而下。如果是圆桌,正对大门的为主客;若是八仙桌,且不正对大门,则面东一侧的右席为首席。进餐时,年长者或长辈坐在上座即上方,其余人依次围坐在两旁和下方,还要随时为年长者或长辈盛饭、夹菜。其次,酒茶也有着必须遵守的礼俗。饮茶要看茶叶的品种、茶具的选择、敬茶的程序和品茶的方法,斟茶时,茶水不可过满,往往有"七茶八酒""茶到七分"之说。以酒待客时,涉及酒水的品种、敬酒的程序与方法。敬酒时,常常需要先斟酒,而且必须斟满,俗语说"酒满敬人"。

第七章　旅游艺术文化

　　被誉为法国"现代法国小说之父"的著名作家巴尔扎克曾热情洋溢地赞颂"中国艺术有一种无边无涯的富饶性"。是的,中国的艺术丰富多彩、博大精深,极具神秘色彩,令世界为之倾慕。作为艺术子系统的戏曲、歌舞、书法、绘画、雕塑等具有中国独特的民族风格,是我国旅游资源不可或缺的重要组成部分,艺术魅力经久不衰。在新时代,艺术更会传承光大。

　　我们说旅游增长见识的同时,也是一个艺术欣赏的过程;丰富的艺术品可以陶冶人们情操,净化人们心灵,鼓舞我们的精神,从中受益匪浅。

　　旅游艺术文化内涵丰富,种类繁多,是人类文化的重要组成部分。艺术文化源于生活,又高于生活,充满着作者的经历、情感,更能引起人们心灵的共鸣;在形式上直观生动,易于被广大游客所喜爱和接受,也能满足不同类别游客的欣赏口味。这些艺术相互转换、相互结合,增强了艺术的感染力,给人们的生活增加了无限的情趣。

第一节　旅游戏曲歌舞艺术

一、戏曲概述

（一）概述

中国戏曲是一种历史悠久的综合舞台艺术样式，主要是由民间歌舞、说唱和滑稽戏三种不同艺术形式综合而成，起源于原始歌舞，包含文学、音乐、舞蹈、美术、杂技以及人物扮演等各种因素。它丰富多彩的形式被公认为世界最具有中华民族特色的文化品种之一，其特点是将众多艺术形式以一种标准聚合在一起，在共同具有的性质中体现其各自的个性。中国的戏曲与希腊悲剧和喜剧、印度梵剧并称为世界三大古老的戏剧文化。中国戏剧更是经过长期发展演变，流派纷呈，种类繁多，形成了以"京剧、越剧、黄梅戏、评剧、豫剧"五大戏曲剧种为核心的中华戏曲百花苑。

（二）戏曲和戏剧的区别

1. 含义不同

戏曲指中国传统的舞台表演形式，主要有京剧、越剧、黄梅戏、评剧、豫剧等；戏剧指以语言、动作、舞蹈、音乐、木偶等形式达到叙事目的的舞台表演艺术的总称。

2. 表现形式不同

戏曲是以音乐为主体,以"歌舞"演故事,通过"唱、做、念、舞(打)"来呈现故事;戏剧是以文学为主体,主要是用"说"和"做"来演绎故事。

3. 对时空处理的方法不同

戏曲是虚拟的、大写意的,化妆、装扮也是夸张的;戏剧以写实手法为主。

4. 范围不同

戏剧范围更大,戏剧包括戏曲,戏曲具有戏剧的属性,却不包括戏剧。传统的戏曲形式是涵盖文学、音乐、舞蹈、美术、杂技、雕塑等多种成分的综合艺术,同时它也是我国具有代表性的,并有着鲜明特征的民族艺术形式。

一般来说,在没有特定要求时,戏曲和戏剧可以通用。

(三) 中国戏剧 (此处的戏剧与戏曲视为等同) 的基本特征

概括起来,中国戏曲艺术具有三大基本特征,即综合性、虚拟性和程式性。三者相辅相成、相互依托,你中有我、我中有你,是一个密不可分的辨证统一体。

1. 综合性

第一,中国戏曲表演是集"唱、念、做、打"于一身。国学大师王国维先生给中国戏曲下的定义是:"戏曲者,谓以歌舞演故事也。"

歌是指戏曲的唱和念:唱即演唱,念即念白;舞是指戏曲的做和打:做即表演,打即武打。"唱、念、做、打"的综合表现手法,共同构成了中国戏曲表演艺术的基本特征,体现在"无声不歌,无动不舞"。

第二,中国戏曲是时间艺术和空间艺术的综合,称为"时空艺术"。人们一般把音乐作为时间艺术,用一定的时间来演绎故事;把美术作为空间艺术,在一定的空间提供舞台,使演员塑造出鲜明生动的人物形象。中国的戏曲则是二者高度综合的艺术。

第三,中国戏曲是听觉艺术和视觉艺术的综合,称为"视听艺术"。唱、念、做、打四功当中,唱和念属于"歌"的成分,是听觉艺术的代表;做和打属于"舞"的成分,是视觉艺术的代表。听觉艺术能"赏心",给观众以听觉上的享受;视觉艺术能"悦目",给观众以视觉上的感染力和震撼力。

第四,中国戏曲是集文学、音乐舞蹈、说唱美术、杂技、武术等多种艺术门类于一身的高度综合的艺术形式,综合性最强,也最丰富。

2. 虚拟性

第一,戏曲舞台时空的灵活性。戏曲舞台时空灵活性表现在把有限的舞台空间变换为无限广阔的艺术空间。题材的表现领域极为宽泛,海阔天空、大千世界无所不能,既可以表现宏大的历史题材,演绎正面战争的作品,也可以演绎大闹天宫、大闹龙宫、大闹地府等浪漫主义题材的作品。戏曲谚语曰:"舞台方寸地,思尺见天涯。"

第二，以虚代实，虚实相生。在戏曲舞台上没有任何道具的前提下，一切景致都是依靠演员运用"唱、念、做、打"的表演手段外化出来的。如开门、关门、屋里、屋外、楼上、楼下以及多层空间并存，都是虚拟的，这一切物体的存在都是通过演员假定性的表演动作生动形象地外化出来的。在戏曲表演中，凡是虚拟到容易让观众产生错觉的时候，就要借助一些外在符号性的道具加以提示说明。同时要求表演者设身处地，心、眼中有物，胸有成竹，讲究表演细节，只有这样，才能做到表演动作真实生动、准确传神。如戏曲舞台上表现骑马、划船、乘车、坐轿时，采用"无马有鞭""无船有桨""无车有旗""无轿有帘"的方式或以群体舞蹈来外化物体的存在等等。

明朝戏曲家王骥德《曲律》中讲："剧戏之道，出之贵实，而用之贵虚，以实而用实也易，以虚而用实也难。"戏曲表演的虚拟性正是"以虚代实，虚实相生"的美学神韵的具体体现。

第三，状物抒情、情景交融、写人写景浑然一体。在空无一物的戏曲舞台上，演员根据剧本的提示，按照规定的情境，要做到"看山是山，看水是水"，"假戏真做，以假乱真"。如《西厢记》一剧，"碧云天，黄花地，西风紧，北雁南飞。晓来谁染霜林醉，总是离人泪"。这段具有浓郁诗情画意的唱词生动形象地描绘了一幅万物凋零的晚秋景色，也从侧面恰当而深刻地刻画出了崔莺莺和张生的不忍离别之情，借景抒情，很好地做到了情景交融、写人写景浑然一体。这一切都是依靠演员的表演以及相互间的配合表现出来的，既要让观众觉得是真实可信的，又要让观众从演员的精彩表演当中获得审美的愉悦。

3. 程式性

所谓"程式"就是指一定标准规范,在戏曲中特指表演的格式化和规范化。"唱、念、做、打"四功,"手、眼、身、法、步"五法,皆有严格的程式规范。以简单的身段表演程式为例,如开门、关门、上马、下马、投袖、整冠、理髯等,都有固定的程式套路。

二、戏剧种类

（一）京剧

京剧又称平剧、京戏,被誉为中国的国粹,被称为"东方歌剧",分布地以北京为中心,遍及全国各地。它是通过汉剧、徽剧、昆曲、秦腔相互影响,并吸收了一些民间曲调,逐渐融合、演变、发展,在19世纪末20世纪初最终形成,成为中国最大的戏曲剧种,位列中国戏曲三鼎甲"榜首",是中国和世界非物质文化遗产。

早在明嘉靖到清乾隆年间传奇演唱盛行,形成了五大声腔系统:高腔、昆腔、弦索、梆子和皮黄。1790年,来自安徽的徽班"三庆班"入京为乾隆的八十"万寿"祝寿。徽班是指演徽调或徽戏的戏班,清代初年在南方深受欢迎。随后,许多徽班接踵而来,其中最著名的有三庆、四喜、春台、和春,习称"四大徽班",它们在演出上各具特色。1828年以后,湖北的汉戏演员陆续进入北京。这些湖北的"汉调"艺人与"四大徽班"合作演出、同台技艺,在不断演出中逐步形成了以徽调"二簧"和汉调"西皮"为基调,又吸收昆曲、秦腔以及梆子等戏曲曲调、演技,杂糅其精华,诞生出了新的剧种——京剧。

京剧脸谱是京剧中最具特色的艺术。京剧脸谱主要特点有美与丑的矛盾统一,与角色的性格关系密切,其图案是程式化的。"生""旦"面部化妆叫"俊扮""素面""洁面","净行"与"丑行"面部绘画复杂,称"花脸",该艺术是中国传统文化的标识之一。通过脸谱,人物的忠奸、美丑、善恶等品质性格展现出来。红色含有褒义,寓意忠勇侠义,黑色为中性,体现着耿直刚烈,蓝脸和绿脸也为中性,代表草莽英雄,白色暗指阴险狡诈,黄色表示人物残暴、工于心计,黄脸和白脸含贬义,代表凶诈、凶恶,金脸和银脸是神秘,代表神妖,有虚幻之感。

京剧流派纷呈、人才辈出。清朝咸丰、同治年间有程长庚、余三胜、张二奎等;光绪时有谭鑫培、孙桂仙、汪桂芬等;民国以来生行有余叔岩、马连良、周信芳等;旦行有梅巧玲、王瑶卿等。20世纪20年代至40年代,京剧达到鼎盛时期,产生了"四大名旦",即"梅(梅兰芳)、尚(尚小云)、程(程砚秋)、荀(荀慧生)"。他们创造出各具特色的艺术风格,形成了梅兰芳的端庄典雅,尚小云的俏丽刚健,程砚秋的深沉委婉,荀慧生的娇昵柔媚"四大流派",开创了京剧舞台上以旦为主的格局。其他的如武生杨小楼在继俞菊笙、杨月楼之后,将京剧武生表演艺术发展到新高度,被誉为"国剧宗师""武生泰斗"。

如今的京剧已经走出国门,走向了世界,成为中国与外国文化交流的使者。

（二）黄梅戏

黄梅戏原名黄梅调、采茶戏，是中国五大传统戏曲剧种之一。最早可追溯到唐代，起源于湖北黄梅，发展壮大于安徽安庆，也是安徽省的主要地方戏曲剧种。该戏曲唱腔淳朴流畅，以明快抒情见长，具有丰富的表现力，表演质朴细致，以真实活泼著称。代表剧目有《天仙配》《女驸马》《牛郎织女》等，曾被列入中国第一批国家级非物质文化遗产名录。

黄梅戏的角色行当是在"二小戏""三小戏"的基础上发展起来的。上演整本大戏后，角色行当逐渐发展成正旦、正生、小旦、小生、小丑、老旦、奶生、花脸诸行。在黄梅戏中，戏内角色虽有行当规范，但演员却没有严格分行，常常是一个演员要兼扮几个角色。黄梅戏的服装较之京剧戏服，少了浓墨重彩、华丽妖冶，多了清雅秀丽、自然隽永，给人清新俊雅之感。黄梅戏的妆容重眉眼，不同于京剧中浓墨描摹的眼廓、华丽的假面，它的戏装讲究晕染、神韵，类似于古代仕女的淡妆，真实质朴。小生眉眼上扬，眉峰微聚，风神俊秀，清俊佳绝；花旦眉目含情，顾盼之间，自然一段潋滟风流。

黄梅戏的鼻祖邢绣娘，她出身贫寒，自幼聪明伶俐，乖巧可人，喜爱歌唱，且歌喉婉转，音韵悠扬。她的演唱别具一格，深受民众喜爱，曾四次为乾隆皇帝献艺，并获得了"黄梅名伶"的御赐墨宝。新中国成立后著名演员严凤英在唱腔和表演方面都有了新的创造，使黄梅戏成为有影响力的剧种。

（三）评剧

评剧是中国汉族戏曲剧种，是我国北方的一种地方戏，也是中国五大戏曲剧种之一，曾经被封为全国第二大戏曲剧种，仅次于京剧。在北京、天津、河北等华北各省市及东北三省流传最广。

清末，河北滦县一带的贫苦农民于农闲时以唱莲花落谋生，逐渐出现了专业的莲花落艺人。莲花落即称"落子"，是一种长期流行于民间的说唱艺术，后来进入唐山，称"唐山落子"。评剧就是在莲花落基础上发展起来的。评剧的特点是念白和唱词口语化，吸收河北梆子、京剧的一些表演方式和音乐元素，同时也受到唐山皮影戏音乐的影响，因政治因素而改换新名叫"平剧"，后来"平腔梆子"的简称改为"评剧""评戏"，这个名称就此确立，直到现在。评剧在 2006 年入选国家非物质遗产目录。

评剧原分为东路和西路两派。今天盛行的是东路，流行于华北和东三省，在南方也有广大观众；西路评剧又叫"北京蹦蹦"，是在东路评剧梆子、老调的影响下形成的，它的腔调高亢，板头丰富，别具风格。辛亥革命前后在北京及京西各地演出，很受观众欢迎，以后濒于绝迹。

评剧的创始人是成兆才先生，艺名东来顺，被尊称为"东方的莎士比亚"。他的纪念馆就坐落在滦南县南大街。其代表作《花为媒》《杨三姐告状》《杜十娘》现在依然是评剧里的经典曲目。评剧流派众多，早期四大名旦之一的刘翠霞，曾在天津被称为"评剧皇后"；早期四大名旦之一的白玉霜在 1936 年参演电影《海棠红》，让评剧的名字登上了《大公报》的版面,评剧从这里开始在全国走红。另外,任氏兄弟[任善庆、任善丰(即月明珠)、任善年、任善诚]、孙家班(孙洪魁、孙凤鸣、孙凤岗)、男旦金开芳、小生刘子熙等都为评剧的产生和发展做出了重大贡献。著名的评剧演员还有喜彩莲、小白玉霜(代表作《秦香莲》)、韩少云等。

(四) 豫 剧

豫剧是中国五大戏曲剧种之一,发源于河南开封。它是在河南梆子基础上不断继承、改革和创新发展起来的。新中国成立后因河南简称"豫",故称豫剧。豫剧以唱腔铿锵大气、抑扬有度、行腔酣畅、吐字清晰、韵味醇美、生动活泼、善于表达人物内心情感著称,凭借其高度艺术性而广受欢迎,被西方人称赞为"东方咏叹调"。豫剧是中国最大的地方剧种,居全国各地方戏曲之首,是全国拥有专业戏曲团体和从业人员数量最多的剧种,成为中国戏曲三鼎甲之榜眼。

豫剧旧称"河南梆子""河南高调",早期豫剧演员用本嗓演唱,起腔与收腔时用假声翻高尾音带"讴",又曾叫"河南讴"。豫剧的角色行当由"生旦净丑"组成,一般的说法是四生、四旦、四花脸。戏班组织也是按照"四生四旦四花脸,四兵四将四丫环;八个场面两箱官,外加四个杂役"的结构组成。由于语言方言不同,豫剧也形成了多路流派,有祥福调(以开封为中心)、豫东调(以商丘为中心,又称东路调)、豫西调(以洛阳为中心,又称西府调)、沙河调(豫东南沙河流域,又称本地梆)。豫剧音乐唱腔属板腔体,多为七字句或十字句,唱词通俗易懂。豫剧有着独特的板式结构和比较完整的音乐程式,可分为慢板、流水板、二八板、飞板四大板类;豫剧的文武场各有自己不同的伴奏乐器。随着时代发展,乐器也增加了许多西洋乐器,比如小提琴及西洋铜管、木管乐器等,组成了中西混合乐队,使豫剧更加深入百姓,成为家喻户晓的剧种。

传统的豫剧剧目有 1000 多个,代表性的有《三上轿》《穆桂英挂帅》《破洪州》《七品芝麻官》《打金枝》《三哭殿》《大祭桩》;现代戏有《朝阳沟》《倒霉大叔的婚事》《小二黑结婚》等。豫剧的代表人物有常香玉、陈素真、崔兰田、马金凤、阎立品、桑振君"豫剧六大名旦",豫剧演员名家辈出,深受人们喜爱。

（五）川剧

川剧是我国戏曲宝库中又一颗璀璨的明珠,它流行于四川、云南、贵州等地,由外省传入的昆腔、高腔、胡琴、弹戏和四川的红灯戏五种声腔艺术在清乾隆以后逐渐合流而形成,这五种声腔的音乐特色鲜明,有着与其他剧种不同的地方高腔和令人惊艳的变脸技巧,并以此为人们所熟知。

川剧剧目繁多,早有"唐三千,宋八百,数不完的三列国"之说。其中要以高腔部分的遗产最为丰富,艺术特色也最显著。传统剧目有"五袍"(《青袍记》《黄袍记》《白袍记》《红袍记》《绿袍记》)、"四柱"(《碰天柱》《水晶柱》《炮烙柱》《五行柱》),以及"江湖十八本"等,还有川剧界公认的"四大本头"(《琵琶记》《金印记》《红梅记》《投笔记》)。新中国成立后优秀的川剧剧目有《柳荫记》《玉簪记》《彩楼记》等。

川剧的行当可分为生、旦、净、末、丑、杂六大类,艺术形象鲜明多彩,戏曲语言赋予生活气息,演员表演细腻真实,程式体系自成一家。尤其是变脸的特技表演,用于揭示剧中人物的内心及思想感情变化,即把不可见、不可感的抽象情绪和心理状态变成可见、可感的具体形象——脸谱。用抹脸、吹脸、扯脸、运气变脸等手法瞬时即变、扑朔迷离,使人产生无限遐想。川剧《柳荫记》《江姐》等影响较大。

(六)苏州评弹

苏州评弹是盛行于江南一带,流行于苏州及江、浙、沪一带的地方曲艺,是苏州评话和弹词的总称。苏州评弹起源于苏州,历史悠久,约有400年历史,被誉为江南奇葩。评话和弹词都以吴语徒口讲说来表演,吴音抑扬顿挫,轻柔委婉,弦琶琮铮,十分悦耳。清乾隆时期已经颇为流行,最著名的艺人有王周士,他曾为乾隆皇帝演唱过,嘉庆、道光年间有陈遇乾、毛菖佩、俞秀山、陆瑞廷四大名家。咸丰、同治年间又有马如飞、赵湘舟、王石泉等,之后经过历代艺人的创造发展,曲调流派纷呈,风格各异。

弹词一般是两人说唱,上手持三弦,下手抱琵琶,自弹自唱。内容多为传奇小说或民间故事,演出中也穿插一些笑料;评弹的情节曲折离奇,表演扣人心弦,形式雅俗共赏,所以数百年来流传于江、浙、沪城乡,为社会各阶层人士所喜爱。

评弹有说有唱,大体可分三种演出方式,即一人的单档,两人的双档,三人的三个档。演员均自弹自唱,伴奏乐器为小三弦和琵琶。唱腔音乐为板式变化体,主要曲调为能演唱不同风格内容的书调,同时也吸收许多曲牌及民歌小调,如费伽调、乱鸡啼等。书调是各种流派唱腔发展的基础,它通过不同艺人演唱,形成了丰富多彩的流派唱腔。主要有三大流派:陈(遇乾)调、马(如飞)调、俞(秀山)调,其中马调对后世影响最大,多有继承并自成一派。评弹还在海内外广为传播,台湾著名国学大师俞大纲称苏州评弹为"中国最美的声音"。

苏州评话的传统书目很多。一类说历史故事,属讲史类,多为长篇,如《西汉》《东汉》《三国》《隋唐》《岳传》等;一类是"短打书",讲英雄好汉、义士侠客的故事,如《水浒》《七侠五义》《小五义》等;还有讲神怪故事和公案书,如《封神榜》《济公传》《彭公案》《施公案》等。新中国成立后,苏州评话出现了一批新书目,如《铁道游击队》《林海雪原》《烈火金钢》《敌后武工队》等。

(七)华州皮影戏

华州皮影戏是我国出现最早的戏曲剧种之一,它起源于汉代,成熟于唐宋时期,在清末民初达到鼎盛,是陕西东路皮影之代表,距今已有2000多年的历史。华州皮影戏因其最古老、最精粹、最成熟、最完美、最经典和最有资格代表中外皮影戏艺术的最高水平,被誉为"中华戏曲之父"和"世界皮影之父"。从18世纪的歌德到后来的卓别林等世界文化名人,对皮影戏艺术都曾给予过高度的评价,毛泽东、周恩来等国家领导人,也曾多次以皮影戏招待国内外宾客。皮影戏所用的幕影演出原理,以及皮影戏的表演艺术手段,对近代电影的发明和现代电影美术片的发展也都起到过先导作用。

华州皮影制品以上等牛皮为原料,经刮、磨、刻、染、熨、缀等20余道工序手工精工细作而成。华州皮影造型以人物为主,兼有景物和道具,人物高约有1尺,大头突额,色彩艳丽,图案精细。皮影戏中人物、景物的造型与制作,采取了抽象与写实相结合的手法,对人物及场面景物进行了大胆的平面化、艺术化、卡通化的综合处理,其造型古朴典雅,民族气息浓厚,非常具有艺术欣赏性和收藏价值。皮影戏的演出装备轻便,唱腔丰富优美,表演精彩动人,深受广大民众的喜爱,流传甚广。中国很多地方戏曲剧种,就是从皮影戏唱腔中派生出来的。

华州皮影戏的特点是一出戏的演出由5人完成;演出中由1个前声唱完所有的剧情,1个签手用皮影表演剧种所有人物的动作,3个乐师演奏所有的音乐,达到"一口诉说千古事,双手对舞百万兵"的舞台艺术效果。

(八)维吾尔族的"十二木卡姆"

维吾尔十二木卡姆是维吾尔族人民对中华民族灿烂文化所作的重大贡献,是我们伟大祖国艺术宝库中的一颗闪耀着璀璨光芒的珍稀瑰宝。它运用音乐、文学、舞蹈、戏剧等各种语言和艺术形式,表现了维吾尔族人民绚丽的生活和高尚的情操,反映了他们的理想和追求,以及当时的历史条件下所产生的喜怒哀乐。它集传统音乐、演奏音乐、文学艺术、戏剧、舞蹈于一身,具有抒情性和叙事性相结合的特点。这种音乐形式在世界各民族的艺术史上独树一帜,堪称一绝,被誉为"东方音乐文化的一大奇迹"。

木卡姆起源于西域土著民族文化,又深受波斯—阿拉伯音乐文化的影响。"木卡姆"原为阿拉伯语,意为规范、聚会等意,在现代维吾尔语中,"木卡姆"主要意思为古典音乐。"木卡姆"被称为维吾尔民族历史和社会生活的百科全书,是中华民族多元文化的组成部分。

十二木卡姆就是十二套古典音乐大曲,这十二套大曲分别是:拉克、且比亚特、木夏维莱克、恰尔尕、潘吉尕、乌孜哈勒、艾介姆、乌夏克、巴雅提、纳瓦、斯尕、依拉克。维吾尔十二木卡姆的每一个木卡姆均分为大乃额曼、达斯坦和麦西热甫三大部分;每一个部分又由四个主旋律和若干变奏曲组成。其中每一首乐曲既是木卡姆主旋律的有机组成部分,同时又是具有和声特色的独立乐曲,为木卡姆伴奏的乐器有萨塔尔、弹布尔、热瓦普、达普、都塔尔等。每个木卡姆配有含义隽永、内容丰富、色彩斑斓、朗朗上口、轻松活泼、便于演唱的古典诗词以及格则勒(双行诗)、民谣而显得情趣盎然,生机勃勃。

除了以上极具代表性的地方戏曲之外,还有昆曲、华州老腔、秦腔等地方戏,遍布全国,总共有360余种戏曲种类。戏曲是人们生活的重要组成部分,戏曲增强了生活的艺术性,使生活高雅而有品位,是中国传统文化的"知识百科"。

三、曲艺

曲艺是中华民族各种"说唱艺术"的统称,它是由民间口头文学和歌唱艺术经过长期发展演变形成的一种独特的艺术形式。它的主要艺术手法为"说"和"唱",用"口语说唱"来叙述故事、塑造人物、表达思想感情并反映社会生活;艺术形式相对简单,一人或几人演唱,三五件乐器伴奏即可;表演方式通过第三人称的叙述为主。可以说,曲艺是一门听觉艺术,它通过说、唱刺激听众的听觉以激发其形象思维,在听众形象思维构成的意象中与演员共同完成艺术创造,所以,曲艺演出不受舞台框架限制,时间和空间上更加自由活泼。

为使听众享受到如闻其声、如见其人、如临其境的艺术美感,曲艺演员必须具备坚实的说功、唱功、做功,并需具有高超的模仿能力。通过长年艰苦训练,形成活泼的动人技巧,对人物喜怒哀乐刻画得惟妙惟肖,对事件叙述引人入胜,才能博得听众的欣赏。而上述坚实功底之底蕴是来自曲艺演员对现实生活的观察、体验与积累,以及对历史生活的分析、研究和认识。

目前我国有400多种曲艺种类,包括小品、相声、评书、评话、大鼓、快板等,内容有叙事、抒情、讽喻等,它们各有所工、各有所长,在民间广泛流传。

（一）评书

评书是人们喜闻乐见的一种曲艺形式，大约形成于清初，主要流行于我国的北方地区。它的表演手法主要是口头讲说。评书的展演形式比较简单，早期为一人一桌，一扇一木，穿着也比较单一，着传统长衫，几乎没有什么化妆。之后有所变化，表演也趋于自由和多样化，伴有形象动作辅助。

评书讲解的内容多为历史故事和侠义英雄，以长篇大书为主，也有短小的适合于演出的评书。评书表演者综合素质要求较高，曾有文描述学说书之艰辛："世间生意甚多，唯有说书难习。评叙说表非容易，千言万语须记。一要声音洪亮，二要迟疾顿挫。装文装武我自己，好似一台大戏。"

评书的种类较多，有北京评书、辽宁评书、天津评书、四川评书等，其中以辽宁评书最为著名。著名评书表演艺术家有袁阔成、单田芳、刘兰芳、田连元等，他们语言生动幽默、塑造人物形象个性鲜明，在传统中又注重创新发展，给人们留下了难以磨灭的深刻印象，伴随着一代又一代人在语言环境中成长。这些评书艺术家博采众长，不断探索创新，兼容了西河大鼓、东北大鼓等艺术特点，脍炙人口的作品数不胜数，有《三国演义》《岳飞传》《水浒传》《三侠五义》《乱世枭雄》等。另外，他们整理编著传统评书，开辟了评书艺术走向市场的先河，为评书发展做出了巨大贡献。

（二）大鼓

大鼓是传统曲艺的一个重要类别，主要戏曲剧种有京韵大鼓、西河大鼓、梅花大鼓、梨花大鼓、乐亭大鼓、东北大鼓、山东大鼓、上党大鼓、北京琴书、河南坠子、温州鼓词、澧州大鼓、滑稽大鼓等数十种。大鼓形成于清代的山东、河北农村，主要流行于我国北方各省、市广大城镇与乡村以及长江、珠江流域部分地区。

大鼓的表演形式多为一人自击鼓、板，一至数人用三弦（另有四胡、琵琶、扬琴等）乐器伴奏，也有仅用鼓、板的，多取站唱形式，唱词基本为七字句和十字句，基本为七言或十言的上下句体，题材广泛，多为历史战争和爱情故事，演唱中有用地方方言，唱腔曲调有别。

大鼓中最有名的是京韵大鼓，它主要流行于北京、天津在内的华北及东北地区，是中国北方说唱音乐中艺术成就较高的曲种，同时在全国的说唱音乐曲种中也占有相当重要的地位。传统的京韵大鼓曲目来自古典名著，有《单刀会》《博望坡》《草船借箭》《闹江州》《黛玉悲秋》等。新中国成立后，京韵大鼓在唱腔和表演方面都进行了新的改革，反映现代生活的优秀曲目有《黄继光》《刘胡兰》和新编历史题材作品《愚公移山》《满江红》《卧薪尝胆》等。

（三）相声

相声是深受群众欢迎的曲艺表演艺术形式。它以说、学、逗、唱为形式，广泛吸取口技、说书等艺术之长，用笑话、滑稽问答，寓庄于谐，以讽刺笑料表现真善美。传统曲目以讽刺旧社会各种丑恶现象和通过诙谐的叙述反映各种生活现象为主，随着时代发展，作品内容增加了歌颂新人新事、传播社会文明的新风尚。优秀曲目有《关公战秦琼》、《夜行记》等。

相声有三大发源地：北京天桥、天津劝业场和南京夫子庙，分为北派与南派。一般认为相声形成于清咸丰、同治年间，由宋代的"象生"演变而来。到了晚清年代，相声有了现代特色和风格，主要用北京话讲，各地也有以当地方言说的"方言相声"。主要道具有折扇、手绢、醒木。表演形式有单口相声、对口相声、群口相声、相声剧等。

著名相声演员有张寿臣、马三立、常宝堃、侯宝林、刘宝瑞、李伯祥、高英培、马季、姜昆、侯耀文、苏文茂、李金斗、冯巩、郭德纲、于谦、曹金、岳云鹏等，他们创作了许多脍炙人口、耳熟能详的作品，丰富着人们的生活，影响深远。

四、民歌

民歌是一种语言艺术，是人们在社会劳动实践中创作的带有浓郁民族风格特色的歌曲形式，目的是表达对淳朴生活的感受，情感自然而直接。它通过口传心授，集体加工，不断锤炼。其语言乐感鲜明、音乐形象、内容短小、情节简单、易于传唱。

《诗经》是我国最早的诗歌总集，内容包括《风》《雅》《颂》。其中的"国风"是当时北方 15 个地区的民歌，反映了当时社会复杂的生活关系。其中人们熟悉的《伐檀》《硕鼠》体现了劳动人民对统治者的反抗、痛恨，也反映了对美好生活的向往。战国时屈原等人对楚国民歌进行了搜集整理，并根据楚国民歌曲调创作新词，即《楚辞》，它是一部著名的诗集，作品充满了浪漫主义色彩。之后的汉魏六朝出现了新的诗体——乐府，它本是汉武帝设立的音乐管理机构，旨在指导乐工、制定乐谱、采集歌词，后来成为带有音乐性的诗体名称。《陌上桑》《孔雀东南飞》《木兰辞》都是乐府中的杰作，《孔雀东南飞》和《木兰辞》并称为"乐府双璧"。这些作品真实地反映了下层人民的苦难生活，表现形式有长短句和五言、七言体，并增加了乐器伴奏，使民歌发展日臻成熟。唐宋时"曲子"对宋词、元曲产生了较大影响。其中民歌曲调已经固定下来，也有了农村和城镇的区别。明清时的民歌形式自由，曲调表现力更加丰富，作品的显示性更强。

新中国民歌是革命者有力的思想武器，许多优秀民歌唱出了对新社会、对党的热爱，展示了新的精神风貌。

总的来说，民歌是属于劳动人民的歌曲，是他们对生活和现实的愿望反映，地域性、民族性较强。民歌的分类多种多样，比如，按地域划分有陕北民歌、客家民歌、云南民歌等；按体裁分为号子（劳动号子）、山歌、小调；按照形式和作用分为高原山歌、劳动号子、稻区"田歌"、城镇小调、云岭"双声"；按照人群可以分为情歌、儿歌。

（一）客家民歌

客家民歌是一种以客家语为创作、传唱载体，以客家民间生活及习俗为题材，在客家聚集地区广泛流传的民间歌曲。客家民歌是汉族民歌的重要分支,它和客家民谣统称作客家民间歌谣。客家民歌主要分布于有客家群体分布的地区,包括广东东北部、福建西南部以及江西东南部三省交界地带。湖南浏阳、四川成都东山、广西贵港、台湾新竹、苗栗、东南亚客家分布地等地方都有客家民歌流传。

客家山歌内容广泛,语言朴素生动,歌词善用比兴,韵脚齐整,词曲不固定,一般都是即兴编唱,可以一曲多词,也可以反复演唱,曲调丰富。采茶歌是最典型也是传唱最广的客家山歌。其中著名的江西红色民歌《十送红军》原型就是赣南采茶调,反映了民众鼓舞士气,也表达了离别之情。

（二）陕北民歌

陕北民歌广泛流传在陕北,是用陕北方言唱出的一种地方歌曲,是陕北汉族劳动人民精神、思想、感情的结晶。它昂扬着黄土地上泥土的芳香,流淌着黄河儿女最通俗的词汇和最亮丽的激情,是黄土地的母语和家园,更是黄土文化的特色和精粹。陕北民歌地域特征鲜明:土气、大气、美气。即土得掉渣、大得雄奇、美得撩人。

陕北是民歌荟萃之地,民歌种类很多,主要有信天游、小调、酒歌、榆林小曲等二十多种,其中以信天游最富有特色、最具代表性。这些自成体裁又各具特点的民歌,都从各方面反映了社会生活,唱出了陕北人民的苦乐和爱憎。

在陕北,人们的喜、怒、哀、乐,都可以用民歌形式来表达。无论是站在崇山峻岭之巅,还是走在弯弯曲曲的山道里,或者行进在一马平川的大路上,到处都可以听到顺风飘来的悠扬歌声。"女人们忧愁哭鼻子,男人们忧愁唱曲子。"陕北是民歌的世界,民歌的海洋。全国闻名的曲目有《走西口》《绣金匾》等。

(三)云南民歌

云南是我国拥有少数民族最多的省份,在各族人民生活中,民间歌唱活动几乎渗透到生活中各个领域。他们以歌唱倾诉男女间的相互爱慕,以歌唱激发劳动热情,以歌唱表示对死者的哀悼、对婚配的祝福,以歌唱抒发丰收的喜悦和节日的欢乐……云南民歌不仅是云南民族音乐的核心和基础,而且对民族文学艺术的发展也具有特殊的意义。它不仅是民族歌舞音乐中的重要组成部分,也为戏曲说唱艺术的进一步发展提供了丰富的养料。

云南汉族民歌可概括为山歌、小调、劳动歌曲和舞蹈歌曲四大类。多采取对唱形式,也可独唱。往往开始先唱一个漫长的引腔,再唱主要内容,这类民歌是云南汉族民歌中地方特色最为鲜明的部分。因各地风格迥异,所以大多没有固定歌词,多是即兴演唱,旋律优美。在国内脍炙人口的云南民歌有《小河淌水》《弥渡山歌》《大河涨水沙浪沙》等。

第二节　中国书法绘画艺术

一、中国书法艺术

（一）中国书法总论

书法是中国传统文化艺术发展中最具有经典标志的民族符号，堪称中国的"第四宗教"，对中国民众有着强烈吸引力、仪式感和大众参与性。它是中国特有的艺术品种，根植于这片"特别的东方"（黑格尔语）的哲学、文学、美学沃土上，在中国传统文化上是璀璨夺目又至为重要的一环。毕加索曾说过："倘若我是一个中国人，那么我将不是一个画家，而是一个书法家，我要用我的书法来写我的画。"可见，中国书法对世界的影响有多么巨大。中国书法是中国美学的灵魂，意趣超迈的书法表现出中国艺术最潇洒、最灵动的自由精神，展示出历代书法家空灵的艺术趣味和精神人格价值。正是书法艺术这一独特的魅力，使之在众多东方艺术门类之中，成为最集中、最精妙体现东方人精神追求的东方艺术。

中国书法集中体现中国文化的审美特征，展示其人格心灵世界，并以其特立独行、源远流长而在世界文化史上占有重要地位。

中国书法的载体为汉字，汉字有自己特有的造型，通过一定艺术构思，采用多种艺术手段，运用毛笔书写来最终完成。书法是线条艺术，却不是一般的单纯线条，而是具有绘画性质的线条。

文房四宝（笔墨纸砚）为工具，笔、墨、纸、砚，各有各的用途，各有各的讲究，所谓"名砚清水，古墨新发，惯用之笔，陈旧之纸"，综合起来成为中国独有的传统书法艺术，而且走出国门，受到世界各国人民的瞩目和珍爱。

（二）中国汉字与书法

中国书法是用圆锥状毛笔书写，包括篆、隶、正（楷）、行、草各种书体汉字的法则，注重执笔、点画、运笔、结构、行气、章法、墨法、风格的传统造型艺术，要求执笔须指实掌虚，五指齐力，腕部松平，悬空发力；点画须中锋铺毫，笔笔送到；结构要笔画间和谐呼应；章法行次要错落有致，气息贯通。

这些笔法都是在对汉字的造型、结构、布局等认识基础上的艺术表现。中国汉字有一个演变发展过程，最古老的如铭文（又称金文、钟鼎文）、甲骨文，后发展为大篆、小篆、隶书、魏碑、楷书、行书、草书，逐渐形成定势。文字演化成书法艺术反映了人们的精神、气质、学识和修养。中国书法有三个要素组成——用笔、结字、章法，透视人的审美，把单一的线条粗细变化加大，提高艺术表现力。

 小知识

"书法第一法则"石鼓文

"石鼓文"是目前见到的最早的人类在石头上的笔墨，因文字刻在 10 个鼓形石头上而得名。它最早发现于唐代陕西凤翔境内，是战国时秦国的刻石，内容记述秦王游猎，故又称"猎碣"，世称"石刻之祖"。它集大篆之大成，开小篆之先河，属于尚未定型的过渡

型字体,在书法史上起着承前启后的作用,为秦统一文字提供了依据。"石鼓文"结构方正匀整,舒展大方,线条饱满、圆润,笔意浓厚,字里行间已经找不出象形图画痕迹,完全是由线条组成的符号结构。历代书家视其为临习篆书的重要范本,故有"书家第一法则"之美誉,后世学篆者都将其奉为正宗。

(三)中国著名书法流派与书法家

1. 行书、草书:二王(王羲之、王献之)→米芾→张旭→怀素

晋朝"二王",即东晋的王羲之、王献之父子,代表了行书流派。王羲之是中国最著名、成就最高的书法家,他博采众长、独成一家,创造出"天质自然,丰神盖代"的行书,被公认为古今书法第一人,被誉为"书圣"。王羲之兼善隶、草、楷、行各体,为后世留下了大量的书法作品,影响深远。王羲之书法的章法、结构、笔法都很完美,充分展示了其个人的风度、气质、情操、襟怀。王羲之的书法作品有《兰亭序》《乐毅论》《快雪时晴帖》《曹娥碑》等。

 小知识

王羲之《兰亭序》

公元353年农历三月三日,时值初春,任会稽内史的王羲之与亲族谢安、僧人支遁、文友、孙绰、徐丰之、袁峤之等41人在山阴(今浙江绍兴)兰亭为"袚禊"(一种临水消灾的礼俗)之会,饮酒赋诗,王羲之"用蚕茧纸、鼠须笔"乘醉作序,这就是被誉为天下第一行书的《兰亭序》。今人赞誉有加,如"清风出袖,明月入怀","点画秀美,行气流畅"。序中记叙了兰亭周围的山水之美和聚会时的

欢乐心情,共 28 行、324 字。字字"飘若浮云,矫如游龙""遒媚劲健,绝代所无"。王羲之酒醒后再写数十百通,均不如原作,乃称"最得意书"。《兰亭序》标志着王羲之的书法艺术达到了最高境界,被视为传家宝,并代代相传,一直到王家七世孙智永手中。可是,智永不知何故出家为僧,身后自然没有子嗣,就将祖传真本传给了弟子——辩才和尚。到了唐朝初年,李世民大量搜集王羲之书法珍宝,经常临习,对《兰亭序》这一真迹更是仰慕,多次重金悬赏索求,但一直没有结果。后来查出《兰亭序》真迹在会稽一个名叫辩才的和尚手中,从此引出一段唐太宗骗取《兰亭序》、原迹随唐太宗陪葬昭陵的故事。这更增添了《兰亭序》的传奇色彩和神秘气氛。

汉字在记录思想方面有一个很大的局限——慢。怎样使汉字能够最大限度地与思维速度保持一致是大家关注的社会问题。汉代末年,已经出现了草书,但是,这种书写方法,只有很少一些书法家才能做到,一般人还是做不到。王羲之曾对草书非常痴迷,一生最大梦想就是能够龙飞凤舞地写字,但是,他也只能做到"小草"的程度,即每一个字都是草书,是独立的草书。王献之(王羲之的第七个儿子,他写的小楷《洛神赋》被誉为历代小楷第一)在这方面做出了创造性贡献,创造了上下相连的草书,几个字互相连缀而书,明显加快书写速度。这种草书往往一笔连写数字,被称为"一笔书"。由此,前人视王献之的书法特点为"外拓"。拓就是"推"的意思,外拓,就是向外开张、向外奔去的感觉。

宋代的米芾对王献之有特殊研究,其书法得王献之笔意,尤工行、草,与蔡襄、苏轼、黄庭坚合称"宋四家"。米芾擅长临摹古人书法,其书体潇洒奔放,又严于法度。因为他衣着行为以及对书画珍石的迷恋达到癫狂,所以有"米颠"之称。米芾的《蜀素帖》,亦称《拟古诗帖》,是天下第八行书,被后人誉为中华第一美帖。

唐代书法家张旭擅长草书,纵放奇宕,世称"张颠",与贺知章、张若虚、包融并称"吴中四士",又与贺知章等人并称"饮中八仙",其草书则与李白的诗歌、裴旻的剑舞并称"三绝"。怀素(自幼出家为僧)史称"草圣",与张旭齐名,合称"颠张狂素",形成唐代书法双峰并峙的局面,也是中国草书史上两座高峰。怀素的草书,笔法瘦劲,飞动自然,如骤雨旋风,随手万变,书法率意颠逸,千变万化,法度具备。北京大学教授、引碑入草开创者李志敏评价:"怀素的草书奔逸中有清秀之神,狂放中有淳穆之气。"怀素草书作品有《自叙帖》《论书帖》《大草千文》《小草千字文》纸本、《四十二章经》《藏真帖》《七帖》《北亭草笔》等。

2. 楷书:欧阳询(欧体)、颜真卿(颜体)、柳公权(柳体)、赵孟頫(赵体)、苏轼、文征明

欧阳询、颜真卿、柳公权和赵孟頫并称为"楷书四大家",他们自创的书体皆以其姓来命名,足见对后世影响巨大。唐朝欧阳询精通书法,与虞世南、褚遂良、薛稷三位并称"初唐四大家"。因其子欧阳通善于书法,父子俩被合称为"大小欧"。欧阳询的楷书笔力险劲,结构独异,法度严谨,书法于平正中见险绝,于规矩中见飘逸,号为"欧体"。其中"欧阳询八诀"对后世书法的间架结构影响深远,其代表作:楷书《九成宫醴泉铭》被后世誉为"天下第一楷书"

或"天下第一正书",享有"楷书之极致"美誉;行书有《仲尼梦奠帖》《行书千字文》。欧阳询对书法有其独到的见解,有书法论著《八诀》《传授诀》《用笔论》《三十六法》等,所写的《化度寺邕禅师舍利塔铭》《虞恭公温彦博碑》《皇甫诞碑》被称为"唐人楷书第一"。

在书法史上,唐朝颜真卿是继二王之后成就最高、影响最大的书法家。他的书法广收博取,大胆革新,自成一家,史称"颜体"。其书雄秀端庄,结字由初唐的瘦长变为方形,方中见圆,具有向心力。用笔浑厚强劲,大气磅礴,多力筋骨,具有盛唐气象。其行草遒劲有力,真情流露,结构沉着,点画飞扬,在王派之后为行草书开一生面。在中国书法家中,颜真卿秉性正直,笃实纯厚,大义凛然,不屈从权贵,一生忠烈,极大提高了颜真卿在书法界的地位。颜真卿的行书《祭侄文稿》是书法美与人格美完美结合的典例,被后世誉为"天下第二行书";颜真卿的楷书作品《多宝塔碑》奠定了颜真卿书风的基本格调,是留传下来的颜书中最早的楷书作品,结构平稳端正,严谨庄重,后人学颜体多从此碑下手。

唐朝柳公权书法结体遒劲,字字严谨,一丝不苟,其楷书初学王羲之,后自创独树一帜的"柳体"。唐穆宗曾问柳公权怎样用笔最佳,他说:"用笔在心,心正则笔正。"他的字取匀衡瘦硬,追魏碑斩钉截铁势,点画爽利挺秀,骨力遒劲,结构严谨。这种骨力劲健之风使其获得了"颜筋柳骨"的美誉,其作品有《金刚经碑》《玄秘塔碑》等。柳公权的书法在唐朝当时极负盛名,民间更有"柳字一字值千金"的说法,他的楷书成就之高,以至其后一千余年在柳体一路中再无名家,正所谓:"自古学柳无大家。"

　　赵孟頫是宋太祖赵匡胤十一世孙,南宋末至元初著名大家,博学多艺,无所不精,包括书法绘画,金石律吕,诗文经济等多有创新,成就极高,被称作"元人冠冕"。赵孟頫五岁习书,几无间日,直至临死前还在观书作字。其书法自成一体"赵体",华美而不乏骨力,流丽而不落甜俗,潇洒中见高雅,秀逸中吐清气。赵孟頫晚年更是人书俱老,超神入圣,成为我国书法史上一座不可逾越的高峰。在天竺、日本,均以能收藏其翰墨为贵,足见其影响深远,广播域外。他的传世书迹有《洛神赋》《重江叠嶂图》《秋郊饮马》等。鉴于赵孟頫在文化上的杰出成就,1987 年,国际天文学会以他的名字命名了水星环形山,以纪念他对人类文化的贡献。

　　苏轼是北宋著名文学家、书法家、画家,是宋代文学最高成就的代表,为"唐宋八大家"之一,豪放派主要代表。苏轼擅长行、楷,在北宋书坛,他与黄庭坚、米芾、蔡襄并称为"宋四家",而且苏轼居首,可见其成就之高。他曾自称:"我书造意本无法""自出新意,不践古人"。苏轼的书法笔墨丰肥圆润,浑厚爽朗,格调俊逸,以气韵见胜。黄庭坚称他"早年用笔精到,不及老大渐近自然",又说:"本朝善书者,自当推(苏)为第一。"苏轼存世作品有《赤壁赋》《黄州寒食帖》和《祭黄几道文》等帖。其作《黄州寒食帖》更是浑厚遒逸,跌宕多变,富有情感,被誉为"天下第三行书"。苏轼之后许多历史名人如李纲、韩世忠、陆游,张之洞等,都临摹他的书法。

　　苏轼行书《黄州寒食帖》蕴藉非凡,不独以书胜,更是书心双合,将烦恼泻之笔端,恰见苏轼"自出新意,不践古人"之论,因而被誉为"天下第三行书"。

文征明是明代杰出画家、书法家、文学家。其诗、文、书、画无一不精,在画史上与沈周、唐伯虎、仇英合称"明四家",在诗文上与祝允明、唐寅、徐祯卿并称"吴中四才子",继祝允明之后他主盟吴门书派。传世画作《千岩竞秀》《万壑争流》,书作《西苑诗》《渔父辞》等。文征明的小楷造诣最高,形成"温纯精绝"的自家风貌。

中国的书法品评时常用"圣""贤"来称赞书法家的成就。获得"书圣"之誉的有皇象、张芝、钟繇、索靖,获得"亚圣"称号的有王献之,还有"笔圣"张芝,"草圣"张旭,"草贤"后汉的崔瑗。

(四) 书法与旅游

中国的书法、碑文、石刻、楹联、匾额等作为文学艺术旅游重要的资源类别,与旅游有着很深的渊源关系,历代书法名家游历名山胜水,在名胜古迹处多挥毫泼墨,留下诗文名句,既为游客提供了欣赏书法艺术的机缘,又与美景相辉映,增加了游客的知识性、艺术审美情趣和爱国情怀。另外,许多书法作品有着极大的历史文化价值,从而使游客了解历史,认识历史,也增强了旅游胜地的吸引力。著名的美学家叶朗就说过:"旅游从本质上说,就是一种审美活动,旅游涉及审美的一切领域,又涉及审美的一切形态,旅游活动就是审美活动。"许许多多旅游地因为有了名人墨宝,使得旅游景物本身因此而流传不衰。比如王勃的《滕王阁序》使滕王阁成了一个文人聚会的中心,他们莫不以能登临此阁为人生的快事。并且在以后的 1300 多年间,滕王阁屡建屡毁,屡毁屡建,共经历了大大小小 28 次重建,其造型愈建愈美,声誉愈建愈高。原因就在于《滕王阁序》诗句的艺术魅力。又比如"文赤壁"和"武赤壁"之说。苏轼因"乌台诗"案被贬谪到湖北黄州,在黄州西边的江岸上,有座山叫"赤鼻矶",当地人说那里就是当年周瑜打败曹兵的赤壁战场。于是苏轼创作了驰名千古的《念奴娇·赤壁怀古》,这首豪放词以及两篇《赤壁赋》,产生了深远的影响。作为一个历史文化景点,历代营修不绝。李白、杜牧、王安石、范成大、陆游、辛弃疾等都曾来此游览,留下诗词作品。清康熙年间,黄州知府、画家郭朝祚把黄州赤壁定名为"东坡赤壁",并题了匾额。但实际三国时期的赤壁大战是发生在湖北省蒲圻县(1998 年 6 月 11 日蒲圻县更名赤壁市)的赤壁,即后人所称"武赤壁"。可见因为苏轼以及他的诗词、书法艺术作品对旅游景点的影响之大。

在浙江绍兴,兰亭更是因为书圣王羲之的《兰亭序》而成为我国书法史上的圣地。兰亭有一鹅池碑,上书"鹅池"二字,相传是王羲之与王献之父子合书。其书写过程颇为有趣:这天王羲之打算写"鹅池"二字,不料"鹅"字刚写完,就传来接圣旨的呼声,王羲之有官职在身,自然不敢怠慢,立即搁笔接旨。其间,正在父亲身边观看写字的王献之,忍不住提笔续写了"池"字。后人视为珍品,便将"鹅池"二字刻成石碑临摹观赏。事实上,这两个字可能是后人从王羲之和王献之的墨迹中集字而成,以此成趣,也能比较一下父子二人书法风格的异同,"鹅"字铁画银钩,字体偏瘦;而"池"字则浑厚,风格迥然。一碑二字,父子合璧,相得益彰,成为历史上的一段佳话。后人解读,又将其中的"鹅"字和真鹅比较,得出这样的结论:一撇像鹅头,引颈高歌;一钩像鹅翅,徐徐舒展;四点像鹅掌,戏水逐波。真是情趣万分。

二、中国绘画艺术

(一) 中国绘画艺术概述

中国画与中国书法作为中国传统文化艺术代表,既相互独立,又互相补充,素有"书画同源"之誉。它们都借用宣纸、绢、墨,以毛笔为表现工具来传情达意,都强调笔锋、骨法,线条变化,其精神内核是"笔墨",追求神韵、意境,充分体现中国人的哲学观和价值观。中国画还与诗文相辅相成,相得益彰,与印章珠联璧合,对应成趣,诗书画印、长款短跋融为一体,成为"无声诗",是中国文化所独有。

中国画简称"国画",有时候也称宣画,是世界上唯一用国家名字命名的艺术形式,国画在中国古代一般称为丹青,民国前统称为古画。中国画题材可分为人物、山水、花鸟等,按技法可分为工笔和写意画。作为东方绘画体系主流的中国画与西方画大相迥异,西方画求实,中国画追求"神似",这在绘画诸多内容上都有体现:人物方面画出个性、精神;动物、花鸟展现形态特点和意趣;山水风景则追求一种美的境界和自然变化(气候、颜色等),虚实相生、立意高远。

（二）中国画的形式和材料

1. 形式

中国画的形式多姿多彩,有横、直、方、圆和扁形,也有大小长短等分别,以下是除壁画外常见的几种。

(1)中堂:中国旧式房屋,天花板高大,所以客厅中间墙壁适宜挂上一幅巨大字画,称为"中堂"。

(2)条幅:成一长条形字画,对联亦由两张条幅配成。条幅可横可直,横者与匾额相类。无论书法或国画,都可以设计为一个条幅或四个甚至多个条幅。常见的有春夏秋冬条幅,各绘四季花鸟或山水,四幅为一组。至于较长的诗文,如不用中堂写成,亦可分裱为条幅,颇为美观。

(3)小品:指体积较细的字画。可横可直,装裱之后,十分精致。

(4)镜框:将字画用木框或金属装框,上压玻璃或胶片的形式。现代胶片有不反光及体轻的优点。至于不反光的玻璃,不会影响人对画面的欣赏。

(5)卷轴:卷轴是中国画的特色,将字画装裱成条幅,下加圆木做轴,把字画卷在轴外,以便收藏。

(6)册页:指将字画装订成册,是一种装裱形式。册页可以折叠画面各成方形,尺幅不大,易于创作和保存。

(7)长卷:将画裱成长轴一卷,成为长卷,多是横看。而画面连续不断,较册页逐张出现不同。

（8）斗方：将小品装裱成一方尺左右的字画，成为斗方。可压镜，可平裱。

（9）扇面：将折扇或圆扇的扇面上题字写画取来装裱，可成压镜。

（10）屏风：单一幅可摆与桌上者为镜屏，用框镶座，立于八仙桌上，是传统装饰之一。至于屏风，有单幅或摺幅，可配字画，坐立地屏风之用。

2. 材料

国画作画工具材料为我国特制的笔、墨、纸、砚和绢素，也可在陶瓷、器皿、壁上作画。

（1）笔。毛笔是中国所创，分为硬毫、软毫和兼毫，硬毫以狼毫（黄鼠狼尾）为代表，软毫以羊毫（山羊须）为代表。羊毫柔软，狼毫刚健，兼毫柔中带刚。中国的毛笔尤其以湖州（今浙江善琏）之湖笔，宣州（今安徽泾县）之宣笔，及江西进贤之笔为上品。

（2）墨。墨有"油烟"和"松烟"两种，油烟墨用桐油或添烧烟加工制成；松烟墨用松枝烧烟加工制成。古代徽州所产墨历来为文人所喜爱，徽墨有金不换之美称。

颜料有两种，使用起来会产生不同效果，其一种是植物质的，如花青、滕黄、胭脂、牡丹红等，性能是透明、质细，但年久会褪色；另一种是矿物质的，如朱砂、朱漂、头青至三青、头绿至三绿、赭石、石黄、白粉等，性能是不透明，有覆盖力，年久不褪色。

（3）纸。中国画用纸种类广泛，如宣州所产宣纸，四川的皮纸，河南禹县布纸,湖南耒阳棉纸等。除纸外,还有绫、绢等织物都是绘画的材料。但宣纸种类多,产量高,品质好,其特性将国画要求的笔墨神韵能最好地发挥出来,且较绢等价格便宜,故宣纸几乎已成为国画用纸的代名词。

宣纸分生宣和熟宣两种。熟宣是用矾水加工过的,水墨不容易渗透,适合于画工笔画;生宣是没有经过矾水加工的,水墨容易渗透,落笔为定,无从更改,而且渗透开来,能产生丰富的笔墨变化,所以写意画多用生宣。

(4)砚。砚是磨墨用的。要求细腻滋润,容易发墨,并且墨汁细匀无渣。砚以安徽歙县之歙砚、广东端溪的端砚、甘肃的洮砚、山西的澄泥砚为名贵,号称四大名砚。

(5)绢本。指画在绢、绫或者丝织物之上。比较名贵,但底色不及纸本洁白,由于绢本绘画前比较繁杂,所以远不及纸本流传广。

(6)壁画。古人在墓穴、洞穴、寺壁、宫廷等绘制大型壁画,保存至今的壁画价值颇高。

另外,还可在陶瓷上,如花瓶、杯、碟;在其他器皿上,如日历、灯罩、镜屏、鼻烟壶,甚至衣物、领带等上作画。这些都各有特色,别具一格。

(三) 中国画大家与作品

中国画名家辈出,层出不穷,画派众多,各有特色,画家洞察入微的观察力、超凡脱俗的秉性、细腻激扬的情愫都给人以精神上的享受和艺术上的熏陶。

在湖南长衫马王堆汉墓和楚墓中先后发现了上边两幅战国时期的帛画,反映了当时的绘画艺术水平。《人物御龙图》描绘墓主人乘龙升天的情景,画上端有竹轴,轴上有丝绳,为一幅可以垂直悬挂的幡,应是战国时期楚国墓葬中用于引魂升天的铭旌,属于战国晚期帛画;《人物龙凤图》表现的是龙凤引导墓主人的灵魂升天情景。画中右下方有一位侧身而立的中年妇女,阔袖长裙,双手合十像在祈祷。妇人头顶上有一只腾空飞舞的凤鸟,尾羽向上卷起,左侧是一条体态扭曲的龙,正向上升腾。该作品又名为《夔凤人物图》,是中国现存最古老帛画。

这些绘画用流畅挺劲的线条进行勾勒,生动概括,刚健古拙,沉凝有力,疏密对比、粗细对比恰当、自然,人物塑造也极富特色,具有相当的艺术表现力。

西汉末东汉初年,佛教传入中国,之后出现了大量宣传佛教教义的壁画,如甘肃敦煌莫高窟、甘肃天水麦积山石窟等显示了当时绘画艺术的水平。

《步辇图》真实记录了唐朝文成公主与吐蕃赞普松赞干布联姻的历史事件。图中描绘的正是唐太宗李世民便装接见吐蕃使者的场景。阎立本的人物画形象逼真传神,时人誉为"丹青神话",绘画注重个性描绘,且多取材于历史事件和人物,用以鉴戒贤愚、弘扬治国安邦大业。阎立本画作颇多,还有《秦府十八学士图》《凌烟阁功臣二十四人图》《历代帝王图卷》《魏征进谏图》《职贡图》《西域图》等。

唐朝吴道子画技精深,艺术成就广博,被后世誉为"百代画圣",同时他也是中国民间画工的祖师。其传世之作有《送子天王图》《搜山图》《观音图》等。

 小知识

"疏体"与"吴带当风"

吴道子绘画以焦墨勾线,略施淡彩,谓之"吴装"。其用笔洗练流畅,笔才一二,像已显现,后人将他与张僧繇合称"疏体"代表画家,以区别于顾恺之的"密体"。吴道子的绘画落笔雄劲,用线条来表现物质的体积和质感,以表达人物精神气质。在他的笔下,衣服宽松,袖带飘举,衣纹流畅洒脱,粗细多变、极具运动感、节奏感,所以又被称为"吴带当风"。

（四）中国画的艺术特征

1. 追求神似

绘画的三大要素包括画家思想情感的表现、自然形象的再现和绘画本身的形式,中国画主张这三者有机结合,突出以线造型、以形传神的造型规律。顾恺之有句名言"以形写神",为中国绘画艺术奠定了审美观。所以中国画无论是山水花鸟,还是人物,都要充分体现出神韵的精神本质。所以从构图上一般不遵循西洋画的黄金律,图像中的长宽比例会"失调",以此表现图画意境和主观情趣。比如北宋名画张择端的《清明上河图》,用的就是散点透视法,而不是固定在一个立脚点作画,也不受固定视域的局限。又比如文人画竹,实竹与虚竹相结合,只要能体现文人性格之神韵,竹子

之物怎样取舍夸张、变形变色也就不受约束了。

2.中国画重在意境,讲求象征性

我们来看南宋马远的《举杯玩月图》,画面上大片空白云烟,给人一种空灵、自然之感。艺术家创造虚幻的境相以象征宇宙人生的真际。正如郑板桥所说"一枝一叶总关情"。画中无不注入画家自己的主观情感来表达其人格思想,托物言志,借景抒情。西方歌德也曾说:"真理和神性一样,是永不肯让我们直接识知的。我们只能在反光、譬喻、象征里面观照它。"他在《浮士德》里面的诗句"一切消逝者,只是一象征",更说明"道""真的生命"是寓在一切变灭的形相里。英国诗人布莱克的一首诗说得好:"一花一世界,一沙一天国,君掌盛无边,刹那含永劫。"所以在欣赏中国画的时候不仅要看客观景象,更要体悟其意境和象征意义,才能深刻理解。

3.时空上的灵活性

中国画不受时空自然局限,在短小篇幅之中可以把不同景物融汇在一起。比如傅抱石、关山月所画《江山如此多娇》,把冬日瑞雪和灿烂的阳光会聚在同一画面。

4.中国画的造型重在用笔和用墨

中国画中的笔与墨是一个整体中不可分割的两个方面。笔中有墨,墨中见笔,笔墨多变而有韵味。用笔讲究质感,线条粗细、疾徐、顿挫、折弯等的力度以达画者的意图;墨有干、湿、浓、淡之调配,讲究皴、擦、点、染的交互运用,达到塑造形体、渲染画境的作用。这些都是中国画特有的绘画技巧。

5.中国画与诗书印章相得益彰

历代画家都推崇诗书画印完美结合，它们之间相互影响，充分体现着画家的志趣，反映出中国传统文化的独特性。

第三节　中国雕塑艺术

一　中国雕塑艺术概述

雕塑艺术是一种造型艺术，又称为雕刻，是雕、刻、塑三种创作方法的总称。它借用各种可塑材料（如石膏、树脂、黏土等）或可雕、可刻的硬质材料（如木材、石头、金属、玉块、玛瑙等），创造出具有一定空间的可视、可触的艺术形象，用来反映社会生活，表达艺术家的审美感受、审美情感和审美理想的艺术。

我国最早的雕塑不是独立的艺术门类，它附属于实用工艺，如陶器、玉器、青铜器等，它与生产活动紧密相关，同时又受时代宗教、哲学等社会意识形态的直接影响。

我国雕塑种类主要有泥塑、木雕、石雕、玉雕等。泥塑以泥土为原料，手工捏制，或彩或素，有大型佛像，还有小型泥塑玩具等，种类繁多，人物性格、体态真实，取舍得当，庄谐并举。造型以人物、动物为主。材料是含沙量低、无杂质的纯胶泥，经风化、打浆、过滤、脱水，加以棉絮反复杂糅而成"熟泥"。唐代杨惠之被誉为"雕塑圣手"；清朝天津"泥人张"张明山首创；无锡彩塑"惠山泥人"享誉世界。木雕多选用质地细密坚韧、不易变形的树种,如楠木、紫檀、樟木、柏木、银杏、红木、龙眼等,突出自然形态,有的涂色,极具观赏性。造型丰富,有动物、人物、仙佛、鸟兽,题材有民间传说、戏曲、历史故事等。典型代表有东阳木雕、广东金漆木雕、福建龙岩木雕等。石雕一般以大理石、花岗石、寿山石、青田石、贵翠石等为材料。石雕技法独特,有阴雕(刻画轮廓)、影雕、镂雕、浮雕、圆雕(又称透雕)等,形象真实,规模宏大或精致。石雕花纹犹如着色山水,别具一格,有山水、鸟兽、人物、花卉等。福建惠安青山石雕以建筑装饰和石狮闻名(尤以石狮口中所含滚动的石珠享誉中外);北京房山和河北曲阳的汉白玉雕刻;兰州、沈阳的卵石雕刻;湖南洞口、湖北利川的墨晶石雕;辽宁海城、山东莱州的滑石雕刻。玉雕又称玉器。材料有白玉、碧玉、青玉、墨玉、翡翠、水晶、玛瑙、黄玉、独玉、岫石等。玉雕色泽光洁,或白如凝脂,或碧绿苍翠,装饰性极强。精美绝伦的玉雕是少有的珍品。玉象征着美好和君子风范;玉器质地坚硬,制作时用钻头、金刚砂和水,长时期磨制。清大禹治水玉山是世界上最大的玉雕之一,现收藏于北京故宫博物院。我国四大名玉为新疆的和田玉、河南南阳的独山玉、陕西西安的蓝田玉、辽宁岫岩的岫玉。

二、中国雕塑艺术的赏析

中国雕塑艺术历史悠久,制作精美,种类繁多,又与佛教融合,艺术作品包括陵墓、石窟造像等,有的属于世界珍品,具有极高的装饰性,是我国艺术家智慧、灵魂和艺术的结晶。

(一) 中国古代雕塑具有纪念性

中国古代的雕塑作品首先是为统治阶级政治服务的,必然带有时代痕迹,所以不仅仅是为了观赏或装饰环境而创作,更是为纪念某一历史人物,或是记录某一重大历史事件而作。从某种角度说就是一种"纪念品",比如著名的昭陵六骏等。

(二) 中国古代雕塑具有象征性

象征性是中国古代雕塑艺术的重要特征,表现了人的意志,达到"托物言志""寓意于物"的意境。如雕塑《马踏匈奴》,不仅寄托了对英雄的歌颂和哀思,也反映了汉武帝代表的统治阶级意气风发、生机勃勃的精神面貌,整个雕塑寓意深刻,耐人寻味。

小知识

马踏匈奴

马踏匈奴雕刻于汉武帝时期,为霍去病墓石刻中的主体雕刻,现收藏于茂陵博物馆。它由花岗岩制成,整体高 1.68 米,长 1.90米。石刻中的马骨架匀称,肌肉结实,躯体剽悍肥壮,腿筋劲健,蹄足抓地,一只前蹄把一个匈奴士兵踏倒在地,匈奴人仰卧地上,左手握弓，右手持箭，双腿蜷曲作狼狈挣扎状，须发蓬松零乱，烘托出抗击匈奴的名将霍去病神圣不可侵犯的气势。用这样一匹气宇轩昂、傲然屹立的战马来象征霍去病将军高大、雄健的胜利者形象。西汉马踏匈奴为国宝级文物，是霍去病墓石雕群中纪念与象征意义较强的作品，体现西汉征服匈奴的历史过程，是霍去病征战匈奴的真实写照。

（三）中国宫殿雕塑具有装饰性

在雕塑艺术中充分运用装饰手法，是为了更好地表达某种情感、理想信念和艺术情趣。这集中反映在造型形象上，有着较高的艺术魅力。比如龙门石窟的卢舍那大佛，端庄秀丽、温文尔雅、丰满圆润，都是典范之作。

（四）中国古代雕塑具有假定性

中国古代雕塑不刻意追求精确的比例结构和逼真的形象外貌，而是着意表现意蕴，通过夸张、变形手法，突出精神面貌和性格特征，从而具有假定的艺术特征。比如石狮、辟邪等。

（五）中国古代雕塑具有类型性

中国古代的雕塑往往综合同类物象的基本特征，创造出具有共性美的艺术形象。

（六）中国古代雕塑与建筑、环境融为一体

这一特征与中国传统思想"天人合一"紧密相关。雕塑、建筑与环境互相衬托、互为表里，成为一幅精美的艺术画面。如宫殿前

的华表、石狮、牌坊等,都配有精美的雕刻作装饰,显得气势恢宏和威严。

　　总之,雕塑艺术记录了历史的发展,是不可多得的艺术珍宝和历史文物,应该受到尊重和保护。

第八章 老年旅游文化产品开发及旅游线路攻略

第一节 老年人的红色记忆

随着我国人口老龄化和经济的快速发展，以及老年人对高质量养老生活的需求，适合不同需求层次的养老方式脱颖而出，旅游养老逐渐被大众认识，逐渐成为老年人提高生活质量的重要方式。随着闲暇时间增多，老年人期望日常生活更加丰富多彩，以提高自己的生活质量和健康水平，在有生之年享受生活的乐趣。旅游使他们回归自然，物质生活与精神文化生活相结合，身心获得放松的同时也满足了求知需求、求乐的体验。

一、概述

老年人年龄大，有的亲身经历过革命战争年代，有的在和平时期也经历过伟大的艰苦奋斗创业发展建设，他们对党、对革命老

296

区、对曾经洒下汗水泪水血水的地方充满着深情,很想再走走看看,缅怀逝去的烈士,重温自己奋斗的历史。

从 1840 年鸦片战争开始到 1921 年中国共产党成立之前,为追求救国救民真理献出生命的仁人志士都留下了英勇的革命精神和不屈的抗争精神。

1921 年中国共产党成立,我们终于找到了正确的革命道路,经过 28 年艰苦卓绝的斗争,中国共产党领导中国人民实现了新民主主义革命的伟大胜利。这期间经历过苦难、挫折、失败……但没有放弃,始终为信仰而坚守,为理想而抗争:工人运动惨遭军阀的屠刀、第一次国共合作的惨败、十年内战、艰苦卓绝的抗日战争、英勇的人民解放战争……谱写了一曲曲感天动地的赞歌。没有共产党的正确领导,就没有新中国,就没有伟大的社会主义建设和成就。毛主席亲自为人民英雄纪念碑题词"人民英雄永垂不朽"八个金箔大字,背面是周恩来总理题写的金箔制成的小楷字体的碑文。毛泽东以一个诗人的气魄,为该纪念碑起草了碑文,并在 1949 年 9 月 30 日所举行的纪念碑奠基典礼上亲自朗读了碑文:

"三年以来,在人民解放战争和人民革命中牺牲的人民英雄们永垂不朽!"

"三十年以来,在人民解放战争和人民革命中牺牲的人民英雄们永垂不朽!"

"由此上溯到一千八百四十年,从那时起,为了反对内外敌人,争取民族独立和人民自由幸福,在历次斗争中牺牲的人民英雄们永垂不朽!"

1949 年我们建立了独立的国家,万里长征只是走完了第一步,任重道远,伟大的征程、伟大的建设,同样撒播下奋斗的印记:三年抗美援朝的硝烟、"一五"计划的努力、曲折的社会主义探索、革命的奉献精神、香港澳门的回归、"两弹一星"传承的航天精神等,虽处和平,但又不乏牺牲,他们忘我工作、团结协作,宁愿苦干、不愿苦熬,与天斗、与地斗的大无畏气概,永远激励后人。

二、伟大的民族精神和革命精神

江泽民在十六大报告中指出:"在五千多年的发展中,中华民族形成了以爱国主义为核心的团结统一、爱好和平、勤劳勇敢、自强不息的伟大民族精神。"这是对中华民族精神核心内容和基本思想的高度凝练和概括。

1. 爱国主义精神

爱国主义精神是中华民族精神的核心,它是一个民族凝聚起来的强大的精神力量,是动员和鼓舞中国人民团结奋斗的旗帜,是各族人民风雨同舟、自强不息的精神支柱。"苟利国家生死以,岂因祸福避趋之""天下兴亡,匹夫有责""为中华之崛起而读书"等;五四运动、"一二·九"运动都谱写了一曲曲爱国的赞歌。

2. 抗美援朝精神

新中国刚成立不久,百废待兴,千疮百孔,就是在这样艰苦的环境下,广大志愿军远赴异国他乡,赴汤蹈火,视死如归,谱写了气壮山河的英雄壮歌,创造了人类战争史上以弱胜强的光辉典范,形成了伟大的抗美援朝精神：不畏强暴、敢于斗争、保卫和平、慷慨奉献。涌现出了杨根思、黄继光、邱少云等30多万名英雄功臣。

3. 大庆精神

铁人精神，是王进喜崇高思想、优秀品德的高度概括，也集中体现出我国石油工人的精神风貌。铁人精神的核心价值是"爱国创业我最认真，求实奉献我最根本！"大庆精神概括为爱国、创业、求实、奉献，而铁人王进喜是大庆精神的实践者，大庆孕育形成了大庆精神、铁人精神：为国争光、为民族争气、独立自主、自力更生、科学求实、胸怀全局、为国分忧。

4. 焦裕禄精神

焦裕禄任兰考县委书记时，带领群众治理"三害"：风沙、盐碱、内涝。1964年5月终因积劳成疾病逝，年仅42岁。焦裕禄临终时对组织上唯一的要求就是死后"把我运回兰考，埋在沙堆上。活着我没有治好沙丘，死了也要看着你们把沙丘治好"。在焦裕禄的追悼会上，一位农民泣不成声地说出了兰考人民的心里话："俺的好书记，你是为俺兰考人民活活累死的呀！"

我们要学习县委书记的好榜样焦裕禄——心中装着全体人民、唯独没有他自己的公仆情怀；凡事探求就里、吃别人嚼过的馍没味道的求实作风；"敢教日月换新天""革命者要在困难面前逞英雄"的奋斗精神；艰苦朴素、廉洁奉公"任何时候都不搞特殊化"的道德情操。焦裕禄把短暂的一生献给了党、献给了人民，他亲民爱民、艰苦奋斗、科学求实、迎难而上、无私奉献的精神永远值得全体共产党人铭记。

1966 年 9 月 15 日,毛主席亲切接见了焦裕禄的女儿焦守云(时年 13 岁),并合影留念;时年 10 月 1 日毛主席又接见了焦裕禄的儿子焦国庆,周恩来总理也接见了焦裕禄的女儿焦守凤。董必武亲自写下五言长诗,歌颂焦裕禄的革命精神。

习近平当福州市委书记时追思焦裕禄,直抒胸臆,做了《念奴娇·追思焦裕禄》:"魂飞万里,盼归来,此水此山此地。百姓谁不爱好官?把泪焦桐成雨。生也沙丘,死也沙丘,父老生死系。暮雪朝霜,毋改英雄意气!依然月明如昔,思君夜夜,肝胆长如洗。路漫漫其修远矣,两袖清风来去。为官一任,造福一方,遂了平生意。绿我涓滴,会它千顷澄碧。"

5. 红旗渠精神

"人工天河"红旗渠历时近十年,共削平了 1250 座山头,架设 151 座渡槽,开凿 211 个隧洞,总干渠全长 70.6 公里;是"自力更生,艰苦创业、自强不息、开拓创新、团结协作、无私奉献"精神创造的"第八大奇迹"。山即是碑,碑即是山。吴祖太、任羊成等把年轻生命和鲜血撒播在太行山上,浇筑成涓涓的红旗渠水哺育后人。

6. 航天精神

航天精神是"两弹一星"精神在新时期的发扬光大,是以爱国主义为核心的民族精神和以改革创新为核心的时代精神的生动体现:爱国、求实、团结、淡泊名利、勇攀高峰。钱三强、钱学森、邓稼先、王淦昌等数代人的努力,终于实现了祖国的航天梦。

民族精神和革命精神是我们国家、我们党无比珍贵的精神、文化财富，它使得中华文明得以源远流长、生生不息。老年人有的经历过战争的洗礼，当看到革命圣地的一土一木，一花一石，无不唤起他们内心激荡的波澜。

三、革命圣地

新中国是共产党老一辈无产阶级革命家前赴后继、浴血奋斗而建立的。他们探索出一条适合自己的革命道路——用农村来包围城市、武装夺取政权。面对强大的国民党的"围剿"、日本帝国主义的侵略，共产党也经历了曲折和牺牲，但是"星星之火，可以燎原"，它从幼小不断发展成熟、成长壮大，上海→南昌→井冈山→瑞金→遵义→延安、西柏坡……无不撒下革命的种子，这些印迹永远值得我们后人缅怀，革命圣地传承的革命奉献精神将撒遍全国。

南昌景点	滕王阁、八一起义纪念馆、八一广场、秋水广场、梅岭景区、八大山人纪念馆等

江西南昌，一座英雄的城市，也是历史文化悠久的名城。初唐王勃的《滕王阁序》，清初扬州八怪之一的朱耷都名扬中外，更因为有南昌起义的炮声点燃了革命武装斗争的星星之火，而闻名于世。1927年第一次国共合作破裂，国民党大肆屠杀共产党员和革命群众，反帝反封建的大革命失败了，"白色恐怖"笼罩全国，革命陷入了低谷。为了挽救中国的革命，反抗反动派的屠杀，唤醒广大人民，1927年8月1日共产党领导了南昌起义。在革命危急关头打

响了反抗国民党反动派的第一枪,成为共产党独立领导武装革命斗争的开始,是中国工农红军的建军日。

井冈山,"革命的摇篮"。1928 年 4 月,朱德与毛泽东领导的工农革命军在井冈山会师,合编为工农革命军第四军,开创了第一个井冈山农村革命根据地,开辟了中国革命以农村包围城市,武装夺取政权的光辉道路。对革命理想信念的坚定不移和不懈追求,是井冈山精神的精髓。坚定信念、艰苦奋斗,是井冈山精神的灵魂。

瑞金景点	瑞金共和国摇篮景区、叶坪旅游景区、红井景区、瑞金中央革命根据地历史博物馆、景点中华苏维埃纪念园景区、瑞金革命烈士纪念馆等

江西瑞金,共和国的摇篮,"红色故都",是中央红军长征的出发地。中国共产党在此创建了第一个全国性的红色政权——中华苏维埃共和国临时中央政府,成为当时全国苏区政治、文化中心,为以后管理国家做了有益的探索和尝试,积累了宝贵的经验。

遵义景点	遵义会议会址、娄山关景区、茅台中国酒文化城、仁怀茅台酒镇、红军四渡赤水纪念园、四渡赤水纪念馆、赤水丹霞旅游区、赤水大瀑布等

贵州遵义,不仅是茅台酒的故乡,更是"转折之城,会议之都",在共产党生死攸关的时刻,在此召开了著名的遵义会议,确立了以毛泽东为主要代表的马克思主义正确路线在中共中央和红军的领导地位。遵义会议在最危急的关头,挽救了党和红军,成为中国革命生死攸关的转折点,标志着中国共产党在政治上从幼年开始走向成熟,开始独立自主地解决自己的问题。

娄山关位于遵义北大娄山的最高峰上，娄山关一战关系红军的生死。惨烈的战斗结束后毛主席写下了著名的《忆秦娥·娄山关》："西风烈，长空雁叫霜晨月。霜晨月，马蹄声碎，喇叭声咽。雄关漫道真如铁，而今迈步从头越。从头越，苍山如海，残阳如血。"

延安景点	宝塔山、杨家岭革命旧址、南泥湾、枣园革命旧址、黄帝陵、壶口瀑布等

陕西延安，1937年至1947年一直是中共中央所在地和陕甘宁边区首府，是中国革命的指导中心和总后方、革命圣地，它经历了抗日战争、解放战争和整风运动、大生产运动、中共七大等一系列影响和改变中国历史进程的重大事件。特别是老一辈革命家亲手培育的自力更生、艰苦奋斗、实事求是、全心全意为人民服务的延安精神，成为中华民族精神宝库中的珍贵财富。

西柏坡景点	西柏坡纪念馆、西柏坡陈列馆、西柏坡中共中央旧址、西柏坡纪念碑、五位领导人铜铸像、西柏坡石刻园、领袖风范雕塑园等

西柏坡，位于河北平山县，是毛主席和党中央进入北京，解放全中国的最后一个农村指挥所，在此指挥了著名的辽沈、淮海、平津三大战役，召开了具有伟大历史意义的七届二中全会和全国土地会议，所以西柏坡有"新中国从这里走来""中国命运定于此村"的美誉。

第二节　老年旅游线路开发

一、老年旅游线路开发关注的问题

（一）要关注老年人旅游生理和心理特点

老年人的身体素质在下降，对各种疾病的恢复功能减慢，所以，他们的旅游不适于高强度、充满刺激的活动内容，而更宜选择平和的线路，多在旅游淡季出行。从心理上，老年人更渴望得到关怀、尊重，与人交流，他们有着很重的怀旧情结，对新鲜事物的关注度不高。由此对出行线路细节上要求高、依赖性强，景点游览适于慢节奏、近距离，或有着文化内涵，彼此更容易产生心理共鸣。

（二）要关注老年人旅游的行为特征

老年人出游倾向于传统型，目的多为观光游览、休闲康养为主，一些新奇的东西参与度较慢，也不易接受。所以旅游产品在开发和服务对象上应避免单一化、单调性，多趋于多元化、丰富性。

（三）要关注老年人市场消费需求

老年人在旅游过程中的吃、住、游、购、娱、医、育等，都希望能够得到周到的服务，所以要关注如商品咨询、导购服务和舒适的休息环境；在购物的陪伴方式上，可以互相参考、出谋划策；消费中处处为老人着想，增加便利或开设专柜。老年旅游市场潜力大，随着我国老龄化加快,更要关注老年人这个巨大的消费市场。

二、老年旅游线路设计的原则

（一）旅游安全原则

在旅游线路的设计中,应始终贯彻"安全第一"原则。在旅途中谨防一切事故的发生,包括交通事故、食物中毒、水灾、火灾、人身财物伤亡和损失。

（二）突出旅游主题原则

旅游市场的竞争主要体现在旅游主题和旅游特色,这是旅游线路具有较强竞争力和鲜活生命力的源泉。突出主题原则就是把有形式或本质内容有联系的各景点融为一体,成为统一的整体,适应于此,做好相关联的服务(吃、住、娱、购等)。

（三）合理安排、科学规划原则

老年人的身心特点决定其旅游线路安排要合理,慢节奏。交通工具的选择、住宿环境的布置、娱乐方式、景点之间距离的选择都尽可能地得当,避免疲劳。

（四）旅游者主体意愿和市场需求相结合原则

老年旅游由于主体的差异,比如受教育程度、收入水平、消费理念、年龄、身体状况等不同,也会产生不同的旅游动机和需求。对于老年旅游市场而言,就要求多开发、分梯度、重差异,与主体意愿紧密结合,加强线路人性化,不断提升、完善已有线路,开发新的旅游线路,比如亲子游、康养游、红色游、文化游、生态游等,满足多方面需要。

第三节　老年旅游精品线路(部分)

一、故宫游

　　北京故宫又叫紫禁城,位于北京市中心,今天我们称它为故宫,意为过去的皇宫。按照我国古代星象学说,紫微星,即北极星,位于中天,乃是天帝所居,无人对应,所以故宫又称紫禁城。明代皇帝朱元璋之子燕王朱棣在夺取帝位后,决定迁都北京,即开始营造这座故宫,历时 14 年完工(1420 年)。明清两代共有 24 位皇帝入住故宫,1911 年,辛亥革命推翻了中国最后的封建王朝,1924 年溥仪被逐出故宫。故宫距今 700 多年,中间经历多次重建和改建,但仍然保持原有布局和构造。它气势雄伟,蔚为壮观,被称为殿宇之海,堪称古今中外无与伦比的杰作,其宫殿建筑是中国现存最大、最完整的建筑群,也是世界上现存最大、最完整的木质建筑群。

　　故宫南北长 961 米,东西宽 753 米,占地面积约 72 万平方米,四面城墙高约 10 米,护城河宽 52 米,有大小宫殿 70 多座,房屋9000 余座。故宫宫墙四门的角楼都是风格独特、造型绚丽。故宫的石墙上雕刻着双龙戏珠、龙腾虎跃、龙飞凤舞等精美的图案。

　　故宫的大门南为午门,也就是故宫的正门,北为神武门(神武门本来是叫"玄武门",后来因为避讳康熙皇帝的名字玄烨而改名为神武门),东为东华门,西为西华门。面对北门神武门的是用土石筑成的景山(也称万岁山),可算是故宫的屏障。这样,故宫北面有万岁山,南面有金水河,正符合古人"负阴抱阳,冲气为和"的建宫理念。

故宫的宫殿建造布局无论从平面到立体都严格按照中轴形制,这条南北中轴线上有三大殿、后三宫、御花园,南北取直,左右对称,不仅贯穿紫禁城内,而且南达永定门,北到鼓楼、钟楼,贯穿整个北京城。故宫分为内朝和外朝。外朝是皇帝处理政事的地方,以三大殿为核心,东西两翼分别是文华殿和武英殿。三大殿都建在汉白玉砌成的工字形的基台上,这基台高8米,它三层重叠,每层台上边缘都装有汉白玉雕刻的栏板、望柱和龙头,三层的石阶都雕有蟠龙,衬托着海浪和流云铺成的"御路"。三大殿中最高大、最辉煌的是太和殿,俗称"金銮殿",是皇帝登基、大婚、朝会、册封、出征、举行盛大仪式的地方,也是封建皇帝行使权力的地方;太和殿后面的是中和殿,它是皇帝出席重大典礼前休息和接受朝拜的地方;其后的保和殿是皇帝赐宴和举行殿试的场所。

大家都知道中国建筑的屋顶形式是丰富多彩的,在故宫建筑中,不同形式的屋顶就有10种以上。故宫建筑屋顶铺满各色琉璃瓦件,主要殿座以黄色为主,而绿色用于皇子居住区的建筑,蓝、紫、黑、翠以及孔雀绿、宝石蓝等五色缤纷的琉璃,多用在花园或琉璃壁上。太和殿屋顶当中正脊的两端各有多种琉璃吻兽,象征着吉祥和皇权的威严,其造型优美,是构件又是装饰物。

故宫的内宫和外廷的交界点——乾清门,左右有玻璃照壁,门里就是后三宫。内廷是以乾清宫、交泰殿和坤宁宫为中心,东西两翼有东六宫和西六宫,它们是皇帝处理日常政务和皇帝、后妃们居住的地方。说起乾清宫,有好多故事:乾清宫是皇帝日常居住和办公的地方,但清朝雍正皇帝之后的8位皇帝都移居养心殿居住和办公了;乾清宫是内廷建筑规模最大的一座宫殿,内设皇帝宝座,宝座上方悬挂着"正大光明"匾,匾后是有秘密的。"正大光明"四个字是清朝的顺治皇帝写的。从雍正皇帝开始,实行秘密建储制,就是皇帝生前不公开立皇太子,而秘密写出所选皇位继承人的文书,封在一个小盒子——"建储匣"里面,放到"正大光明"匾的背后。皇帝死后,由顾命大臣取下"建储匣",宣布皇位的继承人。乾隆、嘉庆、道光、咸丰四帝,都是按此制度登上宝座的。所以雍正皇帝之后对皇位的争夺也更加残酷,由此演绎出许许多多的皇宫密事。另外,还有"千叟宴"。它始于康熙。康熙皇帝69岁生日时,在乾清宫举办了一场别开生面的盛大宴会,邀请京城60岁以上的官员和百姓共730人参加宴会,命名为"千叟宴"。可谓是盛况空前,一时传为佳话。后来乾隆皇帝也曾在乾清宫举办更大规模的千叟宴。在清代一共举办过4次"千叟宴"。

故宫的雄伟、堂皇、庄严、和谐,都可以说是罕见的,它是我们祖国人民智慧的结晶,更是我们的骄傲!

二、曲阜三孔游

孔子字仲尼,祖籍宋国栗邑(今河南夏邑),出生于鲁国陬邑(今山东曲阜),是中国古代著名的思想家、教育家,儒家学派创始人,被后世尊为孔圣人、至圣、至圣先师等,"世界十大文化名人"之首。曲阜的三孔:孔府、孔庙、孔林,就是为了纪念孔子而建造的。曲阜的旅游景点大多与孔子或孔子文化有关。

中国有句古话"江南出才子,江北出圣人",实际上,江北的圣人几乎全出自曲阜。在中国封建时代,受到皇帝赐封的圣人一共有6位,他们分别为至圣孔子、亚圣孟子、复圣颜子、述圣子思、宗圣曾子、元圣周公,头4位都出生在曲阜,后两位一位是孔子的弟子,一位是封地在曲阜,即起于此。1982年曲阜被国务院公布为全国首批24个历史文化名城之一,1994年曲阜"三孔"被联合国正式列为世界文化遗产。由于曲阜对东方文化的重要贡献,不少人称曲阜为世界三大圣城之一、"东方的麦加"。在这里,人们不得不沉思,也不能不感奋,因为这里深扎着中华民族的根,深扎着中国传统文化的根。

曲阜明故城的正南门外,城门的北面是被称为中国三大古建筑群之一的孔庙。城门的正上方有"万仞宫墙"四个大字。"仞"是古代的长度单位,一仞约等于8尺。据说,有人称赞孔子的弟子子贡很有学问,子贡听说以后,就说:"人的学问好比宫墙,我的学问只有墙头这么高,人们一看便会看见墙内的一切,而我的老师孔子的这道墙有数仞,不找到它的门是不能看到墙内宗庙之美丽、房舍的多种多样。"后人为表达对孔子的敬仰,明代胡缵宗就写了"万仞宫墙"四个字镶在城门上,清代乾隆皇帝为了显示自己对孔子的崇拜,又把胡碑取下,换上了自己写的"万仞宫墙"四个大字,这就是"万仞宫墙"的来历。

孔庙是后人为祭祀孔子而修建的庙宇,始建于孔子死后第二年。面积327.5亩,仿皇宫之制,分九进院落,左右对称排列,整个建筑群共有五殿、一阁、一坛、两庑、两堂、17座碑亭、54座门坊共466间,南北长约1公里。孔庙里每一棵树,每一个门的名字都含有孔子"仁"的思想。孔庙恢宏壮丽,面积之大,历史之久,保存之完整,是世界建筑史上的孤例。

孔庙引导图	金声玉振坊→棂星门→圣时门→快睹门(东门)、仰高门(西门)→奎文阁(藏书楼)→大成门→启圣门(西边,供奉孔子父母)→承圣门(东边,原为孔子故居)→大成殿

小知识

金声和玉振

孟子评价孔子说:"孔子之谓集大成,集大成者,金声而玉振之也。""金声、玉振"是表示奏乐的全过程,以击钟开始,以击磬告终,比喻孔子的思想集古圣先贤之大成。"仰高门"赞颂孔子的学问十分高深。弘道门这三个字取自《论语·卫星公》"人能弘道"的句子,以此来赞颂孔子阐发了尧舜汤和文武周公之"道"。

孔府 (衍圣公府) 导引图	孔府(衍圣公府)导引图:大堂→二堂(后厅)→三堂(退厅)→内宅→后花园

孔府也称"衍圣公府",即"圣道""圣裔",能繁衍接续之意。孔府与孔庙毗邻,是孔子嫡系长子长孙居住的府第,三路布局,九进院落,共有建筑463间,加上后花园,共占地240余亩。

孔林 导引图	洙水河→洙水桥→孔子墓→子贡墓→孔鲤墓、孔汲墓

孔林是孔子家庭的专用墓地,也是世界上延时最久、规模最大的家庭墓地。它占地三千多亩,周围垣墙高3米,厚1.5米,林内有各种树木10万多株,数百种植物,万木掩映之中,碑石林立,石像成群。

三、黄河红色基因传承之旅

黄河,中国的母亲河,哺育了中华民族,也传承着革命的红色精神,源远流长。"红色基因"是中国共产党人的精神内核、永葆本色的生命密码,是中华民族的精神枢纽,体现了共产党人的自信和使命担当。它包括与自然的抗争精神,树立坚定的革命信念为实现民族复兴而自立自强、奋勇奉献的创新和牺牲精神,具有重要的时代价值和现实意义。

| 黄河革命基因 | 沂蒙山革命老区→大别山老区→陕甘宁革命根据地 |

沂蒙老区:山东省临沂市素以沂蒙山区而著称。沂蒙大地是中华文明发祥地之一,人杰地灵、灿若星辰,闻名中外的《孙子兵法》和《孙膑兵法》竹简就出土在这里,有一代名相诸葛亮、书圣王羲之、书法家颜真卿等;作为革命老区,沂蒙人民为抗击外来侵略和中国革命的胜利做出了巨大的贡献和牺牲。抗日战争和解放战争时期,有20多万人参军入伍,120万人拥军支前,10万沂蒙英烈血洒疆场。名垂青史的孟良崮战役更是留下了光荣的革命业绩。

大别山是长江与淮河的分水岭,独特的地理位置使其具有重要的军事、政治和战略地位。尤其是1947年刘邓大军千里跃进大别山,开辟了革命根据地,拉开了全国解放战争反攻的序幕。大别山区是中国集中连片的特殊困难地区之一,经过多年努力,大别山革命老区已经逐步脱贫,走上了康庄大道。现有大别山红色旅游风景区被列为国家十二大红色旅游区之一,而武汉—麻城—红安—新县—信阳是国家推荐的30条红色旅游精品线路之一。红安、新县为鄂豫皖三省接合部,是黄麻起义的策源地、鄂豫皖苏区首府所在地,也是刘邓大军千里跃进大别山的落脚地,"千里跃进、将军故乡"是其红色文化的核心。

陕甘宁革命根据地是在抗日战争时期中国共产党在陕西、甘肃和宁夏三省交界地区建立的抗日根据地,它在党的历史上具有特殊的贡献和重要地位。在战争年代,陕甘宁革命老区人民养育了中国共产党及其领导的人民军队,提供了长期斗争所需的人力、物力和财力,为革命取得最后胜利付出了巨大的牺牲,做出了极大的贡献。

黄河革命名城	济南→开封→郑州→安阳→西安→延安→兰州

济南红色旅游景点:莱芜战役纪念馆、济南革命烈士陵园、济南战役纪念馆、解放阁、英雄山革命烈士陵园、济南战役山东兵团指挥所纪念地、大峰山革命遗址等。

郑州、开封、安阳位居中原,不仅是古都,也是红色革命之地。郑州二七大罢工的烽烟、开封兰考焦裕禄的为民奉献精神、安阳红旗渠的壮举,为河南赢得了在全国的声誉。马氏庄园—红旗渠—太行大峡谷这条红色旅游线路更是成为景点线路,大家可以在马氏庄园感悟优良家风家教传承,在青山绿水中感悟红旗渠蕴含的艰苦奋斗精神。(马氏庄园位于河南省安阳市西部20公里的西蒋村,是清代广东巡抚马丕瑶的府第,建于清光绪至民国初期,保存完好,被学者称为"中州大地绝无仅有的封建官僚府第建筑标本""中原第一官宅"。)

西安、延安、兰州位于中国西北部,都是革命的城市。西安事变成为中国革命的转折,国共再次合作,共抵日寇。在1937年至1946年期间,八路军驻西安办事处在国民党统治区成为一个公开的合法机构,为两党合作抗日做出了重要的贡献;解放战争中的兰州战役异常惨烈,它是西北地区规模最大和最激烈的城市攻坚战,也是解放大西北最后一次战略大决战。战役的胜利,使西北地区国民党军队完全陷入分散、孤立的境地,它打通了进军青海、宁夏、河西走廊和新疆的门户,为西北地区全境解放铺平了道路。

四、宁苏杭沪都市·水乡——园林·文化游

苏杭属于江南,江南意为长江之南,在人文地理概念里特指长江中下游以南。江南六大古镇是:碧玉周庄、富土同里、风情角直、梦里西塘、水阁乌镇、富甲南浔。水乡主题集民宿、街道演艺、情景商业、夜场酒吧、情景演艺秀等于一体。

江南水乡古镇是我国江南水乡风貌最具代表性特征的地区,都以其深邃的历史文化底蕴、清丽婉约的水乡古镇风貌、古朴的吴侬软语民俗风情,在世界上独树一帜,驰名中外。苏杭是其集中之地,水乡特色浓郁,文化流传,对今人和后人都是一份宝贵的社会财富和巨大的无形资产,是长三角经济社会发展的文化资源、品牌优势,也是促进长三角区域可持续发展的重要源泉。

苏州园林在世界造园史上具有独特的历史地位和重大的艺术价值,享有"江南园林甲天下,苏州园林甲江南"之誉。豫园始建于明朝,"豫"有"平安""安泰"之意,取名"豫园",有"豫悦老亲"的意思。豫园商城地处上海市黄浦区的豫园地区,从元、明、清到民国初年,700多年来一直都是上海的政治、经济、文化中心,被称为"上海的根",是上海特有的人文标志和文化名片。

杭州西湖南、西、北三面环山,湖中白堤、苏堤、杨公堤、赵公堤

将湖面分割成若干水面,有"西湖十景""新西湖十景""三评西湖十景",如断桥、雷峰塔、钱王祠、净慈寺、苏小小墓等景点。

西湖附近有埋葬南宋民族英雄岳飞的岳王墓,栖霞山下有明代民族英雄于谦墓。两处墓祠遥相呼应,如双璧辉映,形成西湖南北两处胜景,所以清代诗人袁枚说:"赖有岳于双少保,人间始觉重西湖。"再加上西湖南屏山的南明将领、民族英雄张煌言(号苍水)的祠墓,合称为"西湖三杰"。西湖不仅以其秀美的自然景色闻名于天下,犹以精忠报国、舍身为国的民族气节和民族精神享誉海内外,被世人流传。

五、领略登封"天地之中"历史建筑群(游览少林寺)

(一) 简介

河南,地处中原腹地,自古乃兵家必争之地,俗语"得中原者得天下"。河南历史悠久,文化源远流长,登封"天地之中"历史建筑群就是河南的骄傲、中国的瑰宝,也是世界文化遗产。它位于河南省郑州登封市嵩山地区,该建筑群中的各建筑建成时间从汉至清,包括周公测景台和登封观星台、嵩岳寺塔、东汉三阙(太室阙、少室阙、启母阙——合称嵩山三阙,均为石筑,是我国现存最古老的庙阙)和中岳庙、嵩阳书院、会善寺、少林寺建筑群(包括常住院、塔林和初祖庵)等8处11项优秀历史建筑。历经汉、魏、唐、宋、元、明、清,绵延不绝,构成了一部中国中原地区上下跨度2000余年形象直观的建筑史,是中国时代跨度最长、建筑种类最多、文化内涵最丰富的古代建筑群之一,是中国先民独特宇宙观和审美观的真实体现。

"天地之中"建筑群导引线路	太室阙→嵩阳书院→嵩岳寺塔→会善寺→少室阙→少林寺→塔林→初祖庵→嵩山(达摩洞)

(二) 少林寺的佛殿布局

少林寺建筑群中的少林寺常住院是中国佛殿建筑的代表。我国现存的佛寺建筑大多采用纵轴式布局方式。唐朝中叶至五代时期,禅宗大盛,佛教进一步中国化。在唐以前,佛寺的布局尚存在印度遗风,唐宋以后,随着"伽蓝制度"的形成,汉传佛教寺院佛寺的建筑平面逐渐模式化,布局完全被中国纵轴式的殿堂、院落所代替了。可以说,纵轴式的布局,完全是中国伽蓝制度的具体反映。所谓纵轴式,就是将各主要殿堂井然有序地布置在一条中轴线上,每个殿堂前面左右各配置一座佛殿,所形成三合或四合的院落。各组院落中,主体建筑的体量、造型,往往要结合所供奉主像在佛界中的地位而有所变化的一种布局形式。

伽蓝,即"僧伽蓝摩",意为"众僧园",指僧众所居的寺院或堂舍。伽蓝一般要求要具备七种主要建筑,被称为"伽蓝七堂",最初此七堂是为表佛面之义,后来则以人体相配,来表示其各部分的功用。分别以人的头来表法堂,以心表佛殿,以阴表山门,以两手来表僧堂和库院,以两脚表西净和浴室。但是,"七"表示的是完整主义,有的佛寺内未必只限于这七堂,有的大型寺院多重殿宇,如五台山之竹林寺有六院,大华严寺有十二院,都不是七堂之数。到了后世,一所伽蓝的完成仍遵循"七堂伽蓝"之制,但七堂的名称和配置因时代或宗派之异有所不同了。少林寺被誉为"禅宗祖庭",我们就来看看禅宗伽蓝的配置:

佛殿:又称金堂或本堂,安置本尊佛像。

法堂:又称说法堂,相当于讲堂,位于佛殿的后方。

僧堂:或作禅堂、云堂、选佛场。系僧众坐禅或起居之所,中央安置文殊菩萨像。

库房:又称库院,调配食物之所在。

山门:又作三山,即具有表示空、无相、无愿三解脱之楼门。

西净:又作东司净房,指厕所。

浴室:又作温室,僧众温浴之处。

其中以僧堂、西净、浴室为禁语之所,故总称为三默堂。

纵横式布局延至后世,已完全打破"伽蓝七堂"的制度了,有一些大型寺院并列着两条或三条轴线。比如,河北正定隆兴寺保存下来的宋代佛寺布局,就是一个重要实例。山门内为一长方形的院子,钟楼鼓楼分列左右,中间的大觉六师殿已毁,但尚存遗址。北进为摩尼殿,有左右配殿构成另一处纵长形的院落。再向北进入第二道门内,就是主要建筑佛香阁和前面两侧的转轮藏殿与慈氏阁所构成的形式瑰丽、气势宏伟的空间组合,这也是整个佛寺建筑群的高潮。最后还有一座三殿并列的弥陀殿,位于寺后。与佛香阁并列着还建有第二条轴线上的关帝庙,以及第三条轴线上的方丈院落。总观全寺建筑,皆含有中轴线作纵深的布置,自外而内殿宇重叠,院落互变主次分明,可称得上是纵轴式布局发展的优秀典范。

我们知道,佛教徒一般礼拜的物件有佛经、佛塔(舍利)和佛像,其中以佛像最为普遍。所以,佛寺本身也是为供奉佛经、佛、菩萨等造像而建造的。作为禅宗祖庭的少林寺,其佛像就非常传统,严格按照佛制。

(三)少林寺佛殿介绍

少林寺 常导引	山门→甬道→天王殿→大雄宝殿→藏经阁(法堂)→方丈室→立雪亭→千佛殿(毗卢阁);大雄宝殿东侧钟楼、西侧鼓楼、六祖堂→观音殿等

少林寺的山门:佛教寺院的大门,称三门。其形状如阙,有三个门,故称三门。三门含有智慧、慈悲、方便三解脱(即空门、无相门、无作门)的意思,或象征信、解、行三者之义。我们日常说的"遁入空门"就是指僧尼进入寺院的大门——三门,从此开始了远离尘世的喧嚣、过吃斋念佛的寺院佛家生活了。但并非一定要有三个门才称"三门",只有一个门,也称"三门"。三门殿也有写作山门殿的。佛寺三门殿内,在门的两旁塑有两大金刚力士像,他们手持金刚宝杵(印度古代最坚固的兵器,警卫佛的夜叉神),又名"执金刚"。少林寺山门殿左右两边的金刚是哼、哈二将(取自《封神演义》中的郑伦、陈奇二将),中间佛龛中供奉的是弥勒佛(弥勒为姓,是梵文的音译,意思表示"慈悲")。中国汉传佛教寺院中的弥勒佛大多是袒胸露腹、喜笑颜开的形象。

前面是甬道,甬道两旁就是苍松翠柏掩映下的碑林,因碑石如林故称碑林。这里共有 20 多通历代石碑,如"宗道臣归山纪念碑""息庵禅师碑"等。在道路东侧有一长廊,廊内陈列有从唐代到清代的名碑 100 多通,有碑廊之称。

经甬道过碑林后便是天王殿,它是一座三层重檐歇山顶殿堂,里面供奉着四大天王像。佛教认为四大天王是护法神、守护神,他们分别担负着护佛、护僧、护法、护国、护众生的职责,而老百姓则认为他们代表"风、调、雨、顺",保五谷丰登、六畜兴旺、众生平安。

过天王殿后就是大雄宝殿,它是寺院佛事活动的中心场所,与天王殿、藏经阁并称为三大佛殿。作为禅宗祖庭,少林寺的设施是比较传统的、制度化的。殿内正中供奉着释迦牟尼,左边是药师佛,右边是阿弥陀佛的神像,殿堂正中悬挂康熙皇帝御笔亲书的"宝树芳莲"四个大字,屏墙后壁有观音塑像,两侧塑有十八罗汉像。

藏经阁位于大雄宝殿之后。藏经阁,又名法堂,是寺僧藏经说法的场所。藏经阁藏书八百万卷,里面供有少林寺的一位缅甸国弟子于 1996 年揖赠的汉白玉卧佛像一尊。在藏经阁月台下有一口大铁锅,为明代万历年铸造,是当时少林寺和尚用来炒菜用的锅。藏经阁的东南面是禅房,是僧人参禅打坐的地方,对面的西禅房,则是负责接待宾客的堂室。

继续前行,少林寺的第五进院落就是方丈院。方丈室是寺中方丈起居与理事的地方。乾隆曾西渡洛水至少林寺,在此住宿,并赋诗一首:"明日瞻中岳,今宵宿少林。"乾隆十五年(1750 年),清高宗弘历游少林寺时即以方丈室为行宫,故又称"龙庭"。现存建筑为清代遗物。今室内正中置 1995 年少林寺建寺 1500 周年时信徒赠送的鸡血石"佛祖讲法"浮雕,北壁内侧置少林寺传代世系谱,东侧放置的是弥勒佛铜像,墙上挂有"佛门八大僧图""达摩一苇渡江图",室内还有 1980 年日本赠送的铜质达摩像。

出方丈室拾级而上,高台上有一座琉璃佛殿,称"达摩殿",又称"立雪亭"。相传这里是二祖慧可侍立在雪地里向达摩祖师断臂求法的地方。殿内神龛中现供奉达摩祖师的铜坐像,两侧分别是二祖慧可、三祖僧璨、四祖道信、五祖弘忍。龛上悬挂的匾额"雪印心珠"四字为清乾隆皇帝御笔亲题。此殿现为寺僧日常做佛事的场所。

千佛殿位于立雪亭后面,又名毗卢殿,是寺内最后一进大殿。殿内的壁画非常有名,是少林寺壁画中的珍品。大殿背面及东、西两墙壁上都绘有彩色壁画,至今保留完好,最著名的有"十三棍僧救唐王""五百罗汉毗卢图",色彩艳丽、构图和谐,展示了唐代壁画的较高水准,被称为少林寺最珍贵的殿堂。殿内正中还供有毗卢佛铜像和白玉释迦牟尼像,是寺内现存最大的殿宇。

总之,佛教对人们的思想和生活都产生了巨大的影响。佛教建筑作为其传播的主要载体,在中间起着难以估量的积极推动作用。中国的传统文化更是吸收了佛教的文化内容,加以融合,有了自己新的思想内容,创造了辉煌的艺术、雕刻、美术、音乐等形式,呈现出另一番景象。

正所谓:"世间好话佛说尽,天下名山僧占多。"那些历代遗存下来星罗棋布、异彩纷呈的佛寺,以其丰富多彩的建筑形式和灵活多样的布局,成为我们了解佛教,认识历史的一个切入点。从中可以感受到我国古代社会政治的变迁、经济的盛衰,文化交流和科技发展等诸多的信息。因此,对于佛寺建筑的了解和认知,对于我们提升自己的宗教学识,加强对佛教文物的保护,都具有十分重要的意义。

（四）少林寺的发展、被毁与重建

北魏孝文帝重佛、信佛,495 年,为了能够留住印度高僧跋陀,命人在少室山修建了一所寺院,因坐落在少室山茂密丛林之中,所以被称为"少林寺",之后因达摩大师在此面壁修行九年而闻名于世。唐太宗李世民讨伐王世充的战争之中,13 名少林寺僧人立下了汗马功劳,受到封赏,少林寺也名扬天下,被誉为"天下第一名刹"。之后,少林寺不断扩建,规模也越来越大。到了唐宋之交,少林寺拥有土地 14000 多亩,寺基 540 亩,楼台殿阁 5000 余间,僧徒达 2000 多人,成为中原屈指可数的大寺之一。明朝时,少林寺的名声和规模达到鼎盛,寺里的僧人至少六次被朝廷派遣去参见战争,而且屡获战功,受到嘉奖。清朝时少林寺即开始了饱经风霜的历程,清廷不再效仿明代给少林僧兵粮饷,乾隆也不认可少林武僧习武的做法,并下谕旨痛斥:"僧人既已出家,应恪守清规,岂容好勇逞强?"清末民初,少林寺仅有僧人 200 余人,土地 2870 余亩。自从康熙五年(1666 年)少林寺最后一位钦命住持第 28 代方丈海宽去世,少林寺便进入群僧无首的状态,此后 320 多年没有方丈。

1928 年春,冯玉祥部下石友三攻入少林寺,于 3 月 15 日纵火焚烧,天王殿、大雄宝殿、紧那罗殿、六祖殿、阎王殿、龙王殿、钟鼓楼、香积厨、库房、东西禅堂、御座房等处,以及一大批珍贵文物及 5480 卷藏经尽付一炬。大火一直烧了 40 余天,千载少林寺之精华、流传千年的传统成为一堆灰烬。经过这次劫难,殿阁竦峙、楼台辉煌的少林寺盛景不复存在。之后,不少僧人流离失所。少林寺被烧之后,战争依然在不断发生,在经历了一次又一次的战争之后,少林寺已经破败不堪了。

少林寺真正的中兴,离不开国家的改革开放政策,尤其是 1982 年电影《少林寺》的上映,轰动全国。这之后,刮起了一阵“少林热”,游客络绎不绝来少林寺参观游览,施主纷纷慷慨捐赠,重建庙宇。现已形成以山门、天王殿、大雄宝殿、藏经阁、方丈室、立雪亭、西方圣人殿为主题的嵩山少林建筑群。1986 年 10 月,释行正荣任方丈,结束了自康熙以来 300 多年少林寺没有方丈的历史,自 1987 年释永信担任少林寺住持后,加快了少林寺与少林武术的国际化步伐,开始了少林寺发展的新时代。1991 年冬,永信禅师率少林寺武僧团出访日本,在京都达摩寺发现了大正九年(1920 年)的少林寺照片 48 张,这批照片成了至为珍贵的历史资料。我们无法想象出最初的少林寺的模样,这是永远无法弥补的缺憾。但是,从这批照片,我们知道了少林寺有着千年的历史,也知道,今日少林与昔日几乎完全不同,而昔日少林规模也丝毫不在今日之下;今天的少林寺,终究也会成为明天的历史。

巍巍嵩岳，千年传承，作为禅宗文化的承载者，这座千年古刹——少林寺在历史洪流中几经轮回、顿悟、涅槃，然后寂照圆融（佛学术语：寂，寂静之意；照，照鉴之意。圆融，谓圆满融通，无所障碍，指各事各物皆能保持其原有立场，圆满无缺，而又为完整一体）。继续前行，我们相信它依然会创造出辉煌。

参考文献

［1］林新乃.中华风俗大观［M］.上海：上海文艺出版社，1991.

［2］陶凤珍.少数民族奇俗荟萃［M］.北京：农村读物出版社，1991.

［3］徐桂兰.汉族红白喜事风俗［M］.南宁：广西教育出版社，1990.

［4］唐祈，彭维金.中华民族风俗词典［M］.南昌：江西教育出版社，1988.

［5］张继焦.中国少数民族礼仪［M］.北京：中央民族大学出版社，1999.

［6］马莹.旅游美学［M］.北京：中国旅游出版社，2009.

［7］贾志强.中国古代艺术常识［M］.兰州：兰州大学出版社，2006.

［8］刘军.中国少数民族服饰［M］.北京：中央民族大学出版社，1999.

［9］王维堤.中国服饰文化［M］.上海：上海古籍出版社，2001.

［10］甄尽忠.中国旅游文化［M］.郑州：河南科技出版社，2009.

［11］尹华光.旅游文化［M］.2版.北京:高等教育出版社,2008.

［12］沈祖祥.旅游宗教文化［M］.北京:旅游教育出版社,2000.

［13］章尚正.中国旅游文学［M］.福州:福建人民出版社,2002.

［14］胡勇兵,杨文吴,儒练.中国旅游文化［M］.北京:北京工业大学出版社,2017.

［15］梁思成.中国建筑的特征［M］.武汉:长江文艺出版社,2020.

［16］林徽因.中国建筑常识［M］.北京:北京理工大学出版社,2020.

［17］全国导游资格考试统编教材专家编写组.全国导游基础知识［M］.北京:中国旅游出版社,2020.

［18］韦燕生.中国旅游文化［M］.北京:旅游教育出版社,2019.

［19］管维亮.中国历史与文化［M］.重庆:重庆大学出版社,2009.

［20］徐馨雅.识茶泡茶品茶［M］.吉林:吉林文艺出版社,2019.

［21］都大明,金守郡.中国旅游文化［M］.上海:上海交通大学出版社,2014.

［22］王换成.中国历史文化［M］.长春:东北师范大学出版社,2020.